第二版

經濟數學（二）

線性代數、概率論及數理統計

主　編　陳傳明

再版前言

經濟數學(二)主要包括線性代數、概率論與數理統計等內容,這些在自然科學和經濟技術等領域中應用廣泛的數學工具。其適用性強、淺顯適中,適合普通高等學院經濟與管理類專業的學生使用,亦可供學習本課程的讀者選用。本書在編寫上力求內容適度、結構合理、條理清晰、循序漸進,文字敘述方面力求簡明扼要、深入淺出。

本書具有如下特點:

(1)在滿足教學要求的前提下,淡化理論推導過程;為緩解課時少與教學內容多的矛盾,恰當把握教學內容的深度和廣度,遵循基礎課理論知識以必須夠用為度的教學原則,不過分追求理論上的嚴密性,盡可能顯示數學內容的直觀性與應用性,適度注意保持數學自身的系統性與邏輯性。

(2)語言精簡嚴謹,篇幅較傳統教材少,但基本內容囊括且有一定的深度。

(3)章節安排符合認知規律,語言通俗易懂,既便於教師講授,也易於學生閱讀、理解。

(4)注重理論聯繫實際和培養學生的綜合素質,不僅關注數學在經濟類專業的直接應用,而且增加了大量數學在經濟等方面應用的例子,還結合具體教學內容進行思維訓練,重視培養學生的科學精神、創新意識以及解決實際問題的能力。

(5)每節後配有思考題和練習題,通過思考題試圖達到使學生能換個角度理解有關知識點的目的。練習題與知識點盡量呼應,由易到難,以便學生鞏固所學知識。

參與編寫本書的還有張學高、馮善林、那薇、楊洪濤、董利、何佩、李小文、周瑜、馮荷英、鄧建豪、章蓉、李翎潔和楊曉,在此一併感謝。

再版前言

　　編寫本書的目的，是試圖為一般院校經濟與管理類專業的學生提供一本適合的教材。由於編者學識有限，加上時間倉促，本書疏漏與錯誤之處在所難免，我們衷心地希望得到專家、同行和讀者的批評指正，以使本書在教學實踐中不斷完善。

　　註：本書中帶「＊」的章節為教師選講內容。

編　者

目錄

第一章　行列式及矩陣 ……………………………………… (1)
　1.1　二階、三階行列式 ………………………………………… (1)
　1.2　n階行列式 ………………………………………………… (4)
　1.3　克萊姆法則 ………………………………………………… (12)
　1.4　矩陣的概念 ………………………………………………… (15)
　1.5　矩陣的運算 ………………………………………………… (19)
　1.6　幾種特殊矩陣 ……………………………………………… (30)
　1.7　分塊矩陣 …………………………………………………… (35)
　1.8　矩陣的初等行變換與矩陣的秩 …………………………… (41)
　1.9　逆矩陣 ……………………………………………………… (48)
　1.10　逆矩陣的求法 …………………………………………… (51)
　習題一 …………………………………………………………… (57)

第二章　線性方程組 …………………………………………… (67)
　2.1　n元線性方程組 …………………………………………… (67)
　2.2　線性方程組的消元法 ……………………………………… (71)
　2.3　線性方程組解的判定 ……………………………………… (81)
　2.4　矩陣方程的一般解法 ……………………………………… (87)
　*2.5　矩陣代數應用實例 ……………………………………… (90)
　習題二 …………………………………………………………… (105)

第三章　概率論初步 …………………………………………… (110)
　3.1　隨機事件與概率 …………………………………………… (110)
　3.2　事件間的關係與運算 ……………………………………… (113)
　3.3　概率與古典概型 …………………………………………… (117)
　3.4　條件概率及有關公式 ……………………………………… (121)
　習題三 …………………………………………………………… (131)

第四章　隨機變量及其數字特徵 ……………………………… (135)
　4.1　隨機變量及其分佈 ………………………………………… (135)
　4.2　隨機變量函數的分佈 ……………………………………… (147)

1

目 錄

  4.3 數學期望 …………………………………………（151）
  4.4 方差 ………………………………………………（157）
  4.5 二維隨機變量及其分佈 …………………………（163）
  習題四 …………………………………………………（174）

第五章 數理統計初步 ……………………………………（181）
  5.1 數理統計的基本概念 ……………………………（181）
  5.2 參數的點估計 ……………………………………（188）
  5.3 區間估計 …………………………………………（194）
  5.4 假設檢驗 …………………………………………（197）
  習題五 …………………………………………………（199）

附錄一 概率分佈表 ………………………………………（202）
  附表1 泊鬆分佈概率值表 ………………………（202）
  附表2 標準正態分佈表 …………………………（204）
  附表3 t 分佈表 …………………………………（205）
  附表4 χ^2 分佈表 ………………………………（206）
  附表5 F 分佈表 …………………………………（208）

附錄二 排列與組合 ………………………………………（213）

第一章
行列式及矩陣

在一個函數、方程或不等式中,如果所出現的數學表達式是關於未知數或變量的一次式,那麼這個函數、方程或不等式就稱為線性函數、線性方程或線性不等式. 在經濟管理活動中,許多變量之間存在著或近似存在著線性關係,使得對這種關係的研究顯得尤為重要,而且許多非線性關係也可轉化為線性關係. 線性代數是高等數學的一個重要內容,與微積分有著同樣的重要性. 行列式、矩陣與線性方程組(即一次方程組)的理論是線性代數的主要內容. 線性代數在許多實際問題中有著直接的應用,行列式、矩陣與線性方程組在數據計算、信息處理、均衡生產、減少消耗、增加產出等方面有著廣泛應用,是改善企業生產經營管理、提高經濟效益的有力工具. 在這一章裡,將主要介紹行列式的概念、行列式的性質、克萊姆法則、矩陣的概念及其運算、矩陣的初等行變換與矩陣的秩、逆矩陣及其求法.

1.1 二階、三階行列式

二階、三階行列式是在研究二元線性方程組和三元線性方程組的解時提出來的一種數學運算符號,它是學習 n 階行列式和 n 元線性方程組的基礎.

1.1.1 二階行列式

定義 1.1 記號

$$\begin{vmatrix} a_{11} & a_{12} \\ a_{21} & a_{22} \end{vmatrix}$$

稱為二階行列式,它表示代數和 $a_{11}a_{22} - a_{12}a_{21}$,即:

$$\begin{vmatrix} a_{11} & a_{12} \\ a_{21} & a_{22} \end{vmatrix} = a_{11}a_{22} - a_{12}a_{21} \tag{1.1}$$

其中每個橫排稱為行列式的行,每個豎排稱為行列式的列,$a_{ij}(i,j=1,2)$ 稱為二階行列式

的元素，$a_{11}a_{22} - a_{12}a_{21}$ 稱為二階行列式的展開式.

二階行列式表示的代數和，可以用畫線(見圖1-1)的方法記憶，即實線聯結的兩個元素的乘積減去虛線聯結的兩個元素的乘積. 這種計算規則常稱為對角線法則. 另外，從左上角到右下角的對角線稱為行列式的主對角線，從右上角到左下角的對角線稱為行列式的次對角線.

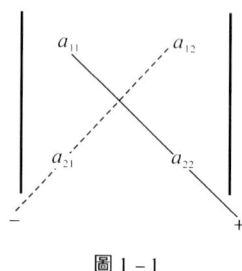

圖1-1

行列式常用大寫字母 D 表示.

例1 $\begin{vmatrix} 5 & -1 \\ 3 & 2 \end{vmatrix} = 5 \times 2 - (-1) \times 3 = 13$

例2 設 $D = \begin{vmatrix} \lambda^2 & \lambda \\ 3 & 1 \end{vmatrix}$

問：(1)當 λ 為何值時，$D = 0$；

(2)當 λ 為何值時，$D \neq 0$.

解
$$D = \begin{vmatrix} \lambda^2 & \lambda \\ 3 & 1 \end{vmatrix} = \lambda^2 - 3\lambda$$

由 $\lambda^2 - 3\lambda = 0$，得 $\lambda = 0$ 或 $\lambda = 3$. 因此可得：

(1)當 $\lambda = 0$ 或 $\lambda = 3$ 時，$D = 0$；

(2)當 $\lambda \neq 0$ 且 $\lambda \neq 3$ 時，$D \neq 0$.

1.1.2 三階行列式

定義1.2 記號

$$\begin{vmatrix} a_{11} & a_{12} & a_{13} \\ a_{21} & a_{22} & a_{23} \\ a_{31} & a_{32} & a_{33} \end{vmatrix}$$

稱為三階行列式，它表示代數和 $a_{11}a_{22}a_{33} + a_{12}a_{23}a_{31} + a_{13}a_{21}a_{32} - a_{11}a_{23}a_{32} - a_{12}a_{21}a_{33} - a_{13}a_{22}a_{31}$，即：

$$D = \begin{vmatrix} a_{11} & a_{12} & a_{13} \\ a_{21} & a_{22} & a_{23} \\ a_{31} & a_{32} & a_{33} \end{vmatrix}$$

$$= a_{11}a_{22}a_{33} + a_{12}a_{23}a_{31} + a_{13}a_{21}a_{32} - a_{11}a_{23}a_{32} - a_{12}a_{21}a_{33} - a_{13}a_{22}a_{31} \qquad (1.2)$$

其中 $a_{ij}(i,j=1,2,3)$ 稱為三階行列式的元素，$a_{11}a_{22}a_{33} + a_{12}a_{23}a_{31} + a_{13}a_{21}a_{32} - a_{11}a_{23}a_{32} - a_{12}a_{21}a_{33} - a_{13}a_{22}a_{31}$ 稱為三階行列式的展開式.

三階行列式表示的代數和，也可以用畫線（見圖1-2）的方法記憶，其中各實線聯結的三個元素的乘積是代數和中的正項，各虛線聯結的三個元素的乘積是代數和中的負項.

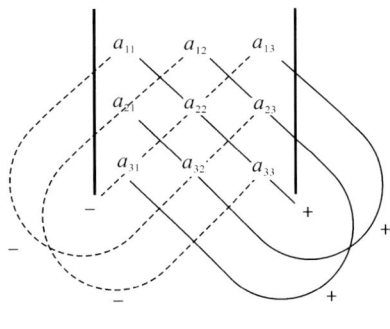

圖 1-2

例3 $\begin{vmatrix} 1 & 2 & 3 \\ 4 & 0 & 5 \\ -1 & 0 & 6 \end{vmatrix} = 1 \times 0 \times 6 + 2 \times 5 \times (-1) + 3 \times 4 \times 0 - 1 \times 5 \times 0 - 2 \times 4 \times 6 - 3 \times 0 \times (-1) = -10 - 48 = -58$

例4 a、b 滿足什麼條件時，有

$$\begin{vmatrix} a & b & 0 \\ -b & a & 0 \\ 1 & 0 & 1 \end{vmatrix} = 0$$

解 $\begin{vmatrix} a & b & 0 \\ -b & a & 0 \\ 1 & 0 & 1 \end{vmatrix} = a^2 + b^2$

若要 $a^2 + b^2 = 0$，則 a 與 b 須同時等於零. 因此，當 $a=0$ 且 $b=0$ 時，所給的行列式等於零.

例5 $\begin{vmatrix} a & 1 & 0 \\ 1 & a & 0 \\ 4 & 1 & 1 \end{vmatrix} > 0$ 的充分必要條件是什麼？

解　$\begin{vmatrix} a & 1 & 0 \\ 1 & a & 0 \\ 4 & 1 & 1 \end{vmatrix} = a^2 - 1$

若要 $a^2 - 1 > 0$，當且僅當 $|a| > 1$. 因此可得：

$$\begin{vmatrix} a & 1 & 0 \\ 1 & a & 0 \\ 4 & 1 & 1 \end{vmatrix} > 0$$

的充分必要條件是 $|a| > 1$.

練習 1.1

1. 求下列各行列式的值：

（1）$\begin{vmatrix} 5 & 2 \\ 4 & -3 \end{vmatrix}$ （2）$\begin{vmatrix} a+b & b \\ b & a+b \end{vmatrix}$

（3）$\begin{vmatrix} x+1 & x \\ x^2 & x^2-x+1 \end{vmatrix}$ （4）$\begin{vmatrix} 6 & 0 & 2 \\ 1 & 1 & 2 \\ 9 & 0 & -1 \end{vmatrix}$

（5）$\begin{vmatrix} 1 & 2 & 3 \\ 2 & 3 & 1 \\ 3 & 1 & 2 \end{vmatrix}$ （6）$\begin{vmatrix} 0 & a & 0 \\ b & 0 & c \\ 0 & d & 0 \end{vmatrix}$

（7）$\begin{vmatrix} 1 & a & a^2 \\ 1 & b & b^2 \\ 1 & c & c^2 \end{vmatrix}$ （8）$\begin{vmatrix} x & y & x+y \\ y & x+y & x \\ x+y & x & y \end{vmatrix}$

2. $\begin{vmatrix} a & 1 & 1 \\ 0 & -1 & 0 \\ 4 & a & a \end{vmatrix} < 0$ 的充分必要條件是什麼？

1.2　n 階行列式

1.2.1　n 階行列式的定義

為了定義 n 階行列式及學習行列式的展開定理，先介紹代數餘子式的概念.

定義 1.3　將行列式中第 i 行第 j 列的元素 a_{ij} 所在行和列的各元素劃去，其餘元素按原來的次序構成一個新的行列式，稱這個行列式為元素 a_{ij} 的餘子式，記作 M_{ij}. $(-1)^{i+j} \cdot M_{ij}$ 稱為元素 a_{ij} 的代數餘子式，記作 A_{ij}，即：

$$A_{ij} = (-1)^{i+j} \cdot M_{ij} \qquad (1.3)$$

例如,在行列式 $\begin{vmatrix} 1 & 2 & 3 \\ -2 & 0 & 1 \\ 2 & 4 & -1 \end{vmatrix}$ 中,

$$M_{11} = \begin{vmatrix} 0 & 1 \\ 4 & -1 \end{vmatrix} = -4, A_{11} = (-1)^{1+1} \begin{vmatrix} 0 & 1 \\ 4 & -1 \end{vmatrix} = -4;$$

$$M_{23} = \begin{vmatrix} 1 & 2 \\ 2 & 4 \end{vmatrix} = 0, A_{23} = (-1)^{2+3} \begin{vmatrix} 1 & 2 \\ 2 & 4 \end{vmatrix} = 0.$$

有了代數餘子式的概念,就很容易把三階行列式按第一行的元素寫出它的展開式:

$$\begin{vmatrix} a_{11} & a_{12} & a_{13} \\ a_{21} & a_{22} & a_{23} \\ a_{31} & a_{32} & a_{33} \end{vmatrix} = a_{11}A_{11} + a_{12}A_{12} + a_{13}A_{13}$$

若規定一階行列式 $|a| = a$,則二階行列式按第一行的元素展開為:

$$\begin{vmatrix} a_{11} & a_{12} \\ a_{21} & a_{22} \end{vmatrix} = a_{11}A_{11} + a_{12}A_{12}$$

根據二、三階行列式的定義給出下面 n 階行列式的定義:

定義 1.4 將 n^2 個數 $a_{ij}(i,j = 1,2,3,\cdots,n)$ 排成一個正方形數表,並在它的兩旁各加一條豎線,即:

$$\begin{vmatrix} a_{11} & a_{12} & \cdots & a_{1n} \\ a_{21} & a_{22} & \cdots & a_{2n} \\ \vdots & \vdots & & \vdots \\ a_{n1} & a_{n2} & \cdots & a_{nn} \end{vmatrix} \qquad (1.4)$$

稱為 n 階行列式. 當 $n = 1$ 時,規定一階行列式 $|a_{11}| = a_{11}$;當 $n \geq 2$ 時,規定 n 階行列式

$$\begin{vmatrix} a_{11} & a_{12} & \cdots & a_{1n} \\ a_{21} & a_{22} & \cdots & a_{2n} \\ \vdots & \vdots & & \vdots \\ a_{n1} & a_{n2} & \cdots & a_{nn} \end{vmatrix} = a_{11}A_{11} + a_{12}A_{12} + \cdots + a_{1n}A_{1n} \qquad (1.5)$$

例 1 計算行列式 $D = \begin{vmatrix} 1 & 0 & -2 & 0 \\ -1 & 2 & 3 & 1 \\ 0 & 1 & -1 & 2 \\ 2 & 1 & 0 & 3 \end{vmatrix}$ 的值.

解 根據定義有:

$$D = \begin{vmatrix} 1 & 0 & -2 & 0 \\ -1 & 2 & 3 & 1 \\ 0 & 1 & -1 & 2 \\ 2 & 1 & 0 & 3 \end{vmatrix} = 1 \times (-1)^{1+1} \begin{vmatrix} 2 & 3 & 1 \\ 1 & -1 & 2 \\ 1 & 0 & 3 \end{vmatrix} + (-2) \times (-1)^{1+3} \begin{vmatrix} -1 & 2 & 1 \\ 0 & 1 & 2 \\ 2 & 1 & 3 \end{vmatrix} = -18$$

在 n 階行列式中,有一類特殊的行列式,它們形如:

$$\begin{vmatrix} a_{11} & 0 & \cdots & 0 \\ a_{21} & a_{22} & \cdots & 0 \\ \vdots & \vdots & & \vdots \\ a_{n1} & a_{n2} & \cdots & a_{nn} \end{vmatrix} \tag{1.6}$$

或:

$$\begin{vmatrix} a_{11} & a_{12} & \cdots & a_{1n} \\ 0 & a_{22} & \cdots & a_{2n} \\ \vdots & \vdots & & \vdots \\ 0 & 0 & \cdots & a_{nn} \end{vmatrix} \tag{1.7}$$

稱它們為三角形行列式,其中式(1.6)稱為下三角形行列式,式(1.7)稱為上三角形行列式.由定義易知,三角形行列式 D 的值等於其主對角線上各元素的乘積,即:

$$D = a_{11}a_{22}\cdots a_{nn}$$

1.2.2 行列式的性質

按定義計算行列式是一種較為複雜的過程.利用下面的 n 階行列式的性質,能簡化行列式的計算過程.

性質 1 行列式所有的行與相應的列互換,行列式的值不變,即:

$$D = \begin{vmatrix} a_{11} & a_{12} & \cdots & a_{1n} \\ a_{21} & a_{22} & \cdots & a_{2n} \\ \vdots & \vdots & & \vdots \\ a_{n1} & a_{n2} & \cdots & a_{nn} \end{vmatrix} = \begin{vmatrix} a_{11} & a_{21} & \cdots & a_{n1} \\ a_{12} & a_{22} & \cdots & a_{n2} \\ \vdots & \vdots & & \vdots \\ a_{1n} & a_{2n} & \cdots & a_{nn} \end{vmatrix}$$

把行列式 D 的行與列互換後所得到的行列式稱為 D 的轉置行列式,記作 D^T.這個性質說明,對於行列式的行成立的性質,對於列也一定成立,反之亦然.

性質 2 行列式的任意兩行(列)互換,行列式的值改變符號.

例如,$\begin{vmatrix} a_{11} & a_{12} & a_{13} \\ a_{21} & a_{22} & a_{23} \\ a_{31} & a_{32} & a_{33} \end{vmatrix} = -\begin{vmatrix} a_{21} & a_{22} & a_{23} \\ a_{11} & a_{12} & a_{13} \\ a_{31} & a_{32} & a_{33} \end{vmatrix}$

性質 3 若行列式中某兩行(列)的對應元素相同,則此行列式的值為零.

例如，$\begin{vmatrix} a_{11} & a_{12} & a_{13} \\ a_{21} & a_{22} & a_{23} \\ a_{11} & a_{12} & a_{13} \end{vmatrix} = 0$

性質 4 行列式中某行(列)的各元素有公因子時,可把公因子提到行列式符號外面.

例如，$\begin{vmatrix} ka_{11} & ka_{12} & ka_{13} \\ a_{21} & a_{22} & a_{23} \\ a_{31} & a_{32} & a_{33} \end{vmatrix} = k \begin{vmatrix} a_{11} & a_{12} & a_{13} \\ a_{21} & a_{22} & a_{23} \\ a_{31} & a_{32} & a_{33} \end{vmatrix}$

例 2 設 $\begin{vmatrix} a_{11} & a_{12} & a_{13} \\ a_{21} & a_{22} & a_{23} \\ a_{31} & a_{32} & a_{33} \end{vmatrix} = 1$,求 $\begin{vmatrix} 6a_{11} & -2a_{12} & -10a_{13} \\ -3a_{21} & a_{22} & 5a_{23} \\ -3a_{31} & a_{32} & 5a_{33} \end{vmatrix}$.

解 $\begin{vmatrix} 6a_{11} & -2a_{12} & -10a_{13} \\ -3a_{21} & a_{22} & 5a_{23} \\ -3a_{31} & a_{32} & 5a_{33} \end{vmatrix} = -2 \begin{vmatrix} -3a_{11} & a_{12} & 5a_{13} \\ -3a_{21} & a_{22} & 5a_{23} \\ -3a_{31} & a_{32} & 5a_{33} \end{vmatrix}$

$= -2 \times (-3) \times 5 \begin{vmatrix} a_{11} & a_{12} & a_{13} \\ a_{21} & a_{22} & a_{23} \\ a_{31} & a_{32} & a_{33} \end{vmatrix} = -2 \times (-3) \times 5 \times 1 = 30$

例 3 計算行列式 $\begin{vmatrix} -8 & 4 & -2 \\ -12 & 6 & 3 \\ -4 & -1 & -1 \end{vmatrix}$ 的值.

解 $\begin{vmatrix} -8 & 4 & -2 \\ -12 & 6 & 3 \\ -4 & -1 & -1 \end{vmatrix} = 2 \times 3 \begin{vmatrix} -4 & 2 & -1 \\ -4 & 2 & 1 \\ -4 & -1 & -1 \end{vmatrix}$

$= 2 \times 3 \times (-4) \begin{vmatrix} 1 & 2 & -1 \\ 1 & 2 & 1 \\ 1 & -1 & -1 \end{vmatrix} = -24 \times 6 = -144$

推論 1 若行列式有一行(列)各元素都是零,則此行列式等於零.

例如，$\begin{vmatrix} 0 & 0 & 0 \\ a_{21} & a_{22} & a_{23} \\ a_{31} & a_{32} & a_{33} \end{vmatrix} = 0$

推論 2 若行列式有兩行(列)對應元素成比例,則此行列式等於零.

例如，$\begin{vmatrix} a_{11} & a_{12} & a_{13} \\ ka_{11} & ka_{12} & ka_{13} \\ a_{31} & a_{32} & a_{33} \end{vmatrix} = 0 \quad (K \neq 0)$

性質 5 若行列式某一行(列)的各元素均是兩項之和,則此行列式可以表示為兩個行列式之和,其中這兩個行列式的該行(列)元素分別為兩項中的一項,而其他元素不變.

例如,
$$\begin{vmatrix} a_{11}+b_1 & a_{12}+b_2 & a_{13}+b_3 \\ a_{21} & a_{22} & a_{23} \\ a_{31} & a_{32} & a_{33} \end{vmatrix} = \begin{vmatrix} a_{11} & a_{12} & a_{13} \\ a_{21} & a_{22} & a_{23} \\ a_{31} & a_{32} & a_{33} \end{vmatrix} + \begin{vmatrix} b_1 & b_2 & b_3 \\ a_{21} & a_{22} & a_{23} \\ a_{31} & a_{32} & a_{33} \end{vmatrix}$$

性質 6 將行列式某一行(列)的所有元素同乘以數 k 後加到另一行(列)對應位置的元素上,行列式的值不變.

例如,
$$\begin{vmatrix} a_{11} & a_{12} & a_{13} \\ a_{21} & a_{22} & a_{23} \\ a_{31} & a_{32} & a_{33} \end{vmatrix} \xlongequal{①\times k+②} \begin{vmatrix} a_{11} & a_{12} & a_{13} \\ a_{21}+ka_{11} & a_{22}+ka_{12} & a_{23}+ka_{13} \\ a_{31} & a_{32} & a_{33} \end{vmatrix}$$

對行(列)用性質6,可稱對行列式作行(列)變換. 一般地,行變換寫在「=」上面,列變換寫在「=」下面.

計算行列式時,常用行列式的性質,把它化為三角形行列式來計算. 例如化為上三角形行列式的步驟是:如果第一列第一個元素為 0,先將第一行與其他行交換,使第一列第一個元素不為 0;然後把第一行分別乘以適當的數加到其他各行,使第一列除第一個元素外其餘元素全為 0;再用同樣的方法處理除去第一行和第一列後餘下的低一階的行列式;依次做下去,直至使它成為上三角形行列式,這時主對角線上元素的乘積就是此行列式的值.

例 4 計算行列式:

$$D = \begin{vmatrix} 0 & -1 & -1 & 2 \\ 1 & -1 & 0 & 2 \\ -1 & 2 & -1 & 0 \\ 2 & 1 & 1 & 0 \end{vmatrix}$$

解 $D = \begin{vmatrix} 0 & -1 & -1 & 2 \\ 1 & -1 & 0 & 2 \\ -1 & 2 & -1 & 0 \\ 2 & 1 & 1 & 0 \end{vmatrix} \xlongequal[\text{交換①、②行}]{-} \begin{vmatrix} 1 & -1 & 0 & 2 \\ 0 & -1 & -1 & 2 \\ -1 & 2 & -1 & 0 \\ 2 & 1 & 1 & 0 \end{vmatrix}$

$\xlongequal[\substack{①\times 1+③ \\ ①\times(-2)+④}]{-} \begin{vmatrix} 1 & -1 & 0 & 2 \\ 0 & -1 & -1 & 2 \\ 0 & 1 & -1 & 2 \\ 0 & 3 & 1 & -4 \end{vmatrix} \xlongequal[\substack{②\times 1+③ \\ ②\times 3+④}]{-} \begin{vmatrix} 1 & -1 & 0 & 2 \\ 0 & -1 & -1 & 2 \\ 0 & 0 & -2 & 4 \\ 0 & 0 & -2 & 2 \end{vmatrix}$

$\xlongequal[③\times(-1)+④]{-} \begin{vmatrix} 1 & -1 & 0 & 2 \\ 0 & -1 & -1 & 2 \\ 0 & 0 & -2 & 4 \\ 0 & 0 & 0 & -2 \end{vmatrix} = -1\times(-1)\times(-2)\times(-2) = 4$

例 5 計算 n 階行列式：

$$\begin{vmatrix} x & a & a & \cdots & a & a \\ a & x & a & \cdots & a & a \\ a & a & x & \cdots & a & a \\ \vdots & \vdots & \vdots & & \vdots & \vdots \\ a & a & a & \cdots & x & a \\ a & a & a & \cdots & a & x \end{vmatrix}$$

解

$$\begin{vmatrix} x & a & a & \cdots & a \\ a & x & a & \cdots & a \\ a & a & x & \cdots & a \\ \vdots & \vdots & \vdots & & \vdots \\ a & a & a & \cdots & x & a \\ a & a & a & \cdots & a & x \end{vmatrix} \xrightarrow{\text{各列乘1加到第1列上}} \begin{vmatrix} x+(n-1)a & a & a & \cdots & a & a \\ x+(n-1)a & x & a & \cdots & a & a \\ x+(n-1)a & a & x & \cdots & a & a \\ \vdots & \vdots & \vdots & & \vdots & \vdots \\ x+(n-1)a & a & a & \cdots & x & a \\ x+(n-1)a & a & a & \cdots & a & x \end{vmatrix}$$

$$\xrightarrow[\substack{①\times(-1)+② \\ ①\times(-1)+③ \\ \vdots \\ ①\times(-1)+ⓝ}]{} \begin{vmatrix} x+(n-1)a & a & a & \cdots & a & a \\ 0 & x-a & 0 & \cdots & 0 & 0 \\ 0 & 0 & x-a & \cdots & 0 & 0 \\ \vdots & \vdots & \vdots & & \vdots & \vdots \\ 0 & 0 & 0 & \cdots & x-a & 0 \\ 0 & 0 & 0 & \cdots & 0 & x-a \end{vmatrix}$$

$$= [x+(n-1)a](x-a)^{n-1}$$

在 n 階行列式的定義中，是將行列式按第一行展開的。事實上 n 階行列式也可以按任何一行(列)展開。

性質 7(行列式展開性質) 行列式等於它的任意一行(列)的各元素與其對應的代數餘子式乘積之和.

例 6 利用性質 7 計算行列式 $\begin{vmatrix} 1 & 2 & -1 \\ 3 & 0 & 1 \\ 2 & 0 & 3 \end{vmatrix}$ 的值.

解 $\begin{vmatrix} 1 & 2 & -1 \\ 3 & 0 & 1 \\ 2 & 0 & 3 \end{vmatrix} = 2 \times (-1)^{1+2} \times \begin{vmatrix} 3 & 1 \\ 2 & 3 \end{vmatrix} = -14$

性質 8 行列式某一行(列)的各元素與另一行(列)對應元素的代數餘子式的乘積之和等於零.

例如,對三階行列式 $\begin{vmatrix} a_{11} & a_{12} & a_{13} \\ a_{21} & a_{22} & a_{23} \\ a_{31} & a_{32} & a_{33} \end{vmatrix}$ 有:

$$a_{11}A_{21} + a_{12}A_{22} + a_{13}A_{23} = 0$$
$$a_{13}A_{11} + a_{23}A_{21} + a_{33}A_{31} = 0$$

計算行列式時,可以先用行列式的性質將行列式中某一行(列)化為僅含有一個非零元素,再按此行(列)展開,變為低一階的行列式,如此繼續下去,直到化為三階或二階行列式再計算.

例7 計算四階行列式:

$$D = \begin{vmatrix} 1 & 2 & 3 & 4 \\ 1 & 0 & 1 & 2 \\ 3 & -1 & -1 & 0 \\ 1 & 2 & 0 & -5 \end{vmatrix}$$

解 先將第二列除 -1 以外的元素化為零,再按第二列展開,得:

$$D = \begin{vmatrix} 1 & 2 & 3 & 4 \\ 1 & 0 & 1 & 2 \\ 3 & -1 & -1 & 0 \\ 1 & 2 & 0 & -5 \end{vmatrix} \xrightarrow[\text{③} \times 2 + \text{④}]{\text{③} \times 2 + \text{①}} \begin{vmatrix} 7 & 0 & 1 & 4 \\ 1 & 0 & 1 & 2 \\ 3 & -1 & -1 & 0 \\ 7 & 0 & -2 & -5 \end{vmatrix}$$

$$= (-1) \times (-1)^{3+2} \begin{vmatrix} 7 & 1 & 4 \\ 1 & 1 & 2 \\ 7 & -2 & -5 \end{vmatrix} \xrightarrow[\text{②} \times 2 + \text{③}]{\text{②} \times (-1) + \text{①}} \begin{vmatrix} 6 & 0 & 2 \\ 1 & 1 & 2 \\ 9 & 0 & -1 \end{vmatrix}$$

$$= 1 \times (-1)^{2+2} \begin{vmatrix} 6 & 2 \\ 9 & -1 \end{vmatrix} = -6 - 18 = -24$$

例8 討論當 k 為何值時, $D = \begin{vmatrix} 1 & 1 & 0 & 0 \\ 1 & k & 1 & 0 \\ 0 & 0 & k & 2 \\ 0 & 0 & 2 & k \end{vmatrix} \neq 0$.

解

$$D = \begin{vmatrix} 1 & 1 & 0 & 0 \\ 1 & k & 1 & 0 \\ 0 & 0 & k & 2 \\ 0 & 0 & 2 & k \end{vmatrix} \xrightarrow{\text{①} \times (-1) + \text{②}} \begin{vmatrix} 1 & 1 & 0 & 0 \\ 0 & k-1 & 1 & 0 \\ 0 & 0 & k & 2 \\ 0 & 0 & 2 & k \end{vmatrix}$$

$$= \begin{vmatrix} k-1 & 1 & 0 \\ 0 & k & 2 \\ 0 & 2 & k \end{vmatrix} = (k-1) \begin{vmatrix} k & 2 \\ 2 & k \end{vmatrix} = (k-1)(k^2 - 4)$$

所以，當 $k \neq 1$ 且 $k \neq 2$ 且 $k \neq -2$ 時，$D = \begin{vmatrix} 1 & 1 & 0 & 0 \\ 1 & k & 1 & 0 \\ 0 & 0 & k & 2 \\ 0 & 0 & 2 & k \end{vmatrix} \neq 0$.

練習 1.2

1. 利用對角線法則求下列各行列式的值：

(1) $\begin{vmatrix} 3 & 1 \\ 4 & -3 \end{vmatrix}$ 　　　　(2) $\begin{vmatrix} a+b & a+1 \\ a-1 & a-b \end{vmatrix}$

(3) $\begin{vmatrix} 2 & 7 & 5 \\ 1 & 3 & 3 \\ -1 & 4 & -2 \end{vmatrix}$ 　　(4) $\begin{vmatrix} 5 & 0 & 0 \\ 9 & -8 & 0 \\ 13 & 2 & -7 \end{vmatrix}$

2. 寫出下列行列式中元素 a_{12}, a_{23}, a_{33} 的代數餘子式：

(1) $\begin{vmatrix} 2 & 1 & 3 \\ 3 & 2 & 1 \\ 1 & 2 & 3 \end{vmatrix}$ 　　(2) $\begin{vmatrix} 1 & 2 & -1 & 1 \\ 2 & 1 & 2 & 0 \\ -2 & 1 & 0 & -1 \\ 3 & -1 & 1 & 2 \end{vmatrix}$

3. 用行列式的性質計算下列行列式：

(1) $\begin{vmatrix} -3 & 4 & 2 \\ 14 & 10 & 1 \\ 1 & 1 & -1 \end{vmatrix}$ 　　(2) $\begin{vmatrix} 1 & -2 & 5 \\ 4 & -1 & -3 \\ 4 & 1 & -2 \end{vmatrix}$

(3) $\begin{vmatrix} 1 & 1 & 1 \\ 1 & 1+\cos\alpha & 1+\sin\alpha \\ 1 & 1-\sin\alpha & 1+\cos\alpha \end{vmatrix}$ (4) $\begin{vmatrix} 1 & 1 & 1 \\ a & b & c \\ b+c & a+c & a+b \end{vmatrix}$

(5) $\begin{vmatrix} 1 & 1 & 1 & 1 \\ 1 & 2 & 3 & 4 \\ 1 & 3 & 6 & 10 \\ 1 & 4 & 10 & 20 \end{vmatrix}$ 　　(6) $\begin{vmatrix} x & y & x+y \\ y & x+y & x \\ x+y & x & y \end{vmatrix}$

4. 求下列各行列式的值：

(1) $\begin{vmatrix} 1 & 2 & 2 & 1 \\ 0 & 1 & 0 & -2 \\ -2 & 0 & 1 & 1 \\ 0 & -2 & 0 & 1 \end{vmatrix}$ 　　(2) $\begin{vmatrix} 1 & 2 & 3 & 4 \\ 2 & 3 & 4 & 1 \\ 3 & 4 & 1 & 2 \\ 4 & 1 & 2 & 3 \end{vmatrix}$

(3) $\begin{vmatrix} 1 & 1 & 1 & 1 \\ 1 & 1+a & 1 & 1 \\ 1 & 1 & 1+b & 1 \\ 1 & 1 & 1 & 1+c \end{vmatrix}$
(4) $\begin{vmatrix} \dfrac{1}{\sqrt{2}} & \dfrac{1}{\sqrt{6}} & -\dfrac{1}{\sqrt{12}} & \dfrac{1}{2} \\ \dfrac{1}{\sqrt{2}} & -\dfrac{1}{\sqrt{6}} & \dfrac{1}{\sqrt{12}} & -\dfrac{1}{2} \\ 0 & \dfrac{2}{\sqrt{6}} & \dfrac{1}{\sqrt{12}} & -\dfrac{1}{2} \\ 0 & 0 & \dfrac{3}{\sqrt{12}} & \dfrac{1}{2} \end{vmatrix}$

5. 用行列式的性質證明：

(1) $\begin{vmatrix} a_1+kb_1 & b_1+c_1 & c_1 \\ a_2+kb_2 & b_2+c_2 & c_2 \\ a_3+kb_3 & b_3+c_3 & c_3 \end{vmatrix} = \begin{vmatrix} a_1 & b_1 & c_1 \\ a_2 & b_2 & c_2 \\ a_3 & b_3 & c_3 \end{vmatrix}$

(2) $\begin{vmatrix} b_1+c_1 & c_1+a_1 & a_1+b_1 \\ b_2+c_2 & c_2+a_2 & a_2+b_2 \\ b_3+c_3 & c_3+a_3 & a_3+b_3 \end{vmatrix} = 2\begin{vmatrix} a_1 & b_1 & c_1 \\ a_2 & b_2 & c_2 \\ a_3 & b_3 & c_3 \end{vmatrix}$

(3) $\begin{vmatrix} y+z & z+x & x+y \\ x+y & y+z & z+x \\ z+x & x+y & y+z \end{vmatrix} = 2\begin{vmatrix} x & y & z \\ z & x & y \\ y & z & x \end{vmatrix}$

6. 試證明：

$$\begin{vmatrix} 1 & 1 & 1 \\ a & b & c \\ a^2 & b^2 & c^2 \end{vmatrix} = (b-a)(c-a)(c-b)$$

1.3　克萊姆法則

對於 n 元線性方程組，其一般形式為：

$$\begin{cases} a_{11}x_1 + a_{12}x_2 + \cdots + a_{1n}x_n = b_1 \\ a_{21}x_1 + a_{22}x_2 + \cdots + a_{2n}x_n = b_2 \\ \quad\quad\quad \cdots\cdots \\ a_{n1}x_1 + a_{n2}x_2 + \cdots + a_{nn}x_n = b_n \end{cases} \quad (1.8)$$

有如下結論：

定理1.1（克萊姆法則）　若形式如(1.8)的 n 元線性方程組的系數行列式

$$D = \begin{vmatrix} a_{11} & a_{12} & \cdots & a_{1n} \\ a_{21} & a_{22} & \cdots & a_{2n} \\ \vdots & \vdots & & \vdots \\ a_{n1} & a_{n2} & \cdots & a_{nn} \end{vmatrix} \neq 0$$

則此方程組有且僅有一個解：

$$x_1 = \frac{D_1}{D}, \quad x_2 = \frac{D_2}{D}, \quad \cdots, \quad x_n = \frac{D_n}{D}.$$

其中 $D_j(j=1,2,\cdots,n)$ 是把 D 的第 j 列元素換成方程組的常數項 $b_1, b_2, \cdots, b_n$ 而得到的 n 階行列式.

例 1 解線性方程組：

$$\begin{cases} 2x_1 + x_2 - 5x_3 + x_4 = 8 \\ x_1 - 3x_2 - 6x_4 = 9 \\ 2x_2 - x_3 + 2x_4 = -5 \\ x_1 + 4x_2 - 7x_3 + 6x_4 = 0 \end{cases}$$

解 方程組的系數行列式：

$$D = \begin{vmatrix} 2 & 1 & -5 & 1 \\ 1 & -3 & 0 & -6 \\ 0 & 2 & -1 & 2 \\ 1 & 4 & -7 & 6 \end{vmatrix} = 27 \neq 0$$

所以，方程組有唯一解. 又因為：

$$D_1 = \begin{vmatrix} 8 & 1 & -5 & 1 \\ 9 & -3 & 0 & -6 \\ -5 & 2 & -1 & 2 \\ 0 & 4 & -7 & 6 \end{vmatrix} = 81$$

$$D_2 = \begin{vmatrix} 2 & 8 & -5 & 1 \\ 1 & 9 & 0 & -6 \\ 0 & -5 & -1 & 2 \\ 1 & 0 & -7 & 6 \end{vmatrix} = -108$$

$$D_3 = \begin{vmatrix} 2 & 1 & 8 & 1 \\ 1 & -3 & 9 & -6 \\ 0 & 2 & -5 & 2 \\ 1 & 4 & 0 & 6 \end{vmatrix} = -27$$

$$D_4 = \begin{vmatrix} 2 & 1 & -5 & 8 \\ 1 & -3 & 0 & 9 \\ 0 & 2 & -1 & -5 \\ 1 & 4 & -7 & 0 \end{vmatrix} = 27$$

由克萊姆法則,得方程組的解為:

$$x_1 = \frac{81}{27} = 3, \quad x_2 = \frac{-108}{27} = -4, \quad x_3 = \frac{-27}{27} = -1, \quad x_4 = \frac{27}{27} = 1.$$

例 2 某企業一次投料生產能獲得產品及副產品共四種,每種產品的成本未單獨核算.再投料四次,得四批產品的總成本如表 1-1 所示.試求每種產品的單位成本.

表 1-1

批 次	產品(千克)				總成本(元)
	A	B	C	D	
第一批產品	40	20	20	10	580
第二批產品	100	50	40	20	1,410
第三批產品	20	8	8	4	272
第四批產品	80	36	32	12	1,100

解 設 A、B、C、D 四種產品的單位成本分別為 x_1, x_2, x_3, x_4,依題意列方程組:

$$\begin{cases} 40x_1 + 20x_2 + 20x_3 + 10x_4 = 580 \\ 100x_1 + 50x_2 + 40x_3 + 20x_4 = 1,410 \\ 20x_1 + 8x_2 + 8x_3 + 4x_4 = 272 \\ 80x_1 + 36x_2 + 32x_3 + 12x_4 = 1,100 \end{cases}$$

利用克萊姆法則解這個方程組,得解為:

$$x_1 = 10, \quad x_2 = 5, \quad x_3 = 3, \quad x_4 = 2.$$

所以,四種產品的單位成本分別為 10 元、5 元、3 元、2 元.

如果 n 元線性方程組(1.8)的常數項均為零,即:

$$\begin{cases} a_{11}x_1 + a_{12}x_2 + \cdots + a_{1n}x_n = 0 \\ a_{21}x_1 + a_{22}x_2 + \cdots + a_{2n}x_n = 0 \\ \cdots \cdots \\ a_{n1}x_1 + a_{n2}x_2 + \cdots + a_{nn}x_n = 0 \end{cases} \quad (1.9)$$

則當系數行列式 $D \neq 0$ 時,方程組(1.9)有唯一的零解:

$$x_1 = 0, \quad x_2 = 0, \quad \cdots, \quad x_n = 0.$$

由克萊姆法則可以知道,解線性方程組,只有在方程組中的未知數的個數與方程的個數相等以及方程組的系數行列式 $D \neq 0$ 時,才能應用克萊姆法則.當 $D = 0$ 或者未知數的個數與方程的個數不相等時,可以用矩陣的知識來求解.

練習 1.3

1. 用克萊姆法則解下列線性方程組：

(1) $\begin{cases} x_1 - x_2 + x_3 - 2x_4 = 2 \\ 3x_1 + 2x_2 + x_3 = -1 \\ 2x_1 - x_3 + 4x_4 = 4 \\ x_1 - 2x_2 + x_3 - 2x_4 = 4 \end{cases}$
(2) $\begin{cases} x_1 + x_2 + 2x_3 + 3x_4 = 1 \\ 3x_1 - x_2 - x_3 - 2x_4 = -4 \\ 2x_1 + 3x_2 - x_3 - x_4 = -6 \\ x_1 + 2x_2 + 3x_3 - x_4 = -4 \end{cases}$

2. 一位節食者一餐的食物包括 A、B、C 三類。已知每 28 克 A 含有 2 單位的蛋白質、3 單位的脂肪、4 單位的糖；每 28 克 B 含有 3 單位的蛋白質、2 單位的脂肪、1 單位的糖；每 28 克 C 含有 3 單位的蛋白質、2 單位的脂肪、2 單位的糖。如果這一餐必須精確地含有 25 單位的蛋白質、24 單位的脂肪、21 單位的糖，請問該節食者每類食物需要準備多少克？

3. 試根據表 1-2 所示的資料求每類商品的利潤率。

表 1-2

月份 \ 商品	銷售額(萬元) A	B	C	D	總利潤(萬元)
1	4	6	8	10	2.74
2	4	6	9	9	2.76
3	5	6	8	10	2.89
4	5	5	9	9	2.79

1.4 矩陣的概念

矩陣是線性代數的一個重要內容，在應用數學和社會經濟管理中有著廣泛應用，也是經濟研究和經濟工作中處理線性經濟模型的重要工具。

首先看下面的幾個例子。

例 1 一個國家的兩個機場 A_1、A_2 與另一個國家的三個機場 B_1、B_2、B_3 的通航網路圖見圖 1-3。

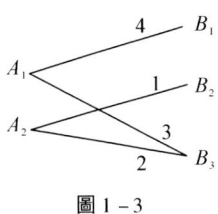

圖 1-3

若每條連線上的數字表示航線上不同航班的數目，例如由 A_1 到 B_1 有 4 個航班，於是可將這些信息表示見表 1-3：

表 1-3

	B_1	B_2	B_3
A_1	4	0	3
A_2	0	1	2

這些數字排成 2 行 3 列的表，表示兩個國家間航班的信息．

例 2 某文具車間有三個班組，第一天生產鉛筆、鋼筆的數量(支)報表可表示為：

$$\begin{array}{c} 鉛筆鋼筆 \\ \begin{array}{c}一組\\二組\\三組\end{array} \begin{bmatrix} 3,000 & 1,000 \\ 2,500 & 1,100 \\ 2,000 & 1,000 \end{bmatrix} \end{array}$$

例 3 在三個不同的商場 H_1、H_2、H_3 中，四種商品 S_1, S_2, S_3, S_4 的價格(單位：元)見表 1-4：

表 1-4

	S_1	S_2	S_3	S_4
H_1	15	27	8	11
H_2	14	25	9	12
H_3	16	26	7	13

容易看出，在商場 H_3 中，商品 S_2 的價格是 26 元．這些價格排成 3 行 4 列的數字表，能清晰地表明不同商場裡各種商品的價格．

像上述各例中，以數表表達一些數量和關係的方法，在經濟、管理和工程技術中是常用的，我們把這種數表稱為矩陣．

定義 1.5 由 $m \times n$ 個數 $a_{ij}(i=1,2,\cdots,m;j=1,2,\cdots,n)$ 排成一個 m 行 n 列的矩形數表：

$$\begin{bmatrix} a_{11} & a_{12} & \cdots & a_{1n} \\ a_{21} & a_{22} & \cdots & a_{2n} \\ \vdots & \vdots & & \vdots \\ a_{m1} & a_{m2} & \cdots & a_{mn} \end{bmatrix}$$

稱為一個 $m \times n$ 矩陣，通常用大寫字母 $A, B, C \cdots$ 表示．例如：

$$A = \begin{bmatrix} a_{11} & a_{12} & \cdots & a_{1n} \\ a_{21} & a_{22} & \cdots & a_{2n} \\ \vdots & \vdots & & \vdots \\ a_{m1} & a_{m2} & \cdots & a_{mn} \end{bmatrix}$$

有時，為了標明一個矩陣的行數和列數，用 $A_{m \times n}$ 或 $A = (a_{ij})_{m \times n}$ 表示一個 m 行 n 列的矩陣，簡記為 $A = (a_{ij})$，其中，a_{ij} 稱為矩陣第 i 行第 j 列的元素，第 1 個腳標 i 稱為元素 a_{ij} 的行腳標，第 2 個腳標 j 稱為元素 a_{ij} 的列腳標.

於是，例 1 中的數表可用矩陣表示為：

$$B = \begin{bmatrix} 4 & 0 & 3 \\ 0 & 1 & 2 \end{bmatrix}$$

例 2 中的數表可表示為：

$$A = \begin{bmatrix} 3,000 & 1,000 \\ 2,500 & 1,100 \\ 2,000 & 1,000 \end{bmatrix}$$

這是一個 3×2 的矩陣 $A_{3 \times 2}$，而例 3 中的數表可表示為：

$$C = \begin{bmatrix} 15 & 27 & 8 & 11 \\ 14 & 25 & 9 & 12 \\ 16 & 26 & 7 & 13 \end{bmatrix}$$

這是一個 3×4 的矩陣 $C_{3 \times 4}$.

例 4 擲兩顆骰子，令 $a_{ij} = \{$第一顆出現 i 點，第二顆出現 j 點$\}$ $(i, j = 1, 2, \cdots, 6)$，於是，出現的點數分佈可用矩陣表示為：

$$\begin{bmatrix} a_{11} & a_{12} & a_{13} & a_{14} & a_{15} & a_{16} \\ a_{21} & a_{22} & a_{23} & a_{24} & a_{25} & a_{26} \\ a_{31} & a_{32} & a_{33} & a_{34} & a_{35} & a_{36} \\ a_{41} & a_{42} & a_{43} & a_{44} & a_{45} & a_{46} \\ a_{51} & a_{52} & a_{53} & a_{54} & a_{55} & a_{56} \\ a_{61} & a_{62} & a_{63} & a_{64} & a_{65} & a_{66} \end{bmatrix}$$

行數和列數都等於 n 的矩陣稱為 n 階方陣或 n 階矩陣，n 階方陣可簡記為 A_n 或 B_n. 如例 4 中的矩陣就是一個 6 階矩陣 A_6. 在 n 階方陣中，從左上到右下的對角線，叫主對角線，$a_{11}, a_{22}, \cdots, a_{nn}$ 就稱為主對角線上的元素.

n 階方陣 A_n 的元素按原來排列的形式構成的 n 階行列式稱為矩陣 A 的行列式，記作 $|A|$ 或 $detA$.

在 $m \times n$ 矩陣中，若 $m = 1$，即只有 1 行的矩陣，記為：

$$A_{1 \times n} = [a_1, a_2, \cdots, a_n]$$

稱為行矩陣(或行陣)；若 $n = 1$，即只有 1 列的矩陣，記為：

$$A_{m \times 1} = \begin{bmatrix} a_1 \\ a_2 \\ \vdots \\ a_m \end{bmatrix}$$

稱為列矩陣(或列陣). 一行或一列的矩陣有時也用小寫黑體字母 a、b、x…表示.

所有元素都是零的矩陣稱為零矩陣,記作 O,強調零矩陣的行數和列數時,記作 $O_{m \times n}$ 或 O_n. 例如:

$$\begin{bmatrix} 0 & 0 & 0 \\ 0 & 0 & 0 \end{bmatrix} \text{和} \begin{bmatrix} 0 & 0 & 0 \\ 0 & 0 & 0 \\ 0 & 0 & 0 \end{bmatrix}$$

分別是 2×3 的零矩陣和 3 階零矩陣. 零矩陣可以是方陣,也可以不是方陣.

定義1.6　若兩個矩陣 $A = (a_{ij})_{s \times n}, B = (b_{ij})_{r \times m}$ 滿足下列條件:

①行數相等 $s = r$;

②列數相等 $n = m$;

③所有對應元素相等 $a_{ij} = b_{ij}(i = 1, 2, \cdots, s; j = 1, 2, \cdots, n)$,

則稱矩陣 A 與 B 相等,記作:

$$A = B$$

根據定義,矩陣:

$$\begin{bmatrix} 1 & 10 & -3 \\ 2 & -7 & 0 \end{bmatrix}, \begin{bmatrix} a & c \\ b & d \end{bmatrix}$$

無論 a, b, c, d 是什麼數,它們都不可能相等,因為它們的列數不同.

例5　設矩陣

$$A = \begin{bmatrix} x & 5 \\ 0 & -7 \\ y & 8 \end{bmatrix}, \quad B = \begin{bmatrix} 2 & b \\ 0 & c \\ a & 8 \end{bmatrix}$$

若 $A = B$,求 x, y, a, b, c.

解　由矩陣相等的定義,有:

$x = 2, y = a$(可取任意實數)$, b = 5, c = -7$.

滿足定義 1.6 中的第①、②兩條的矩陣,稱為同形矩陣. 例如:

$$A = \begin{bmatrix} 0 & 2 & -3 \\ 1 & 1 & 5 \\ 4 & 0 & 20 \\ 7 & 8 & 5 \end{bmatrix}, \quad B = \begin{bmatrix} 1 & 5 & -3 \\ 1 & 7 & 4 \\ 3 & 0 & 7 \\ 9 & 9 & 10 \end{bmatrix}$$

是兩個同形矩陣. 只有同形矩陣才可以討論是否相等的問題.

有了矩陣後,很多實際問題都可以通過矩陣表示出來.

練習1.4

1. 某學生在高中一、二、三年級中各科成績分別為:

語文: 90　85　94

數學： 100 90 95
外語： 80 85 91

試寫出表示該學生高中三年成績的矩陣.

2. 北京、天津、上海、瀋陽四個城市中，北京到天津 130 千米，北京到瀋陽 750 千米，北京到上海 1,200 千米，天津到瀋陽 610 千米，天津到上海 1,070 千米，上海到瀋陽 1,560 千米. 試寫出表示這四個城市距離的矩陣.

3. 圖 1–4 中的網路表示 A 國三個城市 d_1、d_2、d_3 與 B 國三個城市 e_1、e_2、e_3 的通路，用 1 表示兩個城市相通，用 0 表示兩個城市不通. 試寫出這兩個國家城市間的通路矩陣.

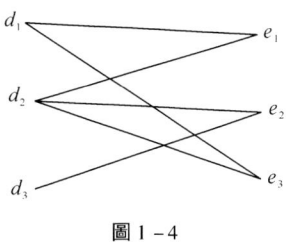

圖 1–4

1.5 矩陣的運算

1.5.1 矩陣的加法

對 1.4 節例 2 文具車間的三個班組，第二天生產的報表用矩陣 B 表示為：

$$B = \begin{bmatrix} 3,100 & 1,000 \\ 2,600 & 1,200 \\ 2,800 & 1,300 \end{bmatrix} \begin{matrix} 一班 \\ 二班 \\ 三班 \end{matrix}$$

$\quad\quad\quad\quad\quad$ 鉛筆 $\quad$ 鋼筆

則兩天生產數量的匯總報表用矩陣 C 表示，顯然有：

$$C = \begin{bmatrix} 3,000 + 3,100 & 1,000 + 1,000 \\ 2,500 + 2,600 & 1,100 + 1,200 \\ 2,000 + 2,800 & 1,000 + 1,300 \end{bmatrix} = \begin{bmatrix} 6,100 & 2,000 \\ 5,100 & 2,300 \\ 4,800 & 2,300 \end{bmatrix}$$

也就是說，矩陣 A、B 的對應元素相加，就得到矩陣 C，我們將這種運算稱為矩陣加法.

定義 1.7 設 $m \times n$ 矩陣：

$$A = \begin{bmatrix} a_{11} & a_{12} & \cdots & a_{1n} \\ a_{21} & a_{22} & \cdots & a_{2n} \\ \vdots & \vdots & & \vdots \\ a_{m1} & a_{m2} & \cdots & a_{mn} \end{bmatrix}, \quad B = \begin{bmatrix} b_{11} & b_{12} & \cdots & b_{1n} \\ b_{21} & b_{22} & \cdots & b_{2n} \\ \vdots & \vdots & & \vdots \\ b_{m1} & b_{m2} & \cdots & b_{mn} \end{bmatrix}$$

若 $m \times n$ 矩陣 $C = (c_{ij})$ 滿足：
$$c_{ij} = a_{ij} + b_{ij} \quad (i = 1, 2, \cdots, m; j = 1, 2, \cdots, n)$$
則稱矩陣 C 為矩陣 A 與 B 的和，記作 $C = A + B$.

兩個矩陣的和還是一個矩陣，它的元素 c_{ij} 是這兩個矩陣對應元素 a_{ij} 與 b_{ij} 的和.

不難驗證，矩陣的加法適合以下運算規律：

① 交換律：$A + B = B + A$
② 結合律：$(A + B) + C = A + (B + C)$
③ $A + O = A$
④ $A + (-A) = O$

從③、④可見，零矩陣 O 在矩陣加法運算中與數 0 在數的加法運算中有著同樣的性質.

例1 設 $A = \begin{bmatrix} 3 & -2 & 7 \\ 1 & 0 & 4 \end{bmatrix}, B = \begin{bmatrix} -2 & 0 & 1 \\ 15 & -1 & 7 \end{bmatrix}$

計算 $A + B$.

解 $A + B = \begin{bmatrix} 3+(-2) & -2+0 & 7+1 \\ 1+15 & 0+(-1) & 4+7 \end{bmatrix} = \begin{bmatrix} 1 & -2 & 8 \\ 16 & -1 & 11 \end{bmatrix}$

例2 有某種物資（單位：噸）從3個出產地運往4個銷售地，兩次調運方案分別為矩陣 A 與矩陣 B：

$$A = \begin{pmatrix} 3 & 5 & 7 & 2 \\ 2 & 0 & 4 & 3 \\ 0 & 1 & 2 & 3 \end{pmatrix}, \quad B = \begin{pmatrix} 1 & 3 & 2 & 0 \\ 2 & 1 & 5 & 7 \\ 0 & 6 & 4 & 8 \end{pmatrix}$$

則從各出產地運往各銷售地兩次的物資調運量（單位：噸）共為：

$$A + B = \begin{pmatrix} 3 & 5 & 7 & 2 \\ 2 & 0 & 4 & 3 \\ 0 & 1 & 2 & 3 \end{pmatrix} + \begin{pmatrix} 1 & 3 & 2 & 0 \\ 2 & 1 & 5 & 7 \\ 0 & 6 & 4 & 8 \end{pmatrix}$$

$$= \begin{pmatrix} 3+1 & 5+3 & 7+2 & 2+0 \\ 2+2 & 0+1 & 4+5 & 3+7 \\ 0+0 & 1+6 & 2+4 & 3+8 \end{pmatrix} = \begin{pmatrix} 4 & 8 & 9 & 2 \\ 4 & 1 & 9 & 10 \\ 0 & 7 & 6 & 11 \end{pmatrix}$$

1.5.2 矩陣的數量乘法

如果1.4節例2的文具車間第一天和第二天的產量完全相同，將兩天的產量進行匯總，得：

$$\begin{bmatrix} 3,000 + 3,000 & 1,000 + 1,000 \\ 2,500 + 2,500 & 1,100 + 1,100 \\ 2,000 + 2,000 & 1,000 + 1,000 \end{bmatrix}$$

$$= \begin{bmatrix} 3,000 \times 2 & 1,000 \times 2 \\ 2,500 \times 2 & 1,100 \times 2 \\ 2,000 \times 2 & 1,000 \times 2 \end{bmatrix} = \begin{bmatrix} 6,000 & 2,000 \\ 5,000 & 2,200 \\ 4,000 & 2,000 \end{bmatrix}$$

就是說把矩陣 A 的所有元素都乘以同一個數,得到另一個矩陣,這就是數與矩陣的乘法.

定義1.8 設 $m \times n$ 矩陣 $A = [a_{ij}]$,λ 是任意常數,稱 $m \times n$ 矩陣:

$$C = [c_{ij}] = \begin{bmatrix} \lambda a_{11} & \lambda a_{12} & \cdots & \lambda a_{1n} \\ \lambda a_{21} & \lambda a_{22} & \cdots & \lambda a_{2n} \\ \vdots & \vdots & & \vdots \\ \lambda a_{m1} & \lambda a_{m2} & \cdots & \lambda a_{mn} \end{bmatrix}$$

為數 λ 與矩陣 A 的數量乘積,記作 $C = \lambda A$.

矩陣的數量乘法也稱數乘矩陣.

數乘矩陣還是一個矩陣,它的元素 c_{ij} 等於原矩陣的 a_{ij} 乘以數 λ.

當 $\lambda = -1$ 時,記為:

$$-A = (-1)A$$

稱為矩陣 A 的負矩陣,顯然有 $A + (-A) = O$.

有了負矩陣,可定義矩陣的減法為:

$$A - B = A + (-B)$$

用定義容易驗證,矩陣的數量乘法滿足以下運算規律:

①結合律:$(\lambda\mu)A = \lambda(\mu A)$

②矩陣對數的分配律:$(\lambda + \mu)A = \lambda A + \mu A$

③數對矩陣的分配律:$\lambda(A + B) = \lambda A + \lambda B$

④對於數 1 則滿足:$1A = A$

例3 設 $A = \begin{bmatrix} 4 & -7 & -2 \\ 1 & 3 & 0 \end{bmatrix}$,計算 $3A$.

解 $3A = \begin{bmatrix} 3 \times 4 & 3 \times (-7) & 3 \times (-2) \\ 3 \times 1 & 3 \times 3 & 3 \times 0 \end{bmatrix} = \begin{bmatrix} 12 & -21 & -6 \\ 3 & 9 & 0 \end{bmatrix}$

例4 已知:

$$A = \begin{pmatrix} -1 & 2 & 3 & 1 \\ 0 & 3 & -2 & 1 \\ 4 & 0 & 3 & 2 \end{pmatrix}, \quad B = \begin{pmatrix} 4 & 3 & 2 & -1 \\ 5 & -3 & 0 & 1 \\ 1 & 2 & -5 & 0 \end{pmatrix}$$

求 $3A - 2B$.

解

$$3A - 2B = 3\begin{pmatrix} -1 & 2 & 3 & 1 \\ 0 & 3 & -2 & 1 \\ 4 & 0 & 3 & 2 \end{pmatrix} - 2\begin{pmatrix} 4 & 3 & 2 & -1 \\ 5 & -3 & 0 & 1 \\ 1 & 2 & -5 & 0 \end{pmatrix}$$

$$= \begin{pmatrix} -3-8 & 6-6 & 9-4 & 3+2 \\ 0-10 & 9+6 & -6-0 & 3-2 \\ 12-2 & 0-4 & 9+10 & 6-0 \end{pmatrix}$$

$$= \begin{pmatrix} -11 & 0 & 5 & 5 \\ -10 & 15 & -6 & 1 \\ 10 & -4 & 19 & 6 \end{pmatrix}$$

例5 已知：

$$A = \begin{pmatrix} 3 & -1 & 2 & 0 \\ 1 & 5 & 7 & 9 \\ 2 & 4 & 6 & 8 \end{pmatrix}, \quad B = \begin{pmatrix} 7 & 5 & -2 & 4 \\ 5 & 1 & 9 & 7 \\ 3 & 2 & -1 & 6 \end{pmatrix}$$

且 $A + 2X = B$，求 X。

解 $X = \dfrac{1}{2}(B - A) = \dfrac{1}{2}\begin{pmatrix} 4 & 6 & -4 & 4 \\ 4 & -4 & 2 & -2 \\ 1 & -2 & -7 & -2 \end{pmatrix}$

$$= \begin{pmatrix} 2 & 3 & -2 & 2 \\ 2 & -2 & 1 & -1 \\ \dfrac{1}{2} & -1 & -\dfrac{7}{2} & -1 \end{pmatrix}$$

例6 設 $A = (a_{ij})$ 為三階矩陣，若已知其行列式 $|A| = -2$，求 $||A|A|$。

解 $|A|A = -2A = \begin{bmatrix} -2a_{11} & -2a_{12} & -2a_{13} \\ -2a_{21} & -2a_{22} & -2a_{23} \\ -2a_{31} & -2a_{32} & -2a_{33} \end{bmatrix}$

$||A|A| = \begin{vmatrix} -2a_{11} & -2a_{12} & -2a_{13} \\ -2a_{21} & -2a_{22} & -2a_{23} \\ -2a_{31} & -2a_{32} & -2a_{33} \end{vmatrix}$

$= (-2)^3 \begin{vmatrix} a_{11} & a_{12} & a_{13} \\ a_{21} & a_{22} & a_{23} \\ a_{31} & a_{32} & a_{33} \end{vmatrix}$

$= (-2)^3 |A| = (-2)^3(-2) = 16$

1.5.3 矩陣的乘法

若用矩陣 A 表示 1.4 節例 2 中文具車間三個班組一天的產量，用矩陣 B 表示鉛筆和鋼筆的單位售價和單位利潤，即：

$$單價(元) \quad 單位利潤(元)$$

$$A = \begin{bmatrix} 3,000 & 1,000 \\ 2,500 & 1,100 \\ 2,000 & 1,000 \end{bmatrix}, \quad B = \begin{bmatrix} 0.5 & 0.2 \\ & \\ 10 & 2 \end{bmatrix} \begin{matrix} 鉛筆 \\ \\ 鋼筆 \end{matrix}$$

若用矩陣 E 表示三個班組一天創造的總產值和總利潤,則有：

$$總產值 \quad 總利潤$$

$$E = \begin{bmatrix} e_{11} & e_{12} \\ e_{21} & e_{22} \\ e_{31} & e_{32} \end{bmatrix} \begin{matrix} 一班 \\ 二班 \\ 三班 \end{matrix}$$

$$= \begin{bmatrix} 11,500 & 2,600 \\ 12,250 & 2,700 \\ 11,000 & 2,400 \end{bmatrix}$$

可見,E 的元素 e_{11} 正是矩陣 A 的第 1 行與矩陣 B 的第 1 列所有對應元素的乘積之和；e_{12} 是 A 的第 1 行與 B 的第 2 列所有對應元素的乘積之和……我們稱矩陣 E 為矩陣 A 與矩陣 B 的乘積.

定義 1.9　設 $m \times s$ 矩陣：

$$A = \begin{bmatrix} a_{11} & a_{12} & \cdots & a_{1s} \\ a_{21} & a_{22} & \cdots & a_{2s} \\ \vdots & \vdots & & \vdots \\ a_{m1} & a_{m2} & \cdots & a_{ms} \end{bmatrix}$$

和 $s \times n$ 矩陣：

$$B = \begin{bmatrix} b_{11} & b_{12} & \cdots & b_{1n} \\ b_{21} & b_{22} & \cdots & b_{2n} \\ \vdots & \vdots & & \vdots \\ b_{s1} & b_{s2} & \cdots & b_{sn} \end{bmatrix}$$

則稱 $m \times n$ 矩陣：

$$C = \begin{bmatrix} c_{11} & c_{12} & \cdots & c_{1n} \\ c_{21} & c_{22} & \cdots & c_{2n} \\ \vdots & \vdots & & \vdots \\ c_{m1} & c_{m2} & \cdots & c_{mn} \end{bmatrix}$$

為矩陣 A 與 B 的乘積,記作 $C = AB$,其中：

$$c_{ij} = a_{i1}b_{1j} + a_{i2}b_{2j} + \cdots + a_{is}b_{sj}$$

$$= \sum_{k=1}^{s} a_{ik}b_{kj} \quad (i = 1, 2, \cdots, m; j = 1, 2, \cdots, n)$$

根據定義可知：

①只有當左邊矩陣 A 的列數與右邊矩陣 B 的行數相等時，矩陣 A 與 B 才能相乘，並且乘積為 AB；

②兩個矩陣的乘積 AB 是一個矩陣，它的行數等於左邊矩陣 A 的行數，列數等於右邊矩陣 B 的列數；

③乘積矩陣 AB 的第 i 行第 j 列的元素 c_{ij} 等於 A 的第 i 行與 B 的第 j 列對應元素乘積之和，簡稱行乘列法則。

例7 設 A 是 3×4 矩陣，B 是 3×3 矩陣，C 是 4×2 矩陣，試判斷運算 AB, AC, BA, BC, CA, CB 能否進行？若能，寫出乘積矩陣的行數和列數。

解 對於 AB, BC, CA, CB，因為它們左邊矩陣的列數不等於右邊矩陣的行數，所以它們不能進行矩陣的乘法運算。

因為 B 的列數等於 A 的行數，A 的列數等於 C 的行數，所以乘法運算 BA, AC 能進行，且由上述②知，BA 為 3×4 矩陣，AC 為 3×2 矩陣。

例8 設矩陣：

$$A = \begin{bmatrix} 2 & -1 \\ -4 & 0 \\ 3 & 1 \end{bmatrix}, \quad B = \begin{bmatrix} 7 & -9 \\ -8 & 10 \end{bmatrix}$$

計算 AB 與 BA。

解

$$AB = \begin{bmatrix} 2\times7+(-1)\times(-8) & 2\times(-9)+(-1)\times10 \\ -4\times7+0\times(-8) & -4\times(-9)+0\times10 \\ 3\times7+1\times(-8) & 3\times(-9)+1\times10 \end{bmatrix}$$

$$= \begin{bmatrix} 22 & -28 \\ -28 & 36 \\ 13 & -17 \end{bmatrix}$$

顯然 BA 是無意義的，因此 BA 不存在。

例9 設 $A = \begin{bmatrix} 1 & -1 \\ -1 & 1 \end{bmatrix}, B = \begin{bmatrix} 1 & 1 \\ -1 & -1 \end{bmatrix}$，計算 AB 與 BA。

解 $AB = \begin{bmatrix} 1 & -1 \\ -1 & 1 \end{bmatrix}\begin{bmatrix} 1 & 1 \\ -1 & -1 \end{bmatrix} = \begin{bmatrix} 2 & 2 \\ -2 & -2 \end{bmatrix}$

$BA = \begin{bmatrix} 1 & 1 \\ -1 & -1 \end{bmatrix}\begin{bmatrix} 1 & -1 \\ -1 & 1 \end{bmatrix} = \begin{bmatrix} 0 & 0 \\ 0 & 0 \end{bmatrix}$

由例8、例9可以看出：

①兩個矩陣相乘，AB 有意義，但 BA 可能無意義，即使 BA 有意義，也不一定有 $AB = BA$。所以，矩陣的乘法一般不滿足交換律。

②由例9可知,矩陣 $A \neq O, B \neq O$,然而 $BA = O$,即兩個非零矩陣的乘積為零矩陣,這是與數的乘法不同的地方,由此說明,若 $AB = O$,一般不能推出 $A = O$ 或 $B = O$.

另外,不能在矩陣乘積的等式兩邊消去相同的矩陣,例如:

$$\begin{bmatrix} 3 & 1 \\ 4 & 6 \end{bmatrix} \begin{bmatrix} 0 & 0 \\ 1 & 1 \end{bmatrix} = \begin{bmatrix} -2 & 1 \\ 4 & 6 \end{bmatrix} \begin{bmatrix} 0 & 0 \\ 1 & 1 \end{bmatrix}$$

但是,

$$\begin{bmatrix} 3 & 1 \\ 4 & 6 \end{bmatrix} \neq \begin{bmatrix} -2 & 1 \\ 4 & 6 \end{bmatrix}$$

即在一般情況下,若 $AC = BC$,即使 $C \neq O$,也不一定有 $A = B$,這表明矩陣乘法不適合消去律.

由以上例題可知,矩陣乘法一般不滿足交換律和消去律.

對於有些矩陣,也可能有 $AB = BA$ 的情況. 如果兩個矩陣 A 與 B 滿足 $AB = BA$,則稱矩陣 A 與 B 是可交換的. 例如:

$$A = \begin{bmatrix} -1 & 4 \\ 1 & 2 \end{bmatrix}, \quad B = \begin{bmatrix} 0 & 4 \\ 1 & 3 \end{bmatrix}$$

因為 $AB = \begin{bmatrix} -1 & 4 \\ 1 & 2 \end{bmatrix} \begin{bmatrix} 0 & 4 \\ 1 & 3 \end{bmatrix} = \begin{bmatrix} 4 & 8 \\ 2 & 10 \end{bmatrix} = \begin{bmatrix} 0 & 4 \\ 1 & 3 \end{bmatrix} \begin{bmatrix} -1 & 4 \\ 1 & 2 \end{bmatrix} = BA$

所以 A、B 是可交換的矩陣.

不難證明,矩陣乘法滿足以下運算規律:

①結合律:$(AB)C = A(BC)$

②數乘結合律:$k(AB) = (kA)B = A(kB)$,其中 k 是任意常數.

③ $A(B + C) = AB + AC$ (左分配律)

④ $(B + C)A = BA + CA$ (右分配律)

對於零矩陣,在可以進行運算的前提下,有:

$$A + O = O + A = A, \quad AO = O, \quad OB = O$$

可見,零矩陣起到了類似於數0的作用.

設 A_n 為 n 階矩陣,由矩陣乘法的結合律,m 個 A 的連乘積可記作:

$$A^m = \underbrace{A \cdot A \cdots \cdot A}_{m個} \quad \text{(其中 } m \text{ 為正整數)}$$

則 A^m 稱為矩陣 A 的 m 次冪. n 階矩陣 A 的冪運算滿足如下運算規律:

① $A^k A^l = A^{k+l}$

② $(A^k)^l = A^{kl}$

由於矩陣乘法不適合交換律,因此一般 $(AB)^k \neq A^k B^k$.

例10 求與矩陣 $A = \begin{pmatrix} 0 & 1 & 0 & 0 \\ 0 & 0 & 1 & 0 \\ 0 & 0 & 0 & 1 \\ 0 & 0 & 0 & 0 \end{pmatrix}$ 可交換的一切矩陣.

解 顯然與矩陣 A 可交換的矩陣必為 4 階矩陣,設為:

$$B = \begin{pmatrix} a & b & c & d \\ a_1 & b_1 & c_1 & d_1 \\ a_2 & b_2 & c_2 & d_2 \\ a_3 & b_3 & c_3 & d_3 \end{pmatrix}$$

那麼:

$$AB = \begin{pmatrix} 0 & 1 & 0 & 0 \\ 0 & 0 & 1 & 0 \\ 0 & 0 & 0 & 1 \\ 0 & 0 & 0 & 0 \end{pmatrix} \begin{pmatrix} a & b & c & d \\ a_1 & b_1 & c_1 & d_1 \\ a_2 & b_2 & c_2 & d_2 \\ a_3 & b_3 & c_3 & d_3 \end{pmatrix}$$

$$= \begin{pmatrix} a_1 & b_1 & c_1 & d_1 \\ a_2 & b_2 & c_2 & d_2 \\ a_3 & b_3 & c_3 & d_3 \\ 0 & 0 & 0 & 0 \end{pmatrix}$$

$$BA = \begin{pmatrix} a & b & c & d \\ a_1 & b_1 & c_1 & d_1 \\ a_2 & b_2 & c_2 & d_2 \\ a_3 & b_3 & c_3 & d_3 \end{pmatrix} \begin{pmatrix} 0 & 1 & 0 & 0 \\ 0 & 0 & 1 & 0 \\ 0 & 0 & 0 & 1 \\ 0 & 0 & 0 & 0 \end{pmatrix}$$

$$= \begin{pmatrix} 0 & a & b & c \\ 0 & a_1 & b_1 & c_1 \\ 0 & a_2 & b_2 & c_2 \\ 0 & a_3 & b_3 & c_3 \end{pmatrix}$$

由 $AB = BA$, 有:

$a_1 = 0, b_1 = a, c_1 = b, d_1 = c$

$a_2 = 0, b_2 = a_1 = 0, c_2 = b_1 = a, d_2 = c_1 = b$

$a_3 = 0, b_3 = a_2 = 0, c_3 = b_2 = 0, d_3 = c_2 = a$

於是可得:

$$B = \begin{pmatrix} a & b & c & d \\ 0 & a & b & c \\ 0 & 0 & a & b \\ 0 & 0 & 0 & a \end{pmatrix}$$

其中 a、b、c、d 為任意數.

例 11 在線性方程組:

$$\begin{cases} a_{11}x_1 + a_{12}x_2 + \cdots + a_{1n}x_n = b_1 \\ a_{21}x_1 + a_{22}x_2 + \cdots + a_{2n}x_n = b_2 \\ \cdots\cdots \\ a_{m1}x_1 + a_{m2}x_2 + \cdots + a_{mn}x_n = b_m \end{cases} \quad (1.10)$$

中,若令 $A = \begin{pmatrix} a_{11} & a_{12} & \cdots & a_{1n} \\ a_{21} & a_{22} & \cdots & a_{2n} \\ \vdots & \vdots & & \vdots \\ a_{m1} & a_{m2} & \cdots & a_{mn} \end{pmatrix}, X = \begin{pmatrix} x_1 \\ x_2 \\ \vdots \\ x_n \end{pmatrix}, \boldsymbol{b} = \begin{pmatrix} b_1 \\ b_2 \\ \vdots \\ b_m \end{pmatrix}$

則方程組可以表示為矩陣形式:$AX = \boldsymbol{b}$.

例 12　解矩陣方程:

$$\begin{pmatrix} 2 & 1 \\ 1 & 2 \end{pmatrix} X = \begin{pmatrix} 1 & 2 \\ -1 & 4 \end{pmatrix}$$

其中 X 為二階矩陣.

解　設 $X = \begin{bmatrix} x_{11} & x_{12} \\ x_{21} & x_{22} \end{bmatrix}$

由題設,有:

$$\begin{pmatrix} 2 & 1 \\ 1 & 2 \end{pmatrix} \begin{bmatrix} x_{11} & x_{12} \\ x_{21} & x_{22} \end{bmatrix} = \begin{pmatrix} 1 & 2 \\ -1 & 4 \end{pmatrix}$$

即 $\begin{pmatrix} 2x_{11} + x_{21} & 2x_{12} + x_{22} \\ x_{11} + 2x_{21} & x_{12} + 2x_{22} \end{pmatrix} = \begin{pmatrix} 1 & 2 \\ -1 & 4 \end{pmatrix}$

即 $\begin{cases} 2x_{11} + x_{21} = 1 & \text{①} \\ x_{11} + 2x_{21} = -1 & \text{②} \end{cases}$

$\begin{cases} 2x_{12} + x_{22} = 2 & \text{③} \\ x_{12} + 2x_{22} = 4 & \text{④} \end{cases}$

分別解上面兩個方程組得:

$$x_{11} = 1, x_{21} = -1, x_{12} = 0, x_{22} = 2$$

所以,$X = \begin{pmatrix} 1 & 0 \\ -1 & 2 \end{pmatrix}$.

1.5.4　矩陣的轉置

如果把 1.4 節例 2 某文具車間的報表寫成:

$$\begin{matrix} \text{一班} & \text{二班} & \text{三班} \end{matrix}$$
$$\begin{bmatrix} 3,000 & 2,500 & 2,000 \\ 1,000 & 1,100 & 1,000 \end{bmatrix} \begin{matrix} \text{鉛筆} \\ \text{鋼筆} \end{matrix}$$

也就是把矩陣 A 的第 1 行寫為第 1 列,把 A 的第 2、3 行分別寫為第 2、3 列,可得上面的矩陣,它稱為 A 的轉置矩陣。

定義 1.10 設 $m \times n$ 矩陣:

$$A = \begin{bmatrix} a_{11} & a_{12} & \cdots & a_{1n} \\ a_{21} & a_{22} & \cdots & a_{2n} \\ \vdots & \vdots & & \vdots \\ a_{m1} & a_{m2} & \cdots & a_{mn} \end{bmatrix}$$

把 A 的行、列按原順序互換得到 $n \times m$ 矩陣,稱為矩陣 A 的轉置矩陣,記作 A^T,即:

$$A^T = \begin{bmatrix} a_{11} & a_{21} & \cdots & a_{m1} \\ a_{12} & a_{22} & \cdots & a_{m2} \\ \vdots & \vdots & & \vdots \\ a_{1n} & a_{2n} & \cdots & a_{mn} \end{bmatrix}$$

由定義可知,矩陣 A 與其轉置 A^T 的關係是:A 的第 1 行是 A^T 的第 1 列,……A 的第 i 行是 A^T 的第 i 列;A 的第 i 行第 j 列元素等於 A^T 的第 j 行第 i 列元素。顯然,如果 A 是 $m \times n$ 矩陣,那麼 A^T 是 $n \times m$ 矩陣。即將矩陣 A 的行與列互換,得到 A 的轉置矩陣 A^T。

轉置矩陣具有下列運算規律:

① $(A^T)^T = A$
② $(A+B)^T = A^T + B^T$
③ $(kA)^T = kA^T$ (k 為常數)
④ $(AB)^T = B^T A^T$

例 13 設矩陣:

$$A = \begin{bmatrix} 1 & -2 & 3 \\ 0 & 1 & -2 \\ 1 & -1 & 1 \end{bmatrix}, \quad B = \begin{bmatrix} 3 & 1 \\ 1 & -1 \\ 1 & 0 \end{bmatrix}$$

求 $A^T, B^T, AB, (AB)^T, B^T A^T$。

解 $A^T = \begin{bmatrix} 1 & 0 & 1 \\ -2 & 1 & -1 \\ 3 & -2 & 1 \end{bmatrix}, \quad B^T = \begin{bmatrix} 3 & 1 & 1 \\ 1 & -1 & 0 \end{bmatrix}$

∴ $AB = \begin{bmatrix} 1 & -2 & 3 \\ 0 & 1 & -2 \\ 1 & -1 & 1 \end{bmatrix} \begin{bmatrix} 3 & 1 \\ 1 & -1 \\ 1 & 0 \end{bmatrix} = \begin{bmatrix} 4 & 3 \\ -1 & -1 \\ 3 & 2 \end{bmatrix}$

$$\therefore \quad (AB)^T = \begin{bmatrix} 4 & -1 & 3 \\ 3 & -1 & 2 \end{bmatrix}$$

$$\because \quad B^T A^T = \begin{bmatrix} 3 & 1 & 1 \\ 1 & -1 & 0 \end{bmatrix} \begin{bmatrix} 1 & 0 & 1 \\ -2 & 1 & -1 \\ 3 & -2 & 1 \end{bmatrix} = \begin{bmatrix} 4 & -1 & 3 \\ 3 & -1 & 2 \end{bmatrix}$$

$$\therefore \quad (AB)^T = B^T A^T.$$

對於多個矩陣乘積的轉置，可以類推以上結論④．

練習 1.5

1. 設 $A = \begin{bmatrix} 1 & -2 \\ 3 & 0 \\ -4 & 2 \\ 5 & 6 \end{bmatrix}, B = \begin{bmatrix} 0 & -1 & 3 & 4 \\ 2 & 5 & -6 & -2 \end{bmatrix}$，計算 $A^T + B, 2A - B^T, BA, AB, A^T B^T$．

2. 計算：

(1) $\begin{bmatrix} -2 & 1 \\ 5 & 3 \end{bmatrix} \begin{bmatrix} 0 & 1 \\ 1 & 0 \end{bmatrix}$ (2) $\begin{bmatrix} 0 & 1 \\ 1 & 0 \end{bmatrix} \begin{bmatrix} -2 & 1 \\ 5 & 3 \end{bmatrix}$

(3) $\begin{bmatrix} 0 & 2 \\ 0 & -3 \end{bmatrix} \begin{bmatrix} 1 & 1 \\ 0 & 0 \end{bmatrix}$ (4) $\begin{bmatrix} 1 & 1 \\ 0 & 0 \end{bmatrix} \begin{bmatrix} 0 & 2 \\ 0 & -3 \end{bmatrix}$

(5) $\begin{bmatrix} -2 & 2 & 5 & 4 \end{bmatrix} \begin{bmatrix} 3 \\ 0 \\ -1 \\ 2 \end{bmatrix}$

(6) $\begin{bmatrix} 3 \\ 0 \\ -1 \\ 2 \end{bmatrix} \begin{bmatrix} -2 & 2 & 5 & 4 \end{bmatrix}$

(7) $= \begin{bmatrix} 3 & 1 & 6 \\ -2 & 0 & 8 \\ 7 & 4 & 0 \\ 5 & -3 & 2 \end{bmatrix} \begin{bmatrix} -2 & 0 & 1 & 4 \\ -5 & -1 & 7 & 6 \\ 4 & -2 & 1 & -9 \end{bmatrix}$

(8) $\begin{bmatrix} \frac{1}{3} & \frac{2}{3} & \frac{2}{3} \\ \frac{2}{3} & \frac{1}{3} & -\frac{2}{3} \\ \frac{2}{3} & -\frac{2}{3} & \frac{1}{3} \end{bmatrix}^2$

3. 計算 $\begin{bmatrix} 1 & 2 & 3 \\ -1 & 2 & 3 \\ 1 & -3 & 2 \end{bmatrix} \begin{bmatrix} -1 & 2 & 4 \\ 1 & 4 & 3 \\ 2 & 3 & -1 \end{bmatrix} - \begin{bmatrix} 2 & 4 & 5 \\ 6 & 1 & 0 \\ 3 & -2 & 7 \end{bmatrix}$.

4. 計算 $[x_1, x_2, x_3] \begin{bmatrix} a_{11} & a_{12} & a_{13} \\ a_{12} & a_{22} & a_{23} \\ a_{13} & a_{23} & a_{33} \end{bmatrix} \begin{bmatrix} x_1 \\ x_2 \\ x_3 \end{bmatrix}$.

5. 計算：

(1) $\begin{bmatrix} 1 & 1 \\ 0 & 1 \end{bmatrix}^5$

(2) $\begin{bmatrix} 1 & 1 & 1 & 1 \\ 1 & 1 & -1 & -1 \\ 1 & -1 & 1 & -1 \\ 1 & -1 & -1 & 1 \end{bmatrix}^4$

1.6 幾種特殊矩陣

下面介紹幾種常見的特殊矩陣，它們是單位矩陣、數量矩陣、對角矩陣、三角形矩陣和對稱矩陣，這些矩陣都是 n 階方陣.

1.6.1 單位矩陣

主對角線上的元素全是1，其餘元素全是0的 n 階矩陣：

$$\begin{bmatrix} 1 & 0 & \cdots & 0 \\ 0 & 1 & \cdots & 0 \\ \vdots & \vdots & & \vdots \\ 0 & 0 & \cdots & 1 \end{bmatrix}$$

稱為 n 階單位矩陣，記作 I 或 I_n.

容易驗證：

$$I_m A_{m \times n} = A_{m \times n}, \quad A_{m \times n} I_n = A_{m \times n}$$

若 A 為 n 階矩陣，則有：

$$IA = AI = A$$

可見單位矩陣 I 在矩陣乘法中與數1在數的乘法中有類似的作用，且 I_n 與任何 n 階矩陣可交換.

若 A 為 n 階矩陣，規定：$A^0 = I$.

1.6.2 數量矩陣

在 n 階矩陣 A 中，如果主對角線的元素均為 $a_{11} = a_{22} = \cdots = a_{nn} = a$，其餘元素全是0，

則稱 A 為 n 階數量矩陣. 即：

$$A = \begin{pmatrix} a & & & \\ & a & & \\ & & \ddots & \\ & & & a \end{pmatrix} = aI$$

以數量矩陣 A 左乘或右乘(如果可乘)一個矩陣 B, 其乘積等於以數 a 乘矩陣 B.

如 $A = \begin{pmatrix} a & 0 & \cdots & 0 \\ 0 & a & \cdots & 0 \\ \vdots & \vdots & & \vdots \\ 0 & 0 & \cdots & a \end{pmatrix}$, $B = \begin{pmatrix} b_{11} & b_{12} & \cdots & b_{1l} \\ b_{21} & b_{22} & \cdots & b_{2l} \\ \vdots & \vdots & & \vdots \\ b_{n1} & b_{n2} & \cdots & b_{nl} \end{pmatrix}_{n \times l}$

$$AB = \begin{pmatrix} a & 0 & \cdots & 0 \\ 0 & a & \cdots & 0 \\ \vdots & \vdots & & \vdots \\ 0 & 0 & \cdots & a \end{pmatrix} \begin{pmatrix} b_{11} & b_{12} & \cdots & b_{1l} \\ b_{21} & b_{22} & \cdots & b_{2l} \\ \vdots & \vdots & & \vdots \\ b_{n1} & b_{n2} & \cdots & b_{nl} \end{pmatrix}$$

$$= \begin{pmatrix} ab_{11} & ab_{12} & \cdots & ab_{1l} \\ ab_{21} & ab_{22} & \cdots & ab_{2l} \\ \vdots & \vdots & & \vdots \\ ab_{n1} & ab_{n2} & \cdots & ab_{nl} \end{pmatrix}$$

$$= a \begin{pmatrix} b_{11} & b_{12} & \cdots & b_{1l} \\ b_{21} & b_{22} & \cdots & b_{2l} \\ \vdots & \vdots & & \vdots \\ b_{n1} & b_{n2} & \cdots & b_{nl} \end{pmatrix}$$

$$= aB$$

性質 n 階數量矩陣與所有 n 階矩陣可交換.

證明 設 n 階數量矩陣為 kI, A 為 n 階矩陣, 那麼：

$$(kI)A = k(IA) = k(AI) = A(kI)$$

反之也成立, 即能與所有 n 階矩陣可交換的矩陣一定是 n 階數量矩陣.

1.6.3 對角矩陣

如果 n 階矩陣 $A = (a_{ij})$ 中的元素滿足條件：

$$a_{ij} = 0 \quad i \neq j(i, j = 1, 2, \cdots, n)$$

則稱 A 為 n 階對角矩陣. 即：

$$A = \begin{pmatrix} a_{11} & & & \\ & a_{22} & & \\ & & \ddots & \\ & & & a_{nn} \end{pmatrix}$$

這種記法表示主對角線以外沒有註明的元素均為零.

由 $k\begin{pmatrix} a_1 & & & \\ & a_2 & & \\ & & \ddots & \\ & & & a_n \end{pmatrix} = \begin{pmatrix} ka_1 & & & \\ & ka_2 & & \\ & & \ddots & \\ & & & ka_n \end{pmatrix}$

$$\begin{pmatrix} a_1 & & & \\ & a_2 & & \\ & & \ddots & \\ & & & a_n \end{pmatrix} + \begin{pmatrix} b_1 & & & \\ & b_2 & & \\ & & \ddots & \\ & & & b_n \end{pmatrix} = \begin{pmatrix} a_1+b_1 & & & \\ & a_2+b_2 & & \\ & & \ddots & \\ & & & a_n+b_n \end{pmatrix}$$

$$\begin{pmatrix} a_1 & & & \\ & a_2 & & \\ & & \ddots & \\ & & & a_n \end{pmatrix}\begin{pmatrix} b_1 & & & \\ & b_2 & & \\ & & \ddots & \\ & & & b_n \end{pmatrix} = \begin{pmatrix} a_1 b_1 & & & \\ & a_2 b_2 & & \\ & & \ddots & \\ & & & a_n b_n \end{pmatrix}$$

$$\begin{pmatrix} a_1 & & & \\ & a_2 & & \\ & & \ddots & \\ & & & a_n \end{pmatrix}^T = \begin{pmatrix} a_1 & & & \\ & a_2 & & \\ & & \ddots & \\ & & & a_n \end{pmatrix}$$

可見, 如果 A、B 為同階對角矩陣, 則 $kA, A+B, AB$ 仍為同階對角矩陣. 如果 A 是對角矩陣, 則 $A^T = A$.

例 1 設矩陣 A、B 是兩個三階矩陣:

$$A = \begin{bmatrix} 2 & 0 & 0 \\ 0 & 5 & 0 \\ 0 & 0 & -3 \end{bmatrix}, \quad B = \begin{bmatrix} 2 & 0 & 0 \\ 0 & 1 & 0 \\ 0 & 0 & 3 \end{bmatrix}$$

試計算 $A+B, 5A, AB, (AB)^T$.

解

$$A+B = \begin{bmatrix} 2 & 0 & 0 \\ 0 & 5 & 0 \\ 0 & 0 & -3 \end{bmatrix} + \begin{bmatrix} 2 & 0 & 0 \\ 0 & 1 & 0 \\ 0 & 0 & 3 \end{bmatrix} = \begin{bmatrix} 4 & 0 & 0 \\ 0 & 6 & 0 \\ 0 & 0 & 0 \end{bmatrix}$$

$$5A = 5\begin{bmatrix} 2 & 0 & 0 \\ 0 & 5 & 0 \\ 0 & 0 & -3 \end{bmatrix} = \begin{bmatrix} 10 & 0 & 0 \\ 0 & 25 & 0 \\ 0 & 0 & -15 \end{bmatrix}$$

$$AB = \begin{bmatrix} 2 & 0 & 0 \\ 0 & 5 & 0 \\ 0 & 0 & -3 \end{bmatrix}\begin{bmatrix} 2 & 0 & 0 \\ 0 & 1 & 0 \\ 0 & 0 & 3 \end{bmatrix} = \begin{bmatrix} 4 & 0 & 0 \\ 0 & 5 & 0 \\ 0 & 0 & -9 \end{bmatrix}$$

$$(AB)^T = AB$$

1.6.4 三角形矩陣

主對角線下方的元素全為 0 的 n 階方陣：

$$\begin{bmatrix} a_{11} & a_{12} & \cdots & a_{1n} \\ 0 & a_{22} & \cdots & a_{2n} \\ \vdots & \vdots & & \vdots \\ 0 & 0 & \cdots & a_{nn} \end{bmatrix}$$

稱為上三角形矩陣.

主對角線上方的元素全為 0 的 n 階方陣：

$$\begin{bmatrix} a_{11} & 0 & \cdots & 0 \\ a_{21} & a_{22} & \cdots & 0 \\ \vdots & \vdots & & \vdots \\ a_{n1} & a_{n2} & \cdots & a_{nn} \end{bmatrix}$$

稱為下三角形矩陣.

不難驗證，上(下)三角形矩陣的和、數乘、乘積仍為上(下)三角形矩陣，而上(下)三角形矩陣的轉置為下(上)三角形矩陣.

上、下三角形矩陣統稱三角形矩陣.

例 2 設矩陣：

$$A = \begin{bmatrix} -2 & 4 & 0 \\ 0 & 1 & -3 \\ 0 & 0 & 5 \end{bmatrix}, \quad B = \begin{bmatrix} 1 & 0 & -5 \\ 0 & 3 & 0 \\ 0 & 0 & -2 \end{bmatrix}$$

計算 $A+B$，$-3B$，AB.

解

$$A + B = \begin{bmatrix} -2 & 4 & 0 \\ 0 & 1 & -3 \\ 0 & 0 & 5 \end{bmatrix} + \begin{bmatrix} 1 & 0 & -5 \\ 0 & 3 & 0 \\ 0 & 0 & -2 \end{bmatrix} = \begin{bmatrix} -1 & 4 & -5 \\ 0 & 4 & -3 \\ 0 & 0 & 3 \end{bmatrix}$$

$$-3B = -3\begin{bmatrix} 1 & 0 & -5 \\ 0 & 3 & 0 \\ 0 & 0 & -2 \end{bmatrix} = \begin{bmatrix} -3 & 0 & 15 \\ 0 & -9 & 0 \\ 0 & 0 & 6 \end{bmatrix}$$

$$AB = \begin{bmatrix} -2 & 4 & 0 \\ 0 & 1 & -3 \\ 0 & 0 & 5 \end{bmatrix}\begin{bmatrix} 1 & 0 & -5 \\ 0 & 3 & 0 \\ 0 & 0 & -2 \end{bmatrix} = \begin{bmatrix} -2 & 12 & 10 \\ 0 & 3 & 6 \\ 0 & 0 & -10 \end{bmatrix}$$

1.6.5 對稱矩陣

如果 n 階矩陣 $A = (a_{ij})$ 滿足 $a_{ij} = a_{ji}(i,j=1,2,\cdots,n)$，則稱 A 為對稱矩陣.

例如 $\begin{pmatrix} 0 & -1 \\ -1 & 0 \end{pmatrix}$, $\begin{pmatrix} 1 & 0 & \frac{1}{2} \\ 0 & 2 & -1 \\ \frac{1}{2} & -1 & 3 \end{pmatrix}$ 均為對稱矩陣.

顯然，對稱矩陣 A 的元素關於主對角線對稱，因此必有 $A^T = A$. 反之亦然.

數乘對稱矩陣及同階對稱矩陣之和仍為對稱矩陣，但對稱矩陣乘積未必對稱.

例如，$\begin{pmatrix} 0 & -1 \\ -1 & 2 \end{pmatrix}$ 及 $\begin{pmatrix} 1 & 1 \\ 1 & 1 \end{pmatrix}$ 均為對稱矩陣，但是它們的乘積：

$$\begin{pmatrix} 0 & -1 \\ -1 & 2 \end{pmatrix}\begin{pmatrix} 1 & 1 \\ 1 & 1 \end{pmatrix} = \begin{pmatrix} -1 & -1 \\ 1 & 1 \end{pmatrix}$$

為非對稱矩陣.

例3 若 A 與 B 是兩個 n 階對稱矩陣，則當且僅當 A 與 B 可交換時，AB 是對稱的.

證明 由於 A 與 B 均是對稱矩陣，所以 $A^T = A, B^T = B$.

如果 $AB = BA$，則有：

$$(AB)^T = B^T A^T = BA = AB$$

所以 AB 是對稱的.

如果 AB 是對稱的，即 $(AB)^T = AB$，則有 $AB = (AB)^T = B^T A^T = BA$，即 A 與 B 可交換.

對任意矩陣 A，有 $A^T A$ 和 AA^T 都是對稱矩陣.

練習 1.6

1. 計算：

$$\begin{bmatrix} d_1 & 0 & 0 \\ 0 & d_2 & 0 \\ 0 & 0 & d_3 \end{bmatrix}\begin{bmatrix} a_{11} & a_{12} & a_{13} \\ a_{21} & a_{22} & a_{23} \\ a_{31} & a_{32} & a_{33} \end{bmatrix} \text{ 與 } \begin{bmatrix} a_{11} & a_{12} & a_{13} \\ a_{21} & a_{22} & a_{23} \\ a_{31} & a_{32} & a_{33} \end{bmatrix}\begin{bmatrix} d_1 & 0 & 0 \\ 0 & d_2 & 0 \\ 0 & 0 & d_3 \end{bmatrix}$$

由此能得出什麼結論?

2. 試證:對於任意的 n 階方陣 $A, A + A^T$ 是對稱矩陣.

1.7 分塊矩陣

人們在處理階數較高的矩陣(稱大型矩陣)的運算時,常常感到很麻煩. 如果把一個大型矩陣分成若干塊,構成一個分塊矩陣,它不僅可以把一個大型矩陣的運算化成若干小型矩陣的運算,以減少計算量,而且可以使運算更加簡明,這就是矩陣運算中的一個技巧. 本節將討論幾種常見的矩陣分塊運算.

1.7.1 矩陣分塊

對於一個任意的 $m \times n$ 矩陣 A,按某種需要用豎線和橫線將其劃分為若干個行數和列數較少的矩陣塊,這些矩陣塊稱為矩陣 A 的子塊,對矩陣的這種劃分稱為矩陣的分塊.

下面通過例子說明各種運算對矩陣如何分塊和分塊後的運算方法.

設矩陣:

$$A = \begin{bmatrix} 1 & 0 & 0 & 0 & 2 \\ 0 & 1 & 0 & -1 & 3 \\ 0 & 0 & 1 & 2 & -4 \\ 0 & 0 & 0 & 1 & -1 \\ 0 & 0 & 0 & 2 & 3 \end{bmatrix}$$

在第 3 行和第 3 列後用水平和垂直的虛線,將矩陣 A 分成 4 塊,分別記作:

$$I_3 = \begin{bmatrix} 1 & 0 & 0 \\ 0 & 1 & 0 \\ 0 & 0 & 1 \end{bmatrix}, \quad C = \begin{bmatrix} 0 & 2 \\ -1 & 3 \\ 2 & -4 \end{bmatrix}$$

$$O = \begin{bmatrix} 0 & 0 & 0 \\ 0 & 0 & 0 \end{bmatrix}, \quad B = \begin{bmatrix} 1 & -1 \\ 2 & 3 \end{bmatrix}$$

我們可以把 A 看成由 4 個小矩陣組成,並將 $I_3 \cdot C \cdot O \cdot B$ 當作矩陣 A 的元素,於是,矩陣 A 可以表示成:

$$A = \begin{bmatrix} I_3 & C \\ O & B \end{bmatrix}$$

這是一個 2×2 的分塊矩陣. 把一個矩陣分成幾塊,每塊如何構成,應根據需要來定;必要時,也可以分成一行一塊或一列一塊. 例如:

$$A = \left[\begin{array}{ccc|c} a_{11} & a_{12} & \cdots & a_{1n} \\ \hline a_{21} & a_{22} & \cdots & a_{2n} \\ \hline \vdots & \vdots & & \vdots \\ \hline a_{m1} & a_{m2} & \cdots & a_{mn} \end{array}\right]$$

按行分塊，$A = \begin{bmatrix} A_1 \\ A_2 \\ \vdots \\ A_m \end{bmatrix}$，其中 $A_i = (a_{i1}, a_{i2}, \cdots, a_{in})$，$i = 1, 2, \cdots, m$.

又如：

$$B = \left[\begin{array}{c|c|c|c} b_{11} & b_{12} & \cdots & b_{1s} \\ b_{21} & b_{22} & \cdots & b_{2s} \\ \vdots & \vdots & & \vdots \\ b_{p1} & b_{p2} & \cdots & b_{ps} \end{array}\right]$$

按列分塊 $B = [B_1 \ B_2 \ \cdots \ B_s]$，其中：

$$B_j = \begin{bmatrix} b_{1j} \\ b_{2j} \\ \vdots \\ b_{pj} \end{bmatrix}, \quad j = 1, 2, \cdots, s.$$

當 n 階矩陣 A 中非 0 元素都集中在主對角線附近時，可以分成如下的對角塊矩陣（又稱準對角矩陣）：

$$\begin{bmatrix} A_{t_1} & 0 & \cdots & 0 \\ 0 & A_{t_2} & \cdots & 0 \\ \vdots & \vdots & & \vdots \\ 0 & 0 & \cdots & A_{t_s} \end{bmatrix}$$

其中 A_{t_i} 是 t_i 階方陣，$i = 1, \cdots, s$，且 $t_1 + t_2 + \cdots + t_s = n$.

例 1

$$A = \begin{bmatrix} 1 & 2 & 0 & 0 & 0 & 0 \\ -3 & -1 & 0 & 0 & 0 & 0 \\ 0 & 0 & 5 & 0 & 0 & 0 \\ 0 & 0 & 0 & -2 & 0 & 3 \\ 0 & 0 & 0 & 1 & 2 & -4 \\ 0 & 0 & 0 & 0 & -1 & 5 \end{bmatrix} = \begin{bmatrix} A_1 & 0 & 0 \\ 0 & A_2 & 0 \\ 0 & 0 & A_3 \end{bmatrix}$$

其中 $A_1 = \begin{bmatrix} 1 & 2 \\ -3 & -1 \end{bmatrix}, A_2 = [5], A_3 = \begin{bmatrix} -2 & 0 & 3 \\ 1 & 2 & -4 \\ 0 & -1 & 5 \end{bmatrix}$.

注意:此分法不是唯一的,矩陣 A 還可以分成:

$$A = \begin{bmatrix} B_1 & 0 \\ 0 & B_2 \end{bmatrix} (其中 B_1 = \begin{bmatrix} 1 & 2 & 0 \\ -3 & -1 & 0 \\ 0 & 0 & 5 \end{bmatrix}, B_2 = A_3 = \begin{bmatrix} -2 & 0 & 3 \\ 1 & 2 & -4 \\ 0 & -1 & 5 \end{bmatrix})$$

等分塊矩陣的形式.

1.7.2 分塊矩陣的運算

設 $A = \begin{bmatrix} A_{11} & A_{12} \\ A_{21} & A_{22} \end{bmatrix}, B = \begin{bmatrix} B_{11} & B_{12} \\ B_{21} & B_{22} \end{bmatrix}$.

1. 分塊矩陣的加法(減法)

如果矩陣 A、B 對應的子塊都是同形矩陣,則有:

$$A \pm B = \begin{bmatrix} A_{11} \pm B_{11} & A_{12} \pm B_{12} \\ A_{21} \pm B_{21} & A_{22} \pm B_{22} \end{bmatrix}$$

2. 分塊矩陣的數量乘法

$$kA = \begin{bmatrix} kA_{11} & kA_{12} \\ kA_{21} & kA_{22} \end{bmatrix}$$

例 2 設矩陣:

$$A = \begin{bmatrix} 1 & 0 & 0 & 2 \\ 0 & 1 & 0 & 3 \\ 0 & 0 & 1 & -1 \\ 0 & 0 & 0 & 4 \\ 0 & 0 & 0 & 0 \end{bmatrix}, \quad B = \begin{bmatrix} 1 & -2 & 0 & 1 \\ 2 & 3 & 1 & -2 \\ 3 & 0 & -1 & 4 \\ 0 & 0 & 1 & 0 \\ 0 & 0 & 0 & 1 \end{bmatrix}$$

將 A、B 進行分塊,並計算 $A + B$.

解 設 $A = \begin{bmatrix} A_1 & A_2 \\ O & A_4 \end{bmatrix}$

其中 $A_1 = \begin{bmatrix} 1 & 0 \\ 0 & 1 \\ 0 & 0 \end{bmatrix}, A_2 = \begin{bmatrix} 0 & 2 \\ 0 & 3 \\ 1 & -1 \end{bmatrix}, O = \begin{bmatrix} 0 & 0 \\ 0 & 0 \end{bmatrix}, A_4 = \begin{bmatrix} 0 & 4 \\ 0 & 0 \end{bmatrix}$;

$B = \begin{bmatrix} B_1 & B_2 \\ O & I_2 \end{bmatrix}$

其中 $B_1 = \begin{bmatrix} 1 & -2 \\ 2 & 3 \\ 3 & 0 \end{bmatrix}, B_2 = \begin{bmatrix} 0 & 1 \\ 1 & -2 \\ -1 & 4 \end{bmatrix}, O = \begin{bmatrix} 0 & 0 \\ 0 & 0 \end{bmatrix}, I_2 = \begin{bmatrix} 1 & 0 \\ 0 & 1 \end{bmatrix}.$

於是：

$$A + B = \begin{bmatrix} A_1 & A_2 \\ O & A_4 \end{bmatrix} + \begin{bmatrix} B_1 & B_2 \\ O & I_2 \end{bmatrix} = \begin{bmatrix} A_1 + B_1 & A_2 + B_2 \\ O + O & A_4 + I_2 \end{bmatrix}$$

$$= \begin{bmatrix} 2 & -2 & 0 & 3 \\ 2 & 4 & 1 & 1 \\ 3 & 0 & 0 & 3 \\ 0 & 0 & 1 & 4 \\ 0 & 0 & 0 & 1 \end{bmatrix}$$

3. 分塊矩陣的乘法

若矩陣 A、B 能相乘且分成的相應子塊也能進行乘法運算，則有：

$$AB = \begin{bmatrix} A_{11} & A_{12} \\ A_{21} & A_{22} \end{bmatrix} \begin{bmatrix} B_{11} & B_{12} \\ B_{21} & B_{22} \end{bmatrix}$$

$$= \begin{bmatrix} A_{11}B_{11} + A_{12}B_{21} & A_{11}B_{12} + A_{12}B_{22} \\ A_{21}B_{11} + A_{22}B_{21} & A_{21}B_{12} + A_{22}B_{22} \end{bmatrix}$$

例3 設矩陣：

$$A = \begin{bmatrix} 1 & 0 & 0 & 2 & 5 \\ 0 & 1 & 0 & 3 & -2 \\ 0 & 0 & 1 & -1 & 6 \\ 0 & 0 & 0 & 4 & 0 \\ 0 & 0 & 0 & 0 & 4 \end{bmatrix}, B = \begin{bmatrix} a_1 & a_2 & a_3 & a_4 \\ b_1 & b_2 & b_3 & b_4 \\ c_1 & c_2 & c_3 & c_4 \\ 0 & 0 & 1 & 0 \\ 0 & 0 & 0 & 1 \end{bmatrix}$$

用分塊矩陣乘法計算 AB.

解 將 A、B 進行如下分塊：

$$A = \begin{bmatrix} I_3 & A_1 \\ O & 4I_2 \end{bmatrix}$$

其中 $I_3 = \begin{bmatrix} 1 & 0 & 0 \\ 0 & 1 & 0 \\ 0 & 0 & 1 \end{bmatrix}, A_1 = \begin{bmatrix} 2 & 5 \\ 3 & -2 \\ -1 & 6 \end{bmatrix}, O = \begin{bmatrix} 0 & 0 & 0 \\ 0 & 0 & 0 \end{bmatrix}, I_2 = \begin{bmatrix} 1 & 0 \\ 0 & 1 \end{bmatrix};$

$$B = \begin{bmatrix} B_1 & B_2 \\ O & I_2 \end{bmatrix}$$

其中 $B_1 = \begin{bmatrix} a_1 & a_2 \\ b_1 & b_2 \\ c_1 & c_2 \end{bmatrix}, B_2 = \begin{bmatrix} a_3 & a_4 \\ b_3 & b_4 \\ c_3 & c_4 \end{bmatrix}, O = \begin{bmatrix} 0 & 0 \\ 0 & 0 \end{bmatrix}, I_2 = \begin{bmatrix} 1 & 0 \\ 0 & 1 \end{bmatrix}$

則：

$$AB = \begin{bmatrix} I_3 & A_1 \\ O & 4I_2 \end{bmatrix} \begin{bmatrix} B_1 & B_2 \\ O & I_2 \end{bmatrix} = \begin{bmatrix} I_3 B_1 & I_3 B_2 + A_1 I_2 \\ O & 4I_2 I_2 \end{bmatrix}$$

$$= \begin{bmatrix} a_1 & a_2 & a_3+2 & a_4+5 \\ b_1 & b_2 & b_3+3 & b_4-2 \\ c_1 & c_2 & c_3-1 & c_4+6 \\ 0 & 0 & 4 & 0 \\ 0 & 0 & 0 & 4 \end{bmatrix}$$

同學們也可以用原矩陣計算,驗證分塊相乘計算的結果.

從這個例子可以得到,要使分塊矩陣乘法可以進行,必須要求：

①左矩陣 A 的列組數等於右矩陣 B 的行組數；

②左矩陣 A 的子塊的列數等於右矩陣 B 相應子塊的行數.

總而言之,左矩陣的列的分法必須與右矩陣行的分法一致.

上面通過一個例子說明了矩陣分塊乘法.可以證明用分塊矩陣乘法求得的 AB 與直接計算 AB 的結果是相等的.矩陣的分塊乘法使得在工程技術和生產實際中,遇到階數較高的矩陣相乘時,可通過分塊轉化成小型矩陣之間的乘法,使計算大為簡化.

4. 分塊矩陣的轉置

若分塊矩陣：

$$A = \begin{bmatrix} A_{11} & A_{12} & A_{13} \\ A_{21} & A_{22} & A_{23} \end{bmatrix}$$

則它的轉置為：

$$A^T = \begin{bmatrix} A_{11}^T & A_{21}^T \\ A_{12}^T & A_{22}^T \\ A_{13}^T & A_{23}^T \end{bmatrix}$$

形式上 A 的轉置等於子塊的轉置,子塊的轉置使得子塊的元素也需要轉置.

例4 設矩陣：

$$A = \begin{pmatrix} 1 & 0 & 1 & 3 \\ 0 & 1 & 2 & 4 \\ 0 & 0 & -1 & 0 \\ 0 & 0 & 0 & -1 \end{pmatrix}, B = \begin{pmatrix} 1 & 2 & 0 & 0 \\ 2 & 0 & 0 & 0 \\ 6 & 3 & 1 & 0 \\ 0 & -2 & 0 & 1 \end{pmatrix}$$

用分塊矩陣計算 $kA, A+B, AB$ 及 A^T.

解 將矩陣 A、B 分塊如下：

$$A = \left(\begin{array}{cc|cc} 1 & 0 & 1 & 3 \\ 0 & 1 & 2 & 4 \\ \hline 0 & 0 & -1 & 0 \\ 0 & 0 & 0 & -1 \end{array}\right) = \begin{pmatrix} I & C \\ O & -I \end{pmatrix}$$

$$B = \left(\begin{array}{cc|cc} 1 & 2 & 0 & 0 \\ 2 & 0 & 0 & 0 \\ \hline 6 & 3 & 1 & 0 \\ 0 & -2 & 0 & 1 \end{array}\right) = \begin{pmatrix} D & O \\ F & I \end{pmatrix}$$

則

$$kA = k\begin{pmatrix} I & C \\ O & -I \end{pmatrix} = \begin{pmatrix} kI & kC \\ O & -kI \end{pmatrix}$$

$$A + B = \begin{pmatrix} I & C \\ O & -I \end{pmatrix} + \begin{pmatrix} D & O \\ F & I \end{pmatrix} = \begin{pmatrix} I+D & C \\ F & O \end{pmatrix}$$

$$AB = \begin{pmatrix} I & C \\ O & -I \end{pmatrix}\begin{pmatrix} D & O \\ F & I \end{pmatrix} = \begin{pmatrix} D+CF & C \\ -F & -I \end{pmatrix}$$

然後再分別計算 $kI, kC, I+D, D+CF$，代入上面三式，得：

$$kA = \begin{pmatrix} k & 0 & k & 3k \\ 0 & k & 2k & 4k \\ 0 & 0 & -k & 0 \\ 0 & 0 & 0 & -k \end{pmatrix}, \quad A+B = \begin{pmatrix} 2 & 2 & 1 & 3 \\ 2 & 1 & 2 & 4 \\ 6 & 3 & 0 & 0 \\ 0 & -2 & 0 & 0 \end{pmatrix}$$

$$AB = \begin{pmatrix} 7 & -1 & 1 & 3 \\ 14 & -2 & 2 & 4 \\ -6 & -3 & -1 & 0 \\ 0 & 2 & 0 & -1 \end{pmatrix}$$

$$A^T = \begin{bmatrix} I^T & O^T \\ C^T & (-I)^T \end{bmatrix} = \begin{pmatrix} 1 & 0 & 0 & 0 \\ 0 & 1 & 0 & 0 \\ 1 & 2 & -1 & 0 \\ 3 & 4 & 0 & -1 \end{pmatrix}$$

容易驗證這個結果與不分塊矩陣運算所得到的結果相同.

練習 1.7

1. 用分塊矩陣的乘法，計算下列矩陣的乘積 AB：

$$(1) A = \begin{bmatrix} 1 & 0 & 1 & 0 & 0 \\ 0 & 2 & -1 & 0 & 0 \\ 3 & 1 & 0 & 0 & 0 \\ 0 & 0 & 0 & -2 & 0 \\ 0 & 0 & 0 & 0 & -2 \end{bmatrix}, \quad B = \begin{bmatrix} 1 & 0 & 0 & 0 & 0 \\ 0 & 2 & 0 & 0 & 0 \\ 0 & 0 & 3 & 0 & 0 \\ 0 & 0 & 0 & -1 & 3 \\ 0 & 0 & 0 & 4 & 2 \end{bmatrix}$$

$$(2) A = \begin{bmatrix} 1 & 3 & 0 & 0 & 0 \\ 2 & 8 & 0 & 0 & 0 \\ 0 & 0 & 1 & 0 & 1 \\ 0 & 0 & 2 & 3 & 2 \\ 0 & 0 & 3 & 1 & 1 \end{bmatrix}, \quad B = \begin{bmatrix} 1 & 3 & 0 & 0 & 0 \\ 2 & 8 & 0 & 0 & 0 \\ 1 & 0 & 1 & 0 & 1 \\ 0 & 1 & 2 & 3 & 2 \\ 2 & 3 & 3 & 1 & 1 \end{bmatrix}$$

2. 按指定分塊的方法，用分塊矩陣乘法求下列矩陣的乘積：

$$(1) \left[\begin{array}{cc|c} 1 & -2 & 0 \\ -1 & 0 & 1 \\ \hline 0 & 3 & 2 \end{array}\right] \left[\begin{array}{c|c} 0 & 1 \\ 1 & 0 \\ \hline 0 & -1 \end{array}\right]$$

$$(2) \left[\begin{array}{cc|c} 2 & 1 & -1 \\ 3 & 0 & -2 \\ \hline 1 & -1 & 1 \end{array}\right] \left[\begin{array}{c|cc} 1 & 1 & 0 \\ 0 & 0 & -1 \\ \hline -1 & 2 & 1 \end{array}\right]$$

$$(3) \left[\begin{array}{cc|cc} a & 0 & 0 & 0 \\ 0 & a & 0 & 0 \\ \hline 1 & 0 & b & 0 \\ 0 & 1 & 0 & b \end{array}\right] \left[\begin{array}{cc|cc} 1 & 0 & c & 0 \\ 0 & 1 & 0 & c \\ \hline 0 & 0 & d & 0 \\ 0 & 0 & 0 & d \end{array}\right]$$

1.8 矩陣的初等行變換與矩陣的秩

矩陣的初等行變換和矩陣的秩在矩陣理論和求解線性方程組中佔有重要地位，因此其作用是可想而知的．

1.8.1 矩陣的初等行變換

定義 1.11 矩陣的**初等行變換**是指對矩陣進行下列三種變換：
(1) 互換矩陣某兩行的位置；
(2) 用非 0 常數遍乘矩陣某一行（的元素）；
(3) 將矩陣某一行（的元素）遍乘一個常數 k 加到另一行（的對應元素）上去．

稱(1)為對換變換,例如,第1行與第3行互換,可記為：

$$\begin{bmatrix} a_{11} & a_{12} & a_{13} \\ a_{21} & a_{22} & a_{23} \\ a_{31} & a_{32} & a_{33} \end{bmatrix} \xrightarrow{\text{交換①、③兩行}} \begin{bmatrix} a_{31} & a_{32} & a_{33} \\ a_{21} & a_{22} & a_{23} \\ a_{11} & a_{12} & a_{13} \end{bmatrix}$$

稱(2)為倍乘變換,例如,第2行遍乘非0常數k,可記為：

$$\begin{bmatrix} a_{11} & a_{12} & a_{13} \\ a_{21} & a_{22} & a_{23} \\ a_{31} & a_{32} & a_{33} \end{bmatrix} \xrightarrow{②\times k} \begin{bmatrix} a_{11} & a_{12} & a_{13} \\ ka_{21} & ka_{22} & ka_{23} \\ a_{31} & a_{32} & a_{33} \end{bmatrix}$$

稱(3)為倍加變換,例如,第1行元素遍乘常數k加到第2行對應元素上,可記為：

$$\begin{bmatrix} a_{11} & a_{12} & a_{13} \\ a_{21} & a_{22} & a_{23} \\ a_{31} & a_{32} & a_{33} \end{bmatrix} \xrightarrow{①\times k+②} \begin{bmatrix} a_{11} & a_{12} & a_{13} \\ a_{21}+ka_{11} & a_{22}+ka_{12} & a_{23}+ka_{13} \\ a_{31} & a_{32} & a_{33} \end{bmatrix}$$

由矩陣A經過初等行變換得到矩陣B,一般記作$A \to B$,有的書也用「$A \Rightarrow B$」,意義相同.

若把定義中對矩陣的「行」的三種變換改為對「列」的三種變換,則稱為矩陣的**初等列變換**,矩陣的初等行變換和初等列變換統稱矩陣的**初等變換**. 習慣上行變換寫在「$\longrightarrow$」上面,列變換寫在「$\longrightarrow$」下面.

1.8.2　階梯形矩陣

定義1.12　滿足下列條件的矩陣稱為階梯形矩陣(簡稱梯矩陣)：
(1)各個非0行(元素不全為0的行)的第1個非0元素的列標隨著行標的遞增而嚴格增大；
(2)如果矩陣有0行,0行在矩陣的最下方.
例如：

$$\begin{bmatrix} a_{11} & a_{12} & a_{13} & a_{14} \\ 0 & a_{22} & a_{23} & a_{24} \\ 0 & 0 & a_{33} & a_{34} \end{bmatrix}, \begin{bmatrix} -1 & 0 & 1 \\ 0 & 2 & 1 \\ 0 & 0 & 3 \end{bmatrix}, \begin{bmatrix} 1 & -3 & 0 & 0 \\ 0 & -2 & 0 & 1 \\ 0 & 0 & 0 & 1 \end{bmatrix},$$

$$\begin{bmatrix} -2 & 0 & -3 & 5 & 1 \\ 0 & 0 & 2 & 1 & 0 \\ 0 & 0 & 0 & 1 & 2 \\ 0 & 0 & 0 & 0 & 0 \end{bmatrix}, \begin{bmatrix} 0 & 0 & 0 & 0 \\ 0 & 0 & 0 & 0 \\ 0 & 0 & 0 & 0 \end{bmatrix}$$

都是階梯形矩陣,而：

$$\begin{bmatrix} a_{11} & a_{12} & a_{13} \\ 0 & a_{22} & a_{23} \\ 0 & a_{32} & a_{33} \end{bmatrix}, \begin{bmatrix} 0 & -3 & 0 & 0 \\ 0 & 0 & 0 & 0 \\ 0 & 1 & 0 & 0 \end{bmatrix}$$

不是階梯形矩陣.

一個矩陣 A 可以通過初等行變換化為階梯形矩陣,這時,就稱此階梯形矩陣為矩陣 A 的階梯形矩陣,也簡稱 A 的梯矩陣.

例 1 求矩陣:

$$A = \begin{bmatrix} 0 & 16 & -7 & -5 & 5 \\ 1 & -5 & 2 & 1 & -1 \\ -1 & -11 & 5 & 4 & -4 \\ 2 & 6 & -3 & -3 & 7 \end{bmatrix}$$

的階梯形矩陣.

解 為了方便運算,避免作分數計算,我們總是習慣於把第 1 行第 1 列元素變成 1 或 (-1),為此先將第 1 行與第 2 行互換.

$$A = \begin{bmatrix} 0 & 16 & -7 & -5 & 5 \\ 1 & -5 & 2 & 1 & -1 \\ -1 & -11 & 5 & 4 & -4 \\ 2 & 6 & -3 & -3 & 7 \end{bmatrix} \xrightarrow{\text{交換①、②兩行}} \begin{bmatrix} 1 & -5 & 2 & 1 & -1 \\ 0 & 16 & -7 & -5 & 5 \\ -1 & -11 & 5 & 4 & -4 \\ 2 & 6 & -3 & -3 & 7 \end{bmatrix}$$

將第 1 行加到第 3 行(即第 1 行遍乘 1 加到第 3 行)上;第 1 行遍乘 (-2) 加到第 4 行上,就得到:

$$\xrightarrow[\text{①} \times (-2) + \text{④}]{\text{①} \times 1 + \text{③}} \begin{bmatrix} 1 & -5 & 2 & 1 & -1 \\ 0 & 16 & -7 & -5 & 5 \\ 0 & -16 & 7 & 5 & -5 \\ 0 & 16 & -7 & -5 & 9 \end{bmatrix}$$

將第 2 行遍乘 1 和 (-1) 分別加到第 3 行和第 4 行上去,

$$\xrightarrow[\text{②} \times (-1) + \text{④}]{\text{②} \times 1 + \text{③}} \begin{bmatrix} 1 & -5 & 2 & 1 & -1 \\ 0 & 16 & -7 & -5 & 5 \\ 0 & 0 & 0 & 0 & 0 \\ 0 & 0 & 0 & 0 & 4 \end{bmatrix}$$

將第 3、4 行互換,得到:

$$\xrightarrow{\text{交換③、④兩行}} \begin{bmatrix} 1 & -5 & 2 & 1 & -1 \\ 0 & 16 & -7 & -5 & 5 \\ 0 & 0 & 0 & 0 & 4 \\ 0 & 0 & 0 & 0 & 0 \end{bmatrix}$$

為所求矩陣 A 的階梯形矩陣.

若對上面的矩陣繼續作初等行變換,有:

$$\xrightarrow{③\times(1/4)} \begin{bmatrix} 1 & -5 & 2 & 1 & -1 \\ 0 & 16 & -7 & -5 & 5 \\ 0 & 0 & 0 & 0 & 1 \\ 0 & 0 & 0 & 0 & 0 \end{bmatrix}$$

根據定義,這也是矩陣 A 的階梯形矩陣. 可見,一個矩陣的階梯形矩陣不是唯一的,但是,一個矩陣的階梯形矩陣中所含非 0 行的行數是唯一的. 矩陣的這一性質在矩陣理論中佔有重要地位.

1.8.3 矩陣的秩

矩陣的秩是矩陣本質屬性的重要概念之一.

定義1.13 矩陣 A 的階梯形矩陣的非 0 行的行數稱為矩陣 A 的秩,記作秩(A) 或 $r(A)$.

在例 1 中,矩陣 A 的階梯形矩陣中非 0 行有 3 行,可見,秩$(A)=3$.

例2 設矩陣:

$$A = \begin{bmatrix} 3 & -3 & 0 & 7 & 0 \\ 1 & -1 & 0 & 2 & 1 \\ 1 & -1 & 2 & 3 & 2 \\ 2 & -2 & 2 & 5 & 3 \end{bmatrix}$$

求秩(A) 與秩(A^T).

解 先用矩陣的初等行變換求矩陣 A 的階梯形矩陣.

$$\because A = \begin{bmatrix} 3 & -3 & 0 & 7 & 0 \\ 1 & -1 & 0 & 2 & 1 \\ 1 & -1 & 2 & 3 & 2 \\ 2 & -2 & 2 & 5 & 3 \end{bmatrix} \xrightarrow{\text{交換①、②行}} \begin{bmatrix} 1 & -1 & 0 & 2 & 1 \\ 3 & -3 & 0 & 7 & 0 \\ 1 & -1 & 2 & 3 & 2 \\ 2 & -2 & 2 & 5 & 3 \end{bmatrix}$$

$$\xrightarrow[\substack{①\times(-1)+③\\①\times(-2)+④}]{①\times(-3)+②} \begin{bmatrix} 1 & -1 & 0 & 2 & 1 \\ 0 & 0 & 0 & 1 & -3 \\ 0 & 0 & 2 & 1 & 1 \\ 0 & 0 & 2 & 1 & 1 \end{bmatrix}$$

$$\xrightarrow{③\times(-1)+④} \begin{bmatrix} 1 & -1 & 0 & 2 & 1 \\ 0 & 0 & 0 & 1 & -3 \\ 0 & 0 & 2 & 1 & 1 \\ 0 & 0 & 0 & 0 & 0 \end{bmatrix}$$

$$\xrightarrow{\text{交換②、③兩行}} \begin{bmatrix} 1 & -1 & 0 & 2 & 1 \\ 0 & 0 & 2 & 1 & 1 \\ 0 & 0 & 0 & 1 & -3 \\ 0 & 0 & 0 & 0 & 0 \end{bmatrix}$$

∴ 秩$(A) = 3$.

∵ $A^T = \begin{bmatrix} 3 & 1 & 1 & 2 \\ -3 & -1 & -1 & -2 \\ 0 & 0 & 2 & 2 \\ 7 & 2 & 3 & 5 \\ 0 & 1 & 2 & 3 \end{bmatrix}$

$$\xrightarrow[\text{①}\times(-2)+\text{④}]{\text{①}\times 1+\text{②}} \begin{bmatrix} 3 & 1 & 1 & 2 \\ 0 & 0 & 0 & 0 \\ 0 & 0 & 2 & 2 \\ 1 & 0 & 1 & 1 \\ 0 & 1 & 2 & 3 \end{bmatrix} \xrightarrow[\text{交換②、⑤行}]{\text{交換①、④行}} \begin{bmatrix} 1 & 0 & 1 & 1 \\ 0 & 1 & 2 & 3 \\ 0 & 0 & 2 & 2 \\ 3 & 1 & 1 & 2 \\ 0 & 0 & 0 & 0 \end{bmatrix}$$

$$\xrightarrow{\text{①}\times(-3)+\text{④}} \begin{bmatrix} 1 & 0 & 1 & 1 \\ 0 & 1 & 2 & 3 \\ 0 & 0 & 2 & 2 \\ 0 & 1 & -2 & -1 \\ 0 & 0 & 0 & 0 \end{bmatrix} \xrightarrow{\text{②}\times(-1)+\text{④}} \begin{bmatrix} 1 & 0 & 1 & 1 \\ 0 & 1 & 2 & 3 \\ 0 & 0 & 2 & 2 \\ 0 & 0 & -4 & -4 \\ 0 & 0 & 0 & 0 \end{bmatrix}$$

$$\xrightarrow{\text{③}\times 2+\text{④}} \begin{bmatrix} 1 & 0 & 1 & 1 \\ 0 & 1 & 2 & 3 \\ 0 & 0 & 2 & 2 \\ 0 & 0 & 0 & 0 \\ 0 & 0 & 0 & 0 \end{bmatrix}$$

∴ 秩$(A^T) = 3$.

可以證明,對於任意矩陣 A,秩$(A) =$ 秩(A^T);一個矩陣的秩是唯一的.

規定零矩陣的秩為 0.

定義 1.14　設 A 是 $m \times n$ 矩陣,此時總有 $0 < r(A) \leq \min(m, n)$. 當 $r(A) = \min(m, n)$ 時,則稱矩陣 A 為滿秩矩陣.

例如:

$$A = \begin{bmatrix} 1 & 0 & 1 \\ 0 & 1 & 2 \\ 0 & 0 & -1 \end{bmatrix}, r(A) = 3$$

$$B = \begin{bmatrix} 1 & 1 \\ 0 & 2 \\ 0 & 0 \end{bmatrix}, r(B) = 2$$

$$C = \begin{bmatrix} 1 & -2 & 3 & 0 \\ 0 & 1 & 0 & 1 \\ 0 & 0 & -1 & 0 \end{bmatrix}, r(C) = 3$$

這裡 A、B、C 都是滿秩矩陣.

顯然,n 階方陣 A 為滿秩矩陣的充要條件是其行列式 $\det A \neq 0$,此時亦稱 A 為非奇異矩陣. 下面給出兩個重要定理:

定理 1.2 任意一個矩陣經過若干次初等行變換一定可以化成階梯形矩陣.

證明 設 $A = [a_{ij}]$ 為 $m \times n$ 矩陣.

若 $A = [a_{ij}] = O$,即 A 為 O 矩陣,O 矩陣是階梯形矩陣.

若 $A = [a_{ij}] \neq O$,則至少有一個元素不為零,不妨設 $a_{11} \neq 0$,把第 1 行遍乘($-\frac{a_{21}}{a_{11}}$)加到第 2 行對應元素上,把第 1 行遍乘($-\frac{a_{31}}{a_{11}}$)加到第 3 行對應元素上……依此類推,就可以把第 1 列除 a_{11} 外的其餘元素化成 0:

$$\begin{bmatrix} a_{11} & a_{12} & \cdots & a_{1n} \\ a_{21} & a_{22} & \cdots & a_{2n} \\ \vdots & \vdots & & \vdots \\ a_{m1} & a_{m2} & \cdots & a_{mn} \end{bmatrix} \rightarrow \begin{bmatrix} a_{11} & a_{12} & \cdots & a_{1n} \\ 0 & a'_{22} & \cdots & a'_{2n} \\ \vdots & \vdots & & \vdots \\ 0 & a'_{m2} & \cdots & a'_{mn} \end{bmatrix} = \begin{bmatrix} a_{11} & * \\ 0 & B_1 \end{bmatrix}$$

若 $B_1 = O$,則 A 已化成階梯形矩陣;若 $B_1 \neq O$,則對 B_1 施行與上述類似的初等行變換,這樣經過有限次的初等行變換,總可以把 A 化成階梯形矩陣.

定理 1.3 若 n 階方陣 A 為滿秩矩陣,則 A 經過初等行變換必能化成單位矩陣.

事實上,任意矩陣經初等行變換都能化成階梯形矩陣. A 為滿秩方陣,它的階梯形矩陣不出現 0 行,即主對角線上的元素均不等於 0,若再對這個階梯形矩陣施行初等行變換,把除主對角線元素以外的其他元素化成 0,最後用倍乘變換把主對角線上的元素化成 1,這樣就把滿秩方陣化成單位矩陣了. 因此,滿秩方陣 A 可以用初等行變換化為單位矩陣.

例 3 設矩陣:

$$A = \begin{bmatrix} 0 & 2 & -1 \\ 1 & 1 & 2 \\ -1 & -1 & -1 \end{bmatrix}$$

判斷 A 是否為滿秩矩陣,若是,將 A 化成單位矩陣.

解 先求矩陣 A 的階梯形矩陣:

$$\because A = \begin{bmatrix} 0 & 2 & -1 \\ 1 & 1 & 2 \\ -1 & -1 & -1 \end{bmatrix} \xrightarrow{\text{交換①、②行}} \begin{bmatrix} 1 & 1 & 2 \\ 0 & 2 & -1 \\ -1 & -1 & -1 \end{bmatrix} \xrightarrow{① \times 1 + ③} \begin{bmatrix} 1 & 1 & 2 \\ 0 & 2 & -1 \\ 0 & 0 & 1 \end{bmatrix}$$

∴ 秩$(A)=3$,故 A 是滿秩矩陣.

對最後一個矩陣繼續施行初等行變換,把除主對角線元素以外的元素化成 0:

$$\begin{bmatrix} 1 & 1 & 2 \\ 0 & 2 & -1 \\ 0 & 0 & 1 \end{bmatrix} \xrightarrow[③\times(-2)+①]{③\times 1+②} \begin{bmatrix} 1 & 1 & 0 \\ 0 & 2 & 0 \\ 0 & 0 & 1 \end{bmatrix} \xrightarrow{②\times\frac{1}{2}} \begin{bmatrix} 1 & 1 & 0 \\ 0 & 1 & 0 \\ 0 & 0 & 1 \end{bmatrix}$$

$$\xrightarrow{②\times(-1)+①} \begin{bmatrix} 1 & 0 & 0 \\ 0 & 1 & 0 \\ 0 & 0 & 1 \end{bmatrix}$$

可見,矩陣 A 經過上述初等行變換最後化為一個單位矩陣.

練習 1.8

1. 將下列矩陣化成階梯形矩陣(即梯矩陣):

(1) $\begin{bmatrix} 7 & -2 & 0 & 1 \\ -1 & 4 & 5 & -3 \\ 2 & 0 & 3 & 8 \end{bmatrix}$ (2) $\begin{bmatrix} -3 & 0 & 1 & 5 \\ 2 & -1 & 4 & 7 \\ 1 & 3 & 0 & 6 \\ 2 & 0 & -4 & 5 \end{bmatrix}$

(3) $\begin{bmatrix} 2 & 1 & 2 & 3 \\ 4 & 1 & 3 & 5 \\ 2 & 0 & 1 & 2 \end{bmatrix}$ (4) $\begin{bmatrix} 1 & 0 & 1 \\ 2 & 1 & 0 \\ -3 & 2 & -5 \end{bmatrix}$

2. 求下列矩陣的秩:

(1) $\begin{bmatrix} 3 & -2 & 0 & 1 & -7 \\ -1 & -3 & 2 & 0 & 4 \\ 2 & 0 & -4 & 5 & 1 \\ 4 & 1 & -2 & 1 & -11 \end{bmatrix}$ (2) $\begin{bmatrix} 1 & -1 & 1 & 2 \\ 2 & 3 & 3 & 2 \\ 1 & 1 & 2 & 1 \end{bmatrix}$

(3) $\begin{bmatrix} 1 & 3 & -1 & -2 \\ 2 & -1 & 2 & 3 \\ 3 & 2 & 1 & 1 \\ 1 & -4 & 3 & 5 \end{bmatrix}$

3. 設 $A = \begin{bmatrix} 3 & -1 & 2 & 0 \\ 1 & 0 & -4 & 2 \\ 0 & -2 & 3 & 1 \end{bmatrix}$,求秩$(A)$與秩$(A^T)$.

4. 設 $A = \begin{bmatrix} 1 & 2 & 4 \\ 2 & \lambda & 1 \\ 1 & 1 & 0 \end{bmatrix}$,求 λ,使秩(A)有最小值.

1.9 逆矩陣

在1.2節中定義了矩陣的加法、乘法運算. 矩陣能定義除法嗎？為了弄清這個問題，我們先看數的乘法與除法的關係.

設a為實數，當$a \neq 0$時，a的倒數存在，記作$b = \dfrac{1}{a}$，且有：

$$a \times b = a \times \dfrac{1}{a} = \dfrac{1}{a} \times a = 1$$

這種運算在實數的運算中叫作除法. 矩陣沒有除法，但是有類似的運算.

1.9.1 逆矩陣

定義1.15　對矩陣A，如果存在一個矩陣B，使得：
$$AB = BA = I \tag{1.11}$$
則稱A為可逆矩陣（簡稱A可逆），並稱B是A的逆矩陣，記作A^{-1}，即$B = A^{-1}$.

因為公式(1.11)中，A與B的地位是平等的，所以也稱B可逆，A是B的逆矩陣，即$B^{-1} = A$.

例1　設矩陣$A = \begin{bmatrix} 1 & 0 & 1 \\ 2 & 1 & 0 \\ -3 & 2 & -5 \end{bmatrix}$

$B = \begin{bmatrix} -\dfrac{5}{2} & 1 & -\dfrac{1}{2} \\ 5 & -1 & 1 \\ \dfrac{7}{2} & -1 & \dfrac{1}{2} \end{bmatrix}$，驗證$A$、$B$都是可逆矩陣，且$A^{-1} = B, B^{-1} = A$.

驗證，容易計算出：

$$AB = BA = \begin{bmatrix} 1 & 0 & 0 \\ 0 & 1 & 0 \\ 0 & 0 & 1 \end{bmatrix}$$

由可逆的定義知，A、B都是可逆矩陣，且有$A^{-1} = B, B^{-1} = A$.

例2　因為$II = I$，所以I是可逆矩陣，且$I^{-1} = I$.

例3　因為任何方陣B，都有：
$$BO = OB = O$$
所以零矩陣不可逆.

由定義可知：

① 可逆矩陣一定是方陣；

② 可逆矩陣 A 的逆矩陣是唯一的.

第①條作為課後練習,現在證明第②條.

證明 若 B、C 都是 A 的逆矩陣,則有：
$$AB = BA = I$$
$$AC = CA = I$$

因為 $B = IB = (CA)B = C(AB) = CI = C$

所以 A 的逆矩陣是唯一的.

那麼,如何判斷矩陣 A 是否可逆？

容易驗證例 1 中矩陣 A、B 都是滿秩矩陣,為了說明這種滿秩矩陣與可逆矩陣的關係,先給出下面的定理.

定理 1.4 n 階矩陣 A 可逆的充分必要條件是 A 為滿秩矩陣,即秩$(A) = n$.

例如：

$$A = \begin{bmatrix} 1 & 0 & 0 & 1 \\ 1 & 2 & 0 & -1 \\ 3 & -1 & 0 & 4 \\ 1 & 4 & 5 & 1 \end{bmatrix} \xrightarrow{\text{初等變換}} \begin{bmatrix} 1 & 0 & 0 & 1 \\ 0 & 1 & 0 & -1 \\ 0 & 0 & 5 & 4 \\ 0 & 0 & 0 & 0 \end{bmatrix}$$

故秩$(A) = 3 < 4 = n$, A 不可逆.

$$B = \begin{bmatrix} 1 & -1 & 1 \\ 2 & 3 & 3 \\ 1 & 1 & 2 \end{bmatrix} \xrightarrow{\text{初等變換}} \begin{bmatrix} 1 & -1 & 1 \\ 0 & 1 & -1 \\ 0 & 0 & 3 \end{bmatrix}$$

故秩$(B) = 3 = n$, B 可逆.

推論：n 階矩陣 A 可逆的充要條件是 $|A| \neq 0$.

定理 1.5 設 A、B 都是 n 階矩陣,若 $AB = I$,則 A、B 均可逆,並且 $A^{-1} = B$, $B^{-1} = A$.

利用定理 1.5 判定矩陣是否可逆,比直接用定義判定簡單些. 但是必須注意,矩陣 A、B 是同階方陣.

例 4 設 n 階矩陣 A 滿足 $A^2 = 2I$,證明 $I + A$ 可逆,並求 $(I + A)^{-1}$.

證明 已知 $A^2 = 2I$,即 $A^2 - I = I$,得：
$$(A + I)(A - I) = I, \text{即}(I + A)(A - I) = I$$

由定理 1.5 知 $(I + A)$ 可逆,且 $(I + A)^{-1} = A - I$.

1.9.2 可逆矩陣的性質

可逆矩陣主要有以下性質：

性質 1 若 A 可逆,則 A^{-1} 也可逆,且 $(A^{-1})^{-1} = A$.

證明 A 可逆,所以 A^{-1} 存在,且 $AA^{-1} = I$,由定理 1.5,A^{-1} 也可逆,且 $(A^{-1})^{-1} = A$.

性質2 若 n 階矩陣 A、B 均可逆,則 AB 也可逆,且:
$$(AB)^{-1} = B^{-1}A^{-1}$$

證明 因為 n 階矩陣 A、B 可逆,所以 A^{-1},B^{-1} 存在,又:
$$(AB)(B^{-1}A^{-1}) = A(BB^{-1})A^{-1} = AIA^{-1} = AA^{-1} = I$$
故由定理 1.5 知,AB 可逆,且 $(AB)^{-1} = B^{-1}A^{-1}$.

這個性質可以推廣到多個同階矩陣相乘的情形. 即設 n 階矩陣 $A_1, \cdots, A_{m-1}, A_m$ 都可逆,則 $A_1 \cdots A_{m-1} A_m$ 也可逆,且 $(A_1 \cdots A_{m-1} A_m)^{-1} = A_m^{-1} A_{m-1}^{-1} \cdots A_2^{-1} A_1^{-1}$.

性質3 若矩陣 A 可逆,則 A^T 也可逆,且 $(A^T)^{-1} = (A^{-1})^T$.

證明 因為 A 可逆,故 A^{-1} 存在,又:
$$A^T (A^{-1})^T = (A^{-1} A)^T = I^T = I$$
所以 A^T 可逆,且 $(A^T)^{-1} = (A^{-1})^T$.

練習1.9

1. 下列矩陣可逆嗎?

(1) $\begin{bmatrix} 1 & 0 \\ 0 & 0 \end{bmatrix}$
(2) $\begin{bmatrix} 1 & -1 \\ -1 & 1 \end{bmatrix}$

(3) $\begin{bmatrix} 1 & 2 & -1 \\ 3 & 4 & -2 \\ 5 & -4 & 1 \end{bmatrix}$
(4) $\begin{bmatrix} 1 & 2 & 3 \\ -2 & 0 & 1 \\ 2 & 4 & -1 \end{bmatrix}$

2. 考查下列矩陣 A、B 是否互為逆矩陣:

(1) $A = \begin{bmatrix} 8 & -4 \\ -5 & 3 \end{bmatrix}$, $B = \begin{bmatrix} \frac{3}{4} & 1 \\ \frac{5}{4} & 2 \end{bmatrix}$

(2) $A = \begin{bmatrix} 3 & -1 \\ 2 & -1 \end{bmatrix}$, $B = \begin{bmatrix} 1 & -1 \\ 2 & -3 \end{bmatrix}$

(3) $A = \begin{bmatrix} 1 & -2 & 5 \\ -3 & 0 & 4 \\ 2 & 1 & 6 \end{bmatrix}$, $B = \begin{bmatrix} -4 & 17 & -8 \\ 26 & -4 & -19 \\ -3 & -5 & -6 \end{bmatrix}$

3. 設矩陣:
$$A = \begin{bmatrix} 1 & 2 \\ -3 & 4 \end{bmatrix}, \quad B = \begin{bmatrix} \frac{4}{10} & x \\ \frac{3}{10} & y \end{bmatrix}$$

試確定 x、y,使 B 是 A 的逆矩陣.

4. 已知：
$$A = \begin{bmatrix} 1 & 2 & 1 \\ 0 & 1 & 3 \\ 1 & 2 & 4 \end{bmatrix}, \quad B^{-1} = \begin{bmatrix} 2 & 1 & 0 \\ -1 & 2 & 1 \\ -2 & 3 & 1 \end{bmatrix}$$

求：(1) $(AB)^{-1}$； (2) $(A^T B)^{-1}$； (3) $((AB)^T)^{-1}$.

1.10 逆矩陣的求法

1.10.1 用初等行變換求逆矩陣

若 A 可逆，則 A 是滿秩矩陣，根據定理 1.3，矩陣 A 總可以經過一系列初等行變換化成單位矩陣 I，用一系列同樣的初等行變換作用到 I 上，最後 I 就化成 A^{-1}，因此用初等行變換求逆矩陣的方法可表示如下：

$$(A, I) \xrightarrow{\text{初等行變換}} (I, A^{-1})$$

這就是說，在矩陣 A 的右邊寫上同階的單位矩陣 I，構成一個 $n \times 2n$ 矩陣 (A, I)，然後對 (A, I) 施行初等行變換，將 A 化成單位矩陣，同時，I 化成 A 的逆矩陣 A^{-1}.

例 1 設 $A = \begin{bmatrix} 3 & -1 \\ 2 & -1 \end{bmatrix}$，求 A^{-1}.

解 按上述方法，因為 A 是二階矩陣，右側並列 I_2，即 (A, I_2)，對它進行初等行變換.

$$\therefore (A, I_2) = \begin{bmatrix} 3 & -1 & | & 1 & 0 \\ 2 & -1 & | & 0 & 1 \end{bmatrix} \xrightarrow{② \times (-1) + ①} \begin{bmatrix} 1 & 0 & | & 1 & -1 \\ 2 & -1 & | & 0 & 1 \end{bmatrix}$$

$$\xrightarrow{① \times (-2) + ②} \begin{bmatrix} 1 & 0 & | & 1 & -1 \\ 0 & -1 & | & -2 & 3 \end{bmatrix} \xrightarrow{② \times (-1)} \begin{bmatrix} 1 & 0 & | & 1 & -1 \\ 0 & 1 & | & 2 & -3 \end{bmatrix}$$

$$\therefore A^{-1} = \begin{bmatrix} 1 & -1 \\ 2 & -3 \end{bmatrix}$$

不難驗證：$AA^{-1} = \begin{bmatrix} 3 & -1 \\ 2 & -1 \end{bmatrix} \begin{bmatrix} 1 & -1 \\ 2 & -3 \end{bmatrix} = \begin{bmatrix} 1 & 0 \\ 0 & 1 \end{bmatrix} = I_2$.

例 2 設矩陣：
$$A = \begin{bmatrix} 0 & 2 & -1 \\ 1 & 1 & 2 \\ -1 & -1 & -1 \end{bmatrix}$$

求 A 的逆矩陣 A^{-1}.

解

$$(A, I_3) = \begin{bmatrix} 0 & 2 & -1 & | & 1 & 0 & 0 \\ 1 & 1 & 2 & | & 0 & 1 & 0 \\ -1 & -1 & -1 & | & 0 & 0 & 1 \end{bmatrix}$$

$$\xrightarrow{\text{交換①、②行}} \begin{bmatrix} 1 & 1 & 2 & | & 0 & 1 & 0 \\ 0 & 2 & -1 & | & 1 & 0 & 0 \\ -1 & -1 & -1 & | & 0 & 0 & 1 \end{bmatrix} \xrightarrow{① \times 1 + ③} \begin{bmatrix} 1 & 1 & 2 & | & 0 & 1 & 0 \\ 0 & 2 & -1 & | & 1 & 0 & 0 \\ 0 & 0 & 1 & | & 0 & 1 & 1 \end{bmatrix}$$

$$\xrightarrow[③ \times (-2) + ①]{③ \times 1 + ②} \begin{bmatrix} 1 & 1 & 0 & | & 0 & -1 & -2 \\ 0 & 2 & 0 & | & 1 & 1 & 1 \\ 0 & 0 & 1 & | & 0 & 1 & 1 \end{bmatrix} \xrightarrow{② \times \frac{1}{2}} \begin{bmatrix} 1 & 1 & 0 & | & 0 & -1 & -2 \\ 0 & 1 & 0 & | & \frac{1}{2} & \frac{1}{2} & \frac{1}{2} \\ 0 & 0 & 1 & | & 0 & 1 & 1 \end{bmatrix}$$

$$\xrightarrow{② \times (-1) + ①} \begin{bmatrix} 1 & 0 & 0 & | & -\frac{1}{2} & -\frac{3}{2} & -\frac{5}{2} \\ 0 & 1 & 0 & | & \frac{1}{2} & \frac{1}{2} & \frac{1}{2} \\ 0 & 0 & 1 & | & 0 & 1 & 1 \end{bmatrix}$$

$$\therefore A^{-1} = \begin{bmatrix} -\frac{1}{2} & -\frac{3}{2} & -\frac{5}{2} \\ \frac{1}{2} & \frac{1}{2} & \frac{1}{2} \\ 0 & 1 & 1 \end{bmatrix}$$

可以驗證 $AA^{-1} = I$.

例3 設 $A = \begin{bmatrix} -2 & 0 & 1 \\ 1 & 1 & 2 \\ -1 & 1 & 3 \end{bmatrix}$,問 A^{-1} 存在嗎?若存在,求 A^{-1}.

解

$$(A, I) = \begin{bmatrix} -2 & 0 & 1 & | & 1 & 0 & 0 \\ 1 & 1 & 2 & | & 0 & 1 & 0 \\ -1 & 1 & 3 & | & 0 & 0 & 1 \end{bmatrix}$$

$$\xrightarrow{\text{交換①、②行}} \begin{bmatrix} 1 & 1 & 2 & | & 0 & 1 & 0 \\ -2 & 0 & 1 & | & 1 & 0 & 0 \\ -1 & 1 & 3 & | & 0 & 0 & 1 \end{bmatrix}$$

$$\xrightarrow[① \times 1 + ③]{① \times 2 + ②} \begin{bmatrix} 1 & 1 & 2 & | & 0 & 1 & 0 \\ 0 & 2 & 5 & | & 1 & 2 & 0 \\ 0 & 2 & 5 & | & 0 & 1 & 1 \end{bmatrix}$$

$$\xrightarrow{②\times(-1)+③} \begin{bmatrix} 1 & 1 & 2 & 0 & 1 & 0 \\ 0 & 2 & 5 & 1 & 2 & 0 \\ 0 & 0 & 0 & -1 & -1 & 1 \end{bmatrix}$$

因為左邊矩陣 A 經過初等行變換出現了 0 行,可知矩陣 A 不是滿秩矩陣,所以 A 不可逆.

總之,當給定了 n 階矩陣 A,不管其是否可逆,總可用上述方法計算,當進行到一定時候,矩陣 A 變出了 0 行時,則可判定原來的矩陣 A 是不可逆的,若 A 化成了單位矩陣 I,則說明矩陣 A 是可逆的,且此時這個單位矩陣 I 右側的矩陣就是 A 的逆矩陣 A^{-1},它是由單位矩陣 I 變換得到的.

1.10.2 用伴隨矩陣法求逆矩陣

定理 1.6 設 A_{ij} 是方陣 A 中元素 a_{ij} 的代數餘子式,若 $|A|\neq 0$,則 A 可逆,且:

$$A^{-1} = \frac{1}{|A|}\begin{bmatrix} A_{11} & A_{21} & \cdots & A_{n1} \\ A_{12} & A_{22} & \cdots & A_{n2} \\ \vdots & \vdots & & \vdots \\ A_{1n} & A_{2n} & \cdots & A_{nn} \end{bmatrix}$$

其中,矩陣 $\begin{bmatrix} A_{11} & A_{21} & \cdots & A_{n1} \\ A_{12} & A_{22} & \cdots & A_{n2} \\ \vdots & \vdots & & \vdots \\ A_{1n} & A_{2n} & \cdots & A_{nn} \end{bmatrix}$ 稱為矩陣 A 的伴隨矩陣,記作 A^*. 於是有:

$$A^{-1} = \frac{1}{|A|}A^*$$

例 4 求矩陣 $A = \begin{pmatrix} 1 & 0 & 1 \\ 2 & 1 & 0 \\ -3 & 2 & -5 \end{pmatrix}$ 的逆矩陣.

解

因為 $|A| = \begin{vmatrix} 1 & 0 & 1 \\ 2 & 1 & 0 \\ -3 & 2 & -5 \end{vmatrix} = 2 \neq 0$

所以 A 可逆.

$A_{11} = \begin{vmatrix} 1 & 0 \\ 2 & -5 \end{vmatrix} = -5, A_{12} = -\begin{vmatrix} 2 & 0 \\ -3 & -5 \end{vmatrix} = 10, A_{13} = \begin{vmatrix} 2 & 1 \\ -3 & 2 \end{vmatrix} = 7$

$A_{21} = -\begin{vmatrix} 0 & 1 \\ 2 & -5 \end{vmatrix} = 2, A_{22} = \begin{vmatrix} 1 & 1 \\ -3 & -5 \end{vmatrix} = -2, A_{23} = -\begin{vmatrix} 1 & 0 \\ -3 & 2 \end{vmatrix} = -2$

$$A_{31} = \begin{vmatrix} 0 & 1 \\ 1 & 0 \end{vmatrix} = -1, A_{32} = -\begin{vmatrix} 1 & 1 \\ 2 & 0 \end{vmatrix} = 2, A_{33} = \begin{vmatrix} 1 & 0 \\ 2 & 1 \end{vmatrix} = 1$$

於是得：

$$A^{-1} = \frac{1}{|A|}A^* = \frac{1}{2}\begin{pmatrix} -5 & 2 & -1 \\ 10 & -2 & 2 \\ 7 & -2 & 1 \end{pmatrix}$$

$$= \begin{pmatrix} -\frac{5}{2} & 1 & -\frac{1}{2} \\ 5 & -1 & 1 \\ \frac{7}{2} & -1 & \frac{1}{2} \end{pmatrix}$$

現在利用逆矩陣求解簡單的矩陣方程.

例5 解矩陣方程 $AX = B$，其中：

$$A = \begin{bmatrix} -2 & 1 & 0 \\ 1 & -2 & 1 \\ 0 & 1 & -2 \end{bmatrix}, \quad B = \begin{bmatrix} 5 & -1 \\ -2 & 3 \\ 1 & 4 \end{bmatrix}$$

解 由矩陣方程 $AX = B$ 可知，若矩陣 A 可逆，則在方程兩邊左乘 A^{-1}，得到：

$$A^{-1}(AX) = A^{-1}B$$

即矩陣方程的解為：

$$X = A^{-1}B$$

為此先對 (A, I_3) 進行初等行變換：

$$\because (A, I_3) = \begin{bmatrix} -2 & 1 & 0 & \vdots & 1 & 0 & 0 \\ 1 & -2 & 1 & \vdots & 0 & 1 & 0 \\ 0 & 1 & -2 & \vdots & 0 & 0 & 1 \end{bmatrix}$$

$$\xrightarrow{\text{交換①、②行}} \begin{bmatrix} 1 & -2 & 1 & \vdots & 0 & 1 & 0 \\ -2 & 1 & 0 & \vdots & 1 & 0 & 0 \\ 0 & 1 & -2 & \vdots & 0 & 0 & 1 \end{bmatrix} \xrightarrow{①\times 2+②} \begin{bmatrix} 1 & -2 & 1 & \vdots & 0 & 1 & 0 \\ 0 & -3 & 2 & \vdots & 1 & 2 & 0 \\ 0 & 1 & -2 & \vdots & 0 & 0 & 1 \end{bmatrix}$$

$$\xrightarrow{\text{交換②、③行}} \begin{bmatrix} 1 & -2 & 1 & \vdots & 0 & 1 & 0 \\ 0 & 1 & -2 & \vdots & 0 & 0 & 1 \\ 0 & -3 & 2 & \vdots & 1 & 2 & 0 \end{bmatrix} \xrightarrow[②\times 2+①]{②\times 3+③} \begin{bmatrix} 1 & 0 & -3 & \vdots & 0 & 1 & 2 \\ 0 & 1 & -2 & \vdots & 0 & 0 & 1 \\ 0 & 0 & -4 & \vdots & 1 & 2 & 3 \end{bmatrix}$$

$$\xrightarrow{③\times(-\frac{1}{4})} \begin{bmatrix} 1 & 0 & -3 & \vdots & 0 & 1 & 2 \\ 0 & 1 & -2 & \vdots & 0 & 0 & 1 \\ 0 & 0 & 1 & \vdots & -\frac{1}{4} & -\frac{1}{2} & -\frac{3}{4} \end{bmatrix}$$

$$\xrightarrow[\text{③} \times 3 + \text{①}]{\text{③} \times 2 + \text{②}} \begin{bmatrix} 1 & 0 & 0 & -\frac{3}{4} & -\frac{2}{4} & -\frac{1}{4} \\ 0 & 1 & 0 & -\frac{2}{4} & -1 & -\frac{2}{4} \\ 0 & 0 & 1 & -\frac{1}{4} & -\frac{2}{4} & -\frac{3}{4} \end{bmatrix}$$

$$\therefore A^{-1} = \begin{bmatrix} -\frac{3}{4} & -\frac{2}{4} & -\frac{1}{4} \\ -\frac{2}{4} & -\frac{4}{4} & -\frac{2}{4} \\ -\frac{1}{4} & -\frac{2}{4} & -\frac{3}{4} \end{bmatrix} = -\frac{1}{4} \begin{bmatrix} 3 & 2 & 1 \\ 2 & 4 & 2 \\ 1 & 2 & 3 \end{bmatrix}$$

因此 $X = A^{-1}B = -\frac{1}{4} \begin{bmatrix} 3 & 2 & 1 \\ 2 & 4 & 2 \\ 1 & 2 & 3 \end{bmatrix} \begin{bmatrix} 5 & -1 \\ -2 & 3 \\ 1 & 4 \end{bmatrix}$

$$= -\frac{1}{4} \begin{bmatrix} 12 & 7 \\ 4 & 18 \\ 4 & 17 \end{bmatrix}$$

例 6 在例 5 中,如果矩陣 B 為列矩陣 $\begin{bmatrix} 5 \\ -2 \\ 1 \end{bmatrix}$,那麼矩陣方程的解:

$$X = A^{-1}B = -\frac{1}{4} \begin{bmatrix} 3 & 2 & 1 \\ 2 & 4 & 2 \\ 1 & 2 & 3 \end{bmatrix} \begin{bmatrix} 5 \\ -2 \\ 1 \end{bmatrix}$$

$$= -\frac{1}{4} \begin{bmatrix} 12 \\ 4 \\ 4 \end{bmatrix} = \begin{bmatrix} -3 \\ -1 \\ -1 \end{bmatrix}$$

矩陣 X 是只有 3 個元素的列矩陣,若記:

$$X = \begin{bmatrix} x_1 \\ x_2 \\ x_3 \end{bmatrix} = \begin{bmatrix} -3 \\ -1 \\ -1 \end{bmatrix}$$

那麼,X 恰是三元一次方程組

$$\begin{cases} -2x_1 + x_2 = 5 \\ x_1 - 2x_2 + x_3 = -2 \\ x_2 - 2x_3 = 1 \end{cases}$$

的解. 這時三元一次方程組可以用矩陣表示為：

$$\begin{bmatrix} -2 & 1 & 0 \\ 1 & -2 & 1 \\ 0 & 1 & -2 \end{bmatrix} \begin{bmatrix} x_1 \\ x_2 \\ x_3 \end{bmatrix} = \begin{bmatrix} 5 \\ -2 \\ 1 \end{bmatrix}$$

練習 1.10

1. 求下列矩陣的逆矩陣：

(1) $\begin{bmatrix} 5 & -1 \\ 2 & -1 \end{bmatrix}$
(2) $\begin{bmatrix} 4 & 1 & 2 \\ 3 & 2 & 1 \\ 5 & -3 & 2 \end{bmatrix}$

(3) $\begin{bmatrix} 3 & -2 & -5 \\ 2 & -1 & -3 \\ -4 & 0 & 1 \end{bmatrix}$
(4) $\begin{bmatrix} 1 & 2 & 2 \\ 2 & 1 & -2 \\ 2 & -2 & 1 \end{bmatrix}$

(5) $\begin{bmatrix} 1 & a & a^2 & a^3 \\ 0 & 1 & a & a^2 \\ 0 & 0 & 1 & a \\ 0 & 0 & 0 & 1 \end{bmatrix}$

2. 解下列矩陣方程：

(1) $\begin{bmatrix} 1 & -2 & 0 \\ 4 & -2 & -1 \\ -3 & 1 & 2 \end{bmatrix} X = \begin{bmatrix} -1 & 4 \\ 2 & 5 \\ 1 & -3 \end{bmatrix}$

(2) $\begin{bmatrix} 2 & 2 & 3 \\ 1 & -1 & 0 \\ -1 & 2 & 1 \end{bmatrix} X = \begin{bmatrix} 4 & 2 & 3 \\ 1 & 1 & 0 \\ -1 & 2 & 3 \end{bmatrix}$

(3) $X \begin{bmatrix} 3 & -1 & 2 \\ 1 & 0 & -1 \\ -2 & 1 & 4 \end{bmatrix} = \begin{bmatrix} 3 & 0 & -2 \\ -1 & 4 & 1 \end{bmatrix}$

習題一

一、選擇題

1. 設二階行列式 $D = \begin{vmatrix} 1 & -5 \\ 7 & 2 \end{vmatrix}$，則 $D = ($　　$)$.

A. 70　　　　　　　　　　　　B. 33

C. 37　　　　　　　　　　　　D. -37

2. 設三階行列式 $D = \begin{vmatrix} 2 & 3 & 5 \\ -4 & 3 & 1 \\ 2 & 1 & 2 \end{vmatrix}$，則 $A_{11} = ($　　$)$.

A. $\begin{vmatrix} 3 & 1 \\ 1 & 2 \end{vmatrix}$　　　　　　　　B. $-\begin{vmatrix} 3 & 1 \\ 3 & 5 \end{vmatrix}$

C. $\begin{vmatrix} -4 & 1 \\ 2 & 5 \end{vmatrix}$　　　　　　　D. $\begin{vmatrix} 1 & 2 \\ 3 & 1 \end{vmatrix}$

3. 設 $\begin{vmatrix} 0 & 0 & 3 & 0 \\ 1 & 0 & 0 & 0 \\ 0 & -2 & 0 & 0 \\ 2 & 0 & 0 & a \end{vmatrix} = 24$，則 $a = ($　　$)$.

A. 4　　　　　　　　　　　　B. -4

C. 8　　　　　　　　　　　　D. -8

4. 設 $\begin{vmatrix} a_1 & a_2 & a_3 \\ b_1 & b_2 & b_3 \\ c_1 & c_2 & c_3 \end{vmatrix} = 3$，則 $\begin{vmatrix} a_1 & a_2 & a_3 \\ 3a_1 - b_1 & 3a_2 - b_2 & 3a_3 - b_3 \\ c_1 & c_2 & c_3 \end{vmatrix} = ($　　$)$.

A. 3　　　　　　　　　　　　B. -3

C. -6　　　　　　　　　　　D. 6

5. 已知行列式

$D = \begin{vmatrix} -1 & 0 & x & 1 \\ 1 & 1 & -1 & -1 \\ 1 & -1 & 1 & -1 \\ 1 & -1 & -1 & 1 \end{vmatrix}$，則行列式 D 中 x 的一次項系數是$($　　$)$.

A. -1　　　　　　　　　　　B. 1

C. -4　　　　　　　　　　　D. 4

6. 設 $f(x) = \begin{vmatrix} 1 & 1 & x^2-2 \\ 1 & 1 & 2 \\ 2 & x^2+1 & 1 \end{vmatrix}$,則方程 $f(x)=0$ 的根是(　　).

A. -1,-1,2,2 \qquad B. 1,-1,-2,-2

C. -1,-1,-2,-2 \qquad D. 1,-1,-2,2

7. 設行列式 $D = \begin{vmatrix} 1 & 3 & -2 \\ -1 & 0 & 3 \\ 1 & 2 & -1 \end{vmatrix}$,$D$ 中元素 $a_{23}=3$ 的代數餘子式 $A_{23}=$(　　).

A. $\begin{vmatrix} 1 & 3 \\ 1 & 2 \end{vmatrix}$ \qquad B. $\begin{vmatrix} -1 & 0 \\ 1 & 2 \end{vmatrix}$

C. $-\begin{vmatrix} 1 & 3 \\ 1 & 2 \end{vmatrix}$ \qquad D. $\begin{vmatrix} 1 & 3 \\ -1 & 0 \end{vmatrix}$

8. 設行列式 $D = \begin{vmatrix} 0 & 1 & 0 & 6 \\ 1 & 2 & 0 & 1 \\ 1 & 3 & 1 & 0 \\ 0 & 1 & 0 & 6 \end{vmatrix}$,則其值為(　　).

A. 0 \qquad B. -17

C. 1 \qquad D. 17

9. 設矩陣 $A = \begin{bmatrix} 1 & 2 & 4 \\ 0 & 2 & 1 \end{bmatrix}$,$B = \begin{bmatrix} 0 & 0 & 1 \\ 0 & 2 & 4 \\ 1 & 0 & 1 \end{bmatrix}$,則 $AB=$(　　).

A. $\begin{bmatrix} 0 & 4 & 13 \\ 1 & 2 & 6 \end{bmatrix}$ \qquad B. $\begin{bmatrix} 4 & 4 & 13 \\ 1 & 4 & 9 \end{bmatrix}$

C. $\begin{bmatrix} 0 & 4 & 3 \\ 1 & 4 & 9 \end{bmatrix}$ \qquad D. $\begin{bmatrix} 2 & 3 & 9 \\ 1 & 2 & 6 \end{bmatrix}$

10. 設矩陣 $A = \begin{bmatrix} a_{11} & a_{12} \\ a_{21} & a_{22} \\ a_{31} & a_{32} \end{bmatrix}$,則能左乘 A 的矩陣是(　　).

A. $\begin{bmatrix} b_{11} & b_{12} \\ b_{21} & b_{22} \\ b_{31} & b_{32} \end{bmatrix}$ \qquad B. $\begin{bmatrix} b_{11} \\ b_{21} \\ b_{31} \end{bmatrix}$

C. $\begin{bmatrix} b_{11} & b_{12} & b_{13} \end{bmatrix}$ \qquad D. $\begin{bmatrix} b_{21} & b_{22} \\ b_{31} & b_{32} \end{bmatrix}$

11. 設矩陣 $A = \begin{bmatrix} 1 & -1 \\ -2 & 3 \end{bmatrix}$，則 $A^{-1} = ($ 　　$)$．

A. $\begin{bmatrix} 3 & -1 \\ -2 & -1 \end{bmatrix}$　　　　　　　　B. $\begin{bmatrix} 3 & 1 \\ 2 & 1 \end{bmatrix}$

C. $\begin{bmatrix} 3 & -2 \\ -1 & 0 \end{bmatrix}$　　　　　　　　D. 以上選項均錯誤

12. 若 $A = \begin{bmatrix} 2 & 3 \\ 1 & 1 \end{bmatrix}$，則 $A^{-1} = ($ 　　$)$．

A. $\begin{bmatrix} -1 & 3 \\ -1 & 2 \end{bmatrix}$　　　　　　　　B. $\begin{bmatrix} -1 & 3 \\ 1 & -2 \end{bmatrix}$

C. $\begin{bmatrix} -1 & 1 \\ -3 & -2 \end{bmatrix}$　　　　　　　　D. $\begin{bmatrix} -1 & -2 \\ -1 & -3 \end{bmatrix}$

13. 設矩陣 $A = \begin{bmatrix} 1 & -1 & 1 \\ 0 & 1 & -1 \\ 1 & 1 & 0 \end{bmatrix}$，則 $(A^T)^{-1} = ($ 　　$)$．

A. $\begin{bmatrix} 1 & -1 & -1 \\ 1 & -1 & -2 \\ 0 & 1 & 1 \end{bmatrix}$　　　　　　　　B. $\begin{bmatrix} 1 & -2 & 1 \\ -1 & 2 & 1 \\ 1 & 0 & 0 \end{bmatrix}$

C. $\begin{bmatrix} 1 & 0 & 0 \\ -1 & -2 & 1 \\ 1 & -2 & 1 \end{bmatrix}$　　　　　　　　D. $\begin{bmatrix} 1 & -2 & 0 \\ 1 & -2 & 1 \\ 1 & -2 & 1 \end{bmatrix}$

14. 設矩陣 $A = \begin{bmatrix} 1 & 2 & 3 \\ 0 & 1 & 2 \\ 2 & 0 & 1 \end{bmatrix}$，則 $r(A) = ($ 　　$)$．

A. 0　　　　　　　　　　　　　　B. 2

C. 3　　　　　　　　　　　　　　D. 1

15. 設行列式 $D = \begin{vmatrix} 2 & 1 & 0 \\ 1 & 3 & 1 \\ 2 & 0 & 1 \end{vmatrix}$，則 $A_{21} = ($ 　　$)$．

A. 1　　　　　　　　　　　　　　B. 0

C. -1　　　　　　　　　　　　　D. 3

16. 設 M_{ij}、$A_{ij}(i,j = 1,2,3,\cdots,n)$ 分別為 n 階行列式的餘子式和代數餘子式,則它們之間的關係是(　　)．

A. $A_{ij} = (i+j)M_{ij}$　　　　　　　B. $A_{ij} = (-1)^{i+j}M_{ij}$

C. $A_{ij} = M_{ij}$　　　　　　　　　D. $A_{ij} = (-1)^{ij}M_{ij}$

17. 若矩陣 $A = \begin{bmatrix} 1 & 1 & 1 \\ 1 & 2 & 1 \\ 2 & 3 & \lambda+1 \end{bmatrix}$ 的秩為2,則 λ = (　　).

 A. 1   B. -1

 C. -2 D. 0

18. 若有 $\begin{bmatrix} \lambda & 1 & 1 \\ 3 & 0 & 1 \\ 0 & 2 & -1 \end{bmatrix} \begin{bmatrix} 3 \\ \lambda \\ -3 \end{bmatrix} = \begin{bmatrix} \lambda \\ 6 \\ 5 \end{bmatrix}$,則 λ = (　　).

 A. -1 B. 1

 C. 2   D. -2

19. 若 A 既是上三角形矩陣,又是下三角形矩陣時,則 A 必是(　　).

 A. 轉置矩陣   B. 數量矩陣

 C. 分塊矩陣   D. 對角矩陣

20. 設 $A = \begin{bmatrix} 1 & 2 \\ 4 & 3 \end{bmatrix}$, $B = \begin{bmatrix} x & 1 \\ 2 & y \end{bmatrix}$,若有 $AB = BA$,則 x 與 y 具有的關係為(　　).

 A. $2y = x$ B. $y = x + 1$

 C. $y = x - 1$ D. $y = 2x$

二、填空題

1. 設行列式的轉置行列式為 D^T,則 $(D^T)^T$ = ＿＿＿＿＿＿.

2. 設行列式 $D = \begin{vmatrix} a_{11} & a_{12} \\ \lambda a_{11} & \lambda a_{12} \end{vmatrix}$,則 D = ＿＿＿＿＿＿.

3. 若已知 $\begin{vmatrix} x & 4 & 0 \\ 2 & -1 & 0 \\ 3 & 5 & x+2 \end{vmatrix} = 0$,則 x = ＿＿＿＿＿＿.

4. 已知 $\begin{vmatrix} k_1 & 0 & 3 \\ -2 & 1 & k_2 \\ 1 & 0 & 1 \end{vmatrix} = 0$,則 k_1 = ＿＿＿＿＿＿, k_2 = ＿＿＿＿＿＿.

5. 行列式中兩行(列)對應成比例,則行列式的值為＿＿＿＿＿＿.

6. 行列式 D 與其轉置行列式 D^T 的值＿＿＿＿＿＿.

7. 互換行列式中任意兩行(列),則行列式的值＿＿＿＿＿＿.

8. 若 $\begin{vmatrix} 0 & 0 & 0 & 1 \\ 0 & 0 & a & 0 \\ 0 & 2 & 0 & 0 \\ 1 & 0 & 0 & a \end{vmatrix} = -1$,則 a = ＿＿＿＿＿＿.

9. $\begin{vmatrix} -2a_{11} & -2a_{12} & -2a_{13} \\ 3a_{21} & 3a_{22} & 3a_{23} \\ -5a_{31} & -5a_{32} & -5a_{33} \end{vmatrix} = \underline{\hspace{2cm}} \begin{vmatrix} a_{11} & a_{12} & a_{13} \\ a_{21} & a_{22} & a_{23} \\ a_{31} & a_{32} & a_{33} \end{vmatrix}$.

10. 已知矩陣 A 的轉置矩陣 A^T，則 $(A^T)^T = \underline{\hspace{2cm}}$.

11. 已知矩陣 AB 有意義，則 $(AB)^T = \underline{\hspace{2cm}}$.

12. 已知矩陣 A 可逆，則 $(A^T)^{-1} = \underline{\hspace{2cm}}$.

13. 若 n 階方陣 A 與 B 均為可逆矩陣，則 $(AB)^{-1} = \underline{\hspace{2cm}}$.

14. 如果矩陣 A、B 相等，則矩陣 A 與矩陣 B 的行數和列數應 $\underline{\hspace{2cm}}$.

15. 當且僅當左矩陣 A 的列數與右矩陣 B 的行數 $\underline{\hspace{2cm}}$ 時，AB 才有意義.

16. 設矩陣 $A = \begin{bmatrix} 1 & -1 & 2 \\ 0 & 1 & -1 \\ 2 & 1 & 0 \end{bmatrix}$，則 $A^{-1} = \underline{\hspace{2cm}}$.

三、解答題

1. 計算下列行列式：

(1) $\begin{vmatrix} -2 & -4 & 1 \\ 3 & 0 & 3 \\ 5 & 4 & -2 \end{vmatrix}$

(2) $\begin{vmatrix} 1 & 2 & 3 \\ 0 & 1 & 2 \\ 1 & 5 & 1 \end{vmatrix}$

(3) $\begin{vmatrix} 1 & 1 & 1 & 0 \\ 0 & 1 & 0 & 1 \\ 0 & 1 & 1 & 1 \\ 0 & 0 & 1 & 0 \end{vmatrix}$

(4) $\begin{vmatrix} 3 & 1 & 1 & 1 \\ 1 & 3 & 1 & 1 \\ 1 & 1 & 3 & 1 \\ 1 & 1 & 1 & 3 \end{vmatrix}$

(5) $\begin{vmatrix} 1 & 2 & 3 & 4 \\ 2 & 3 & 4 & 1 \\ 3 & 4 & 1 & 2 \\ 4 & 1 & 2 & 3 \end{vmatrix}$

(6) $\begin{vmatrix} -2 & 2 & -4 & 0 \\ 4 & -1 & 3 & 5 \\ 3 & 1 & -2 & -3 \\ 2 & 0 & 5 & 1 \end{vmatrix}$

(7) $\begin{vmatrix} 0 & 2 & 2 & -1 \\ -2 & 2 & 0 & -1 \\ 2 & -1 & 2 & 0 \\ -1 & -2 & -2 & 1 \end{vmatrix}$

(8) $\begin{vmatrix} 1 & -1 & -5 & 7 \\ 1 & 9 & 0 & -6 \\ 0 & -5 & -1 & 2 \\ 1 & 5 & -6 & 4 \end{vmatrix}$

2. 證明：

$\begin{vmatrix} a_1 & b_1 & c_1 \\ a_2 & b_2 & c_2 \\ a_3 & b_3 & c_3 \end{vmatrix} = a_1 \begin{vmatrix} b_2 & c_2 \\ b_3 & c_3 \end{vmatrix} - b_1 \begin{vmatrix} a_2 & c_2 \\ a_3 & c_3 \end{vmatrix} + c_1 \begin{vmatrix} a_2 & b_2 \\ a_3 & b_3 \end{vmatrix}$

3. k 取何值時，
$$\begin{vmatrix} k & 3 & 4 \\ -1 & k & 0 \\ 0 & k & 1 \end{vmatrix} = 0$$

4. 已知 $\begin{vmatrix} a_1 & b_1 & c_1 \\ a_2 & b_2 & c_2 \\ a_3 & b_3 & c_3 \end{vmatrix} = 1$，求 $\begin{vmatrix} a_1 & 2a_1 - 3b_1 & c_1 \\ a_2 & 2a_2 - 3b_2 & c_2 \\ a_3 & 2a_3 - 3b_3 & c_3 \end{vmatrix}$ 的值.

5. 計算行列式：
$$\begin{vmatrix} 1+x & 1 & 1 & 1 \\ 1 & 1-x & 1 & 1 \\ 1 & 1 & 1+y & 1 \\ 1 & 1 & 1 & 1-y \end{vmatrix}$$

6. 計算 n 階行列式：
$$\begin{vmatrix} x & y & o & \cdots & o & o \\ o & x & y & \cdots & o & o \\ \vdots & \vdots & \vdots & & \vdots & \vdots \\ o & o & o & \cdots & x & y \\ y & o & o & \cdots & o & x \end{vmatrix}$$

7. 計算 n 階行列式：
$$\begin{vmatrix} a & 1 & \cdots & 1 & 1 \\ 1 & a & \cdots & 1 & 1 \\ \vdots & \vdots & & \vdots & \vdots \\ 1 & 1 & \cdots & a & 1 \\ 1 & 1 & \cdots & 1 & a \end{vmatrix}$$

8. 計算 n 階行列式：
$$\begin{vmatrix} 0 & 1 & 1 & \cdots & 1 \\ 1 & 0 & 1 & \cdots & 1 \\ 1 & 1 & 0 & \cdots & 1 \\ \vdots & \vdots & \vdots & & \vdots \\ 1 & 1 & 1 & \cdots & 0 \end{vmatrix}$$

9. 用克萊姆法則解下列線性方程組：

(1) $\begin{cases} x_1 + 2x_2 + x_3 = 0 \\ x_1 + 3x_2 + 5x_3 = 1 \\ x_1 + 2x_2 + 3x_3 = 2 \end{cases}$

(2) $\begin{cases} 2x_1 - 5x_2 + x_3 + x_4 = 1 \\ 3x_2 + 2x_3 + 2x_4 = 2 \\ 2x_1 - x_2 + 4x_3 + 2x_4 = 0 \\ x_1 - 2x_2 + x_4 = 4 \end{cases}$

(3) $\begin{cases} x_1 - 3x_2 + 2x_3 + 5x_4 = 0 \\ 3x_1 + 2x_2 - x_3 - 6x_4 = 0 \\ -2x_1 - 5x_2 + x_3 + 7x_4 = 0 \\ -x_1 - 8x_2 + 2x_3 + 3x_4 = 0 \end{cases}$

(4) $\begin{cases} x_1 + x_2 + 2x_3 + 3x_4 = 1 \\ x_1 + 2x_2 - 3x_3 - x_4 = -4 \\ 3x_1 - x_2 - x_3 - 2x_4 = -4 \\ 2x_3 + 3x_2 - x_3 - x_4 = -6 \end{cases}$

10. 設矩陣 $A = \begin{bmatrix} 0 & 1 & 5 & 3 \\ 2 & 1 & 0 & 7 \end{bmatrix}, B = \begin{bmatrix} 6 & -2 & -2 & 1 \\ 1 & 0 & 3 & 5 \end{bmatrix}$,若矩陣 X 滿足 $3X - 2A + B = 0$,求 X.

11. 計算下列矩陣乘積:

(1) $\begin{bmatrix} 1 & 0 & 2 & 3 \end{bmatrix} \begin{bmatrix} 2 \\ -1 \\ 0 \\ 5 \end{bmatrix}$

(2) $\begin{bmatrix} 3 & -2 \\ 5 & -4 \end{bmatrix} \begin{bmatrix} 3 & 4 \\ -2 & 5 \end{bmatrix}$

(3) $\begin{bmatrix} 2 \\ -1 \\ 0 \\ 5 \end{bmatrix} \begin{bmatrix} 1 & 0 & 2 & 3 \end{bmatrix}$

(4) $\begin{bmatrix} 1 & 2 & 3 \\ -2 & 1 & 2 \end{bmatrix} \begin{bmatrix} 1 & 2 & 0 \\ 0 & 1 & 1 \\ 3 & 0 & -1 \end{bmatrix}$

12. 設矩陣 $A = \begin{bmatrix} 1 & 2 & -1 \\ 2 & 3 & 2 \\ -1 & 0 & 2 \end{bmatrix}, B = \begin{bmatrix} 0 & 1 & 2 \\ 2 & -1 & 0 \\ -1 & -1 & 3 \end{bmatrix}$,求 $A^T B^T, B^T A^T, (A^T)^2, (B^T)^2$.

13. 設矩陣 $A = \begin{bmatrix} 1 & 1 \\ 0 & -2 \\ 3 & 0 \end{bmatrix}, B = \begin{bmatrix} 1 & 3 & -2 \\ 0 & -1 & 2 \end{bmatrix}$,求 AB.

14. 設矩陣 $A = \begin{bmatrix} 2 & 1 & 3 & 0 \\ 0 & 2 & 1 & 0 \\ 1 & 0 & 1 & 0 \end{bmatrix}$,求 AA^T.

15. 設矩陣

$$A = \begin{bmatrix} 3 & 1 & 1 \\ 2 & 1 & 2 \\ 1 & 2 & 3 \end{bmatrix}, \quad B = \begin{bmatrix} 1 & 1 & 1 \\ 2 & -1 & 0 \\ 1 & 0 & 1 \end{bmatrix}$$

計算：$(1) 3A - 2B$；$(2) 3A^T + B$；$(3) AB - BA$.

16. 計算：

$(1) \begin{bmatrix} a & 0 & 0 \\ 0 & -b & 0 \\ 0 & 0 & c \end{bmatrix}^n$ \qquad $(2) \begin{bmatrix} 0 & -1 \\ -1 & 0 \end{bmatrix}^5$

17. 設 $A = \begin{bmatrix} 1 & 3 & 0 & 0 & 0 \\ 2 & 8 & 0 & 0 & 0 \\ 1 & 0 & 1 & 0 & 1 \\ 0 & 1 & 2 & 3 & 2 \\ 2 & 3 & 3 & 1 & 1 \end{bmatrix}$，計算 A^2.

18. 設 $A = \begin{bmatrix} 2 & -2 & 3 & 5 & -4 \\ 2 & 3 & 8 & -4 & 0 \\ 3 & -1 & 0 & 2 & -5 \\ -2 & 0 & -1 & 5 & 6 \end{bmatrix}$，求秩$(A)$.

19. 設 $A = \begin{bmatrix} 1 & 0 & -2 \\ -3 & 4 & -1 \\ 2 & 1 & 3 \end{bmatrix}$，求 A^{-1}.

20. 判斷下列矩陣是否可逆，若可逆，求它的逆矩陣：

$(1) \begin{bmatrix} 3 & 1 \\ 4 & 2 \end{bmatrix}$ \qquad $(2) \begin{bmatrix} 1 & -2 & -1 \\ -3 & 4 & 5 \\ 2 & 0 & 3 \end{bmatrix}$

$(3) \begin{bmatrix} 2 & 2 & -3 \\ 1 & -1 & 0 \\ -1 & 2 & 1 \end{bmatrix}$

21. 求下列矩陣的逆矩陣：

$(1) \begin{bmatrix} 1 & -1 & 0 \\ -1 & 2 & 1 \\ 2 & 3 & 3 \end{bmatrix}$ \qquad $(2) \begin{bmatrix} 1 & 2 & 1 \\ 3 & 2 & 4 \\ 2 & 1 & 2 \end{bmatrix}$

$(3) \begin{bmatrix} 1 & -1 & -2 \\ 0 & 1 & 2 \\ 2 & 0 & -1 \end{bmatrix}$ \qquad $(4) \begin{bmatrix} 2 & 2 & 3 \\ 1 & -1 & 0 \\ -1 & 2 & 1 \end{bmatrix}$

22. 求下列矩阵的秩：

(1) $\begin{bmatrix} 1 & 3 & 5 \\ 0 & 1 & 2 \\ 1 & 0 & 1 \end{bmatrix}$
(2) $\begin{bmatrix} 1 & 2 & 3 & 2 \\ 1 & 4 & 5 & 3 \\ 0 & 2 & 2 & 1 \end{bmatrix}$

(3) $\begin{bmatrix} 2 & 4 & 1 & 0 \\ 1 & 0 & 3 & 2 \\ -1 & 5 & -3 & 1 \\ 0 & 1 & 0 & 2 \end{bmatrix}$
(4) $\begin{bmatrix} 1 & 1 & -1 & -1 \\ 2 & -1 & 4 & -5 \\ 1 & 2 & -3 & 0 \\ -1 & 1 & -3 & 3 \end{bmatrix}$

(5) $\begin{bmatrix} 1 & 2 & 3 & 4 \\ 1 & -2 & 4 & 5 \\ 1 & 10 & 1 & 2 \end{bmatrix}$
(6) $\begin{bmatrix} 1 & 1 & 1 & 0 & 1 \\ 2 & 1 & -1 & 1 & 1 \\ 1 & 2 & -1 & 1 & 2 \\ 0 & 1 & 2 & 3 & 3 \end{bmatrix}$

23. 已知矩阵：

$$A = \begin{bmatrix} 1 & 0 & -1 & k \\ 2 & -1 & k & 8 \\ 1 & 1 & -7 & k \end{bmatrix}$$

若 $r(A)=2$，求 k 的值.

24. 设矩阵：

$$A = \begin{bmatrix} 1 & 0 & 0 & 0 \\ 0 & 1 & 0 & 0 \\ -1 & 2 & 1 & 0 \\ 1 & 1 & 0 & 1 \end{bmatrix}, B = \begin{bmatrix} 0 & 0 & 3 & 2 \\ 0 & 0 & 0 & 1 \\ 1 & 0 & 4 & 1 \\ 0 & 1 & 2 & 0 \end{bmatrix}$$

求 $kA, A+B, AB$.

25. 设矩阵：

$$A = \begin{bmatrix} 1 & 0 & 0 & 0 \\ 0 & 1 & -1 & 0 \\ 1 & 1 & 0 & 0 \\ 0 & 0 & 0 & 1 \end{bmatrix}, B = \begin{bmatrix} 1 & 2 & 1 \\ 0 & 3 & 1 \\ -1 & 0 & 2 \\ 2 & 1 & 0 \end{bmatrix}$$

求 AB.

26. 已知 $A = \begin{bmatrix} 1 & 0 & 3 \\ 0 & 2 & 1 \\ 0 & 0 & 1 \end{bmatrix}, B = \begin{bmatrix} 1 & 0 & 0 \\ 0 & 2 & 1 \\ 3 & 0 & 1 \end{bmatrix}$，求：

(1) $(A+B)(A-B)$；

(2) $A^2 - B^2$.

27. 解下列矩陣方程：

(1) $\begin{bmatrix} 2 & 3 & -1 \\ 1 & 2 & 0 \\ -1 & 2 & -2 \end{bmatrix} X = \begin{bmatrix} 2 & 1 \\ -1 & 0 \\ 3 & 1 \end{bmatrix}$

(2) $X \begin{bmatrix} 1 & 2 & -3 \\ 3 & 2 & -4 \\ 2 & -1 & 0 \end{bmatrix} = \begin{bmatrix} 1 & -3 & 0 \\ 10 & 2 & 7 \end{bmatrix}$

28. 解矩陣方程 $XA = B$，其中：

$A = \begin{bmatrix} 1 & -1 & 1 \\ 1 & 1 & 0 \\ 2 & 1 & 1 \end{bmatrix}, B = \begin{bmatrix} 1 & 2 & -3 \\ 2 & 0 & 4 \\ 0 & -1 & 5 \end{bmatrix}$

29. 利用逆矩陣，解線性方程組：

$\begin{cases} x_1 + x_2 + x_3 = 1 \\ \quad\quad 2x_2 + 2x_3 = 1 \\ x_1 - x_2 \quad\quad = 2 \end{cases}$

第二章
線性方程組

解線性方程組是實際工作中常常遇到的問題. 雖然我們在中學時, 曾學過方程個數與未知量個數相等的二元或三元三次方程組的解法, 並且知道二元一次方程組的解只能是下列三種情況之一: 有唯一解、有無窮多解、無解. 但在許多實際問題中, 經常要解未知量個數超過三個或方程個數與未知量個數不相等的線性方程組. 例如:

$$\begin{cases} x_1 + 3x_2 + 2x_3 + 4x_4 = 6 \\ 2x_1 + x_2 + 3x_3 + 2x_4 = 5 \\ 4x_1 + 2x_2 + x_3 + x_4 = 7 \end{cases}$$

這種方程組是否有解? 如果有解, 是有唯一解, 還是有無窮多解? 如何求解? 這些就是本章要討論的問題.

2.1 n 元線性方程組

一般地, 稱由 n 個未知量、m 個線性方程組成的方程組:

$$\begin{cases} a_{11}x_1 + a_{12}x_2 + \cdots + a_{1n}x_n = b_1 \\ a_{21}x_1 + a_{22}x_2 + \cdots + a_{2n}x_n = b_2 \\ \cdots\cdots \\ a_{m1}x_1 + a_{m2}x_2 + \cdots + a_{mn}x_n = b_m \end{cases} \quad (2.1)$$

為 n 元線性方程組. 其中, x_j 是未知量 (也稱為未知數), a_{ij} 是第 i 個方程中第 j 個未知量 x_j 的係數, b_i 是第 i 個方程的常數項 ($i = 1, 2, \cdots, m; j = 1, 2, \cdots, n$).

當方程組 (2.1) 中的常數項 $b_1, b_2, \cdots, b_m$ 不全為 0 時, 稱該方程組為非齊次線性方程組; 當 $b_1, b_2, \cdots, b_m$ 全為 0 時, 即:

$$\begin{cases} a_{11}x_1 + a_{12}x_2 + \cdots + a_{1n}x_n = 0 \\ a_{21}x_1 + a_{22}x_2 + \cdots + a_{2n}x_n = 0 \\ \quad\quad\cdots\cdots \\ a_{m1}x_1 + a_{m2}x_2 + \cdots + a_{mn}x_n = 0 \end{cases} \quad (2.2)$$

稱為齊次線性方程組.

由 n 個數 $c_1, c_2, \cdots, c_n$ 組成一個 n 元有序數組：

$$(c_1, c_2, \cdots, c_n)$$

若將它們依次代替(2.1)式中的 $x_1, x_2, \cdots, x_n$，即 $x_1 = c_1, x_2 = c_2, \cdots, x_n = c_n$，(2.1)式中的各個方程都變成恒等式，則稱這個 n 元有序數組 $(c_1, c_2, \cdots, c_n)$ 為方程組(2.1)的一個解. 顯然，由 $x_1 = 0, x_2 = 0, \cdots, x_n = 0$ 組成的 n 元有序數組 $(0, 0, \cdots, 0)$ 是齊次線性方程組 (2.2)的一個解，稱這個解為該齊次線性方程組的零解，而稱齊次線性方程組的未知量取值不全為 0 的解 $(x_1, x_2, \cdots, x_n)$ 為其非零解.

線性方程組還可以用矩陣形式表示，如 n 元線性方程組(2.1)可表示成：

$$\begin{bmatrix} a_{11} & a_{12} & \cdots & a_{1n} \\ a_{21} & a_{22} & \cdots & a_{2n} \\ \vdots & \vdots & & \vdots \\ a_{m1} & a_{m2} & \cdots & a_{mn} \end{bmatrix} \begin{bmatrix} x_1 \\ x_2 \\ \vdots \\ x_n \end{bmatrix} = \begin{bmatrix} b_1 \\ b_2 \\ \vdots \\ b_m \end{bmatrix}$$

其中矩陣：

$$A = \begin{bmatrix} a_{11} & a_{12} & \cdots & a_{1n} \\ a_{21} & a_{22} & \cdots & a_{2n} \\ \vdots & \vdots & & \vdots \\ a_{m1} & a_{m2} & \cdots & a_{mn} \end{bmatrix}$$

稱為方程組(2.1)的系數矩陣，分別稱列陣：

$$X = \begin{bmatrix} x_1 \\ x_2 \\ \vdots \\ x_n \end{bmatrix} \quad \boldsymbol{b} = \begin{bmatrix} b_1 \\ b_2 \\ \vdots \\ b_m \end{bmatrix}$$

為方程組(2.1)的未知量矩陣和常數項矩陣. 於是線性方程組(2.1)可簡單地記為：

$$AX = \boldsymbol{b} \quad (2.3)$$

這樣，解線性方程組(2.1)等價於從(2.3)中解出未知量矩陣 X.

另外，稱由系數和常數項組成的矩陣：

$$\begin{bmatrix} a_{11} & a_{12} & \cdots & a_{1n} & b_1 \\ a_{21} & a_{22} & \cdots & a_{2n} & b_2 \\ \vdots & \vdots & & \vdots & \vdots \\ a_{m1} & a_{m2} & \cdots & a_{mn} & b_m \end{bmatrix}$$

為方程組(2.1)的增廣矩陣,記為 $\bar{A}$ 或 $[A \quad \boldsymbol{b}]$. 由於線性方程組是由它的系數和常數項確定的,因此用增廣矩陣可以完全清楚地表示一個線性方程組.

例1 寫出線性方程組:

$$\begin{cases} 4x_1 - 5x_2 - x_3 = 1 \\ -x_1 + 5x_2 + x_3 = 2 \\ x_1 \quad\quad + x_3 = 0 \\ 5x_1 - x_2 + 3x_3 = 4 \end{cases}$$

的增廣矩陣與矩陣形式.

解 此方程組的增廣矩陣是:

$$\bar{A} = \begin{bmatrix} 4 & -5 & -1 & 1 \\ -1 & 5 & 1 & 2 \\ 1 & 0 & 1 & 0 \\ 5 & -1 & 3 & 4 \end{bmatrix}$$

方程組的矩陣形式是:

$$\begin{bmatrix} 4 & -5 & -1 \\ -1 & 5 & 1 \\ 1 & 0 & 1 \\ 5 & -1 & 3 \end{bmatrix} \begin{bmatrix} x_1 \\ x_2 \\ x_3 \end{bmatrix} = \begin{bmatrix} 1 \\ 2 \\ 0 \\ 4 \end{bmatrix}$$

下面首先討論一種特殊的線性方程組的解,它是未知量個數與方程個數相同且系數矩陣 A 可逆的線性方程組.

例2 若 n 元線性方程組:

$$\begin{cases} a_{11}x_1 + a_{12}x_2 + \cdots + a_{1n}x_n = b_1 \\ a_{21}x_1 + a_{22}x_2 + \cdots + a_{2n}x_n = b_2 \\ \quad\quad \cdots\cdots \\ a_{n1}x_1 + a_{n2}x_2 + \cdots + a_{nn}x_n = b_n \end{cases}$$

的系數矩陣:

$$A = \begin{bmatrix} a_{11} & a_{12} & \cdots & a_{1n} \\ a_{21} & a_{22} & \cdots & a_{2n} \\ \vdots & \vdots & & \vdots \\ a_{n1} & a_{n2} & \cdots & a_{nn} \end{bmatrix}$$

是可逆矩陣,則此方程組有唯一解,且 $X = A^{-1}\boldsymbol{b}$.

證明 因為系數矩陣 A 是可逆矩陣,所以存在逆矩陣 A^{-1},用 A^{-1} 左乘矩陣方程 $AX = \boldsymbol{b}$ 的兩端,即:

$$A^{-1}(AX) = A^{-1}\boldsymbol{b}$$
$$(A^{-1}A)X = A^{-1}\boldsymbol{b}$$

於是得到矩陣方程的解:

$$X = A^{-1}\boldsymbol{b}$$

由逆矩陣的唯一性可知:矩陣方程 $AX = \boldsymbol{b}$ 的解 $X = A^{-1}\boldsymbol{b}$ 是唯一的.

由該題的結論可知:若矩陣 A 可逆,則齊次線性方程組 $AX = O$ 只有 0 解.

除這種比較特殊的線性方程組外,對一般的線性方程組如何求解呢?這正是下一節要討論的問題——用消元法解 n 元線性方程組.

練習 2.1

1. 驗證下列每個方程組後面給出的有序數組是該方程組的解(其中 c 是任意常數):

(1) $\begin{cases} x_1 - x_2 + 5x_3 - x_4 = 0 \\ x_1 + x_2 - 2x_3 + 3x_4 = 0 \\ 3x_1 - x_2 + 8x_3 + x_4 = 0 \\ x_1 + 3x_2 - 9x_3 + 7x_4 = 0 \end{cases}$

$(13, 0, -4, -7), \left(-\dfrac{13}{7}c, 0, \dfrac{4}{7}c, c\right)$

(2) $\begin{cases} x_1 + 3x_2 - x_3 + 2x_4 + x_5 = -4 \\ -3x_1 + x_2 + 2x_3 - 5x_4 - 4x_5 = -1 \\ 2x_1 - 3x_2 - x_3 - x_4 + x_5 = 4 \\ -4x_1 + 16x_2 + x_3 + 3x_4 - 9x_5 = -21 \end{cases}$

$(2, -1, 3, 0, 0), (27c+2, 4c-1, 41c+3, c, 0)$

2. 先將下列方程組寫成矩陣形式,再求解:

(1) $\begin{cases} 2x_1 + x_2 = 5 \\ -2x_1 + x_2 + 2x_3 = 3 \\ 3x_1 - 2x_2 - 4x_3 = 2 \end{cases}$

(2) $\begin{cases} 5x_1 + 6x_2 = 1 \\ x_1 + 5x_2 + 6x_3 = -2 \\ x_2 + 5x_3 + 6x_4 = 2 \\ x_3 + 5x_4 + 6x_5 = -2 \\ 5x_4 + 6x_5 = -4 \end{cases}$

2.2 線性方程組的消元法

線性方程組的消元解法也稱消元法. 消元法是解二元或三元一次線性方程組常用的方法,將其用來解 n 元線性方程組也是有效的. 它的基本思想是將方程組中的一部分方程變成未知量較少的方程,從而容易判斷方程組解的情況或求出方程組的解. 下面通過例子說明消元法的具體做法.

例 1 解線性方程組:

$$\begin{cases} 2x_1 + 5x_2 + 3x_3 - 2x_4 = 3 \\ -3x_1 - x_2 + 2x_3 + x_4 = -4 \\ -2x_1 + 3x_2 - 4x_3 - 7x_4 = -13 \\ x_1 + 2x_2 + 4x_3 + x_4 = 4 \end{cases}$$

解 為避免出現分數,將方程中的第 1 個與第 4 個交換位置,得:

交換①、④行 $\begin{cases} x_1 + 2x_2 + 4x_3 + x_4 = 4 \\ -3x_1 - x_2 + 2x_3 + x_4 = -4 \\ -2x_1 + 3x_2 - 4x_3 - 7x_4 = -13 \\ 2x_1 + 5x_2 + 3x_3 - 2x_4 = 3 \end{cases}$

將第 1 個方程的適當倍數分別加到第 2、3、4 個方程上,消去這些方程中含 x_1 的項,得:

$\begin{array}{l} ① \times 3 + ② \\ ① \times 2 + ③ \\ ① \times (-2) + ④ \end{array} \begin{cases} x_1 + 2x_2 + 4x_3 + x_4 = 4 \\ 5x_2 + 14x_3 + 4x_4 = 8 \\ 7x_2 + 4x_3 - 5x_4 = -5 \\ x_2 - 5x_3 - 4x_4 = -5 \end{cases}$

交換第 2 個與第 4 個方程位置,得:

交換②、④行 $\begin{cases} x_1 + 2x_2 + 4x_3 + x_4 = 4 \\ x_2 - 5x_3 - 4x_4 = -5 \\ 7x_2 + 4x_3 - 5x_4 = -5 \\ 5x_2 + 14x_3 + 4x_4 = 8 \end{cases}$

將第 2 個方程的適當倍數分別加到第 3 個與第 4 個方程上,消去它們中含 x_2 的項,得:

$\begin{array}{l} ② \times (-7) + ③ \\ ② \times (-5) + ④ \end{array} \begin{cases} x_1 + 2x_2 + 4x_3 + x_4 = 4 \\ x_2 - 5x_3 - 4x_4 = -5 \\ 39x_3 + 23x_4 = 30 \\ 39x_3 + 24x_4 = 33 \end{cases}$

將第 3 個方程乘以 (-1) 加到第 4 個方程上,消去這個方程中含 x_3 的項,得:

$$③\times(-1)+④\begin{cases} x_1+2x_2+4x_3+x_4=4 \\ x_2-5x_3-4x_4=-5 \\ 39x_3+23x_4=30 \\ x_4=3 \end{cases} \quad (2.4)$$

稱方程組(2.4)為階梯形方程組.

階梯形方程組(2.4)的最後一個方程是一元一次方程,即:

$$x_4=3$$

回代至第 3 個方程,可解得:

$$x_3=-1$$

將 $x_3=-1$, $x_4=3$ 回代至第 2 個方程,可解得:

$$x_2=2$$

將 $x_2=2$, $x_3=-1$, $x_4=3$ 回代至第 1 個方程,可解得:

$$x_1=1$$

經過驗算知(1,2,-1,3)是原方程組的解.

總結例 1 的求解過程,實際上是對方程組反覆施行了三種變換:①交換兩個方程的位置;②用一個不為 0 的數乘以某一個方程;③將一個方程倍乘一個數後加到另一個方程上. 可以證明:

①任一線性方程組利用這三種變換都能化成階梯形方程組;

②這三種變換不改變線性方程組的解.

由此可知階梯形方程組與原方程組是同解方程組. 於是解一般線性方程組的問題就化為解階梯形方程組的問題. 從解(2.4)的過程看,階梯形方程組用逐次回代的方法是很容易求解的. 因此一般線性方程組只要化成階梯形方程組後,求解問題也就迎刃而解了.

由於線性方程組可以用增廣矩陣表示,並且對方程組施行的三種變換實質上就是對矩陣施行初等行變換,故線性方程組的求解過程完全可用矩陣的初等行變換表示出來. 對於例 1,用增廣矩陣表示線性方程組,則解題過程可寫成:

$$\bar{A}=\begin{bmatrix} 2 & 5 & 3 & -2 & 3 \\ -3 & -1 & 2 & 1 & -4 \\ -2 & 3 & -4 & -7 & -13 \\ 1 & 2 & 4 & 1 & 4 \end{bmatrix}$$

$$\xrightarrow{交換①、④行} \begin{bmatrix} 1 & 2 & 4 & 1 & 4 \\ -3 & -1 & 2 & 1 & -4 \\ -2 & 3 & -4 & -7 & -13 \\ 2 & 5 & 3 & -2 & 3 \end{bmatrix}$$

$$\xrightarrow{\substack{①\times 3+②\\ ①\times 2+③\\ ①\times(-2)+④}}\begin{bmatrix}1 & 2 & 4 & 1 & 4\\ 0 & 5 & 14 & 4 & 8\\ 0 & 7 & 4 & -5 & -5\\ 0 & 1 & -5 & -4 & -5\end{bmatrix}$$

$$\xrightarrow{交換②、④行}\begin{bmatrix}1 & 2 & 4 & 1 & 4\\ 0 & 1 & -5 & -4 & -5\\ 0 & 7 & 4 & -5 & -5\\ 0 & 5 & 14 & 4 & 8\end{bmatrix}$$

$$\xrightarrow{\substack{②\times(-7)+③\\ ②\times(-5)+④}}\begin{bmatrix}1 & 2 & 4 & 1 & 4\\ 0 & 1 & -5 & -4 & -5\\ 0 & 0 & 39 & 23 & 30\\ 0 & 0 & 39 & 24 & 33\end{bmatrix}$$

$$\xrightarrow{③\times(-1)+④}\begin{bmatrix}1 & 2 & 4 & 1 & 4\\ 0 & 1 & -5 & -4 & -5\\ 0 & 0 & 39 & 23 & 30\\ 0 & 0 & 0 & 1 & 3\end{bmatrix}$$

最後一個矩陣表示的方程組就是階梯形方程組(2.4),解為:

$$x_1=1, x_2=2, x_3=-1, x_4=3$$

即(1,2,-1,3)是原方程組的解.

可見,用矩陣表示線性方程組的求解過程,不僅簡便,而且清晰明了,並且也易於在計算機上操作. 當未知量個數或方程數目較多時,優勢更為明顯.

歸納起來,例1的求解過程可以表述為:首先用增廣矩陣 $\overline{A}$ 表示線性方程組 $AX=\boldsymbol{b}$,然後將 $\overline{A}$ 用初等行變換化成階梯形,最後用逐次回代的方法解對應的階梯形方程組,所得的解即為線性方程組 $AX=\boldsymbol{b}$ 的解. 這種解線性方程組的方法稱為高斯消元法,簡稱消元法.

下面再看一個例子.

例2 解線性方程組:

$$\begin{cases} x_1+x_2+x_3+x_4=4\\ 2x_1+3x_2+x_3+x_4=9\\ -3x_1+2x_2-8x_3-8x_4=-4\end{cases}$$

解 用初等行變換將增廣矩陣化成階梯形矩陣,即:

$$\overline{A}=\begin{bmatrix}1 & 1 & 1 & 1 & 4\\ 2 & 3 & 1 & 1 & 9\\ -3 & 2 & -8 & -8 & -4\end{bmatrix}$$

$$\xrightarrow{\substack{①\times(-2)+② \\ ①\times 3+③}} \begin{bmatrix} 1 & 1 & 1 & 1 & 4 \\ 0 & 1 & -1 & -1 & 1 \\ 0 & 5 & -5 & -5 & 8 \end{bmatrix}$$

$$\xrightarrow{②\times(-5)+③} \begin{bmatrix} 1 & 1 & 1 & 1 & 4 \\ 0 & 1 & -1 & -1 & 1 \\ 0 & 0 & 0 & 0 & 3 \end{bmatrix}$$

這個矩陣對應的階梯形方程組是:

$$\begin{cases} x_1 + x_2 + x_3 + x_4 = 4 \\ \quad\quad x_2 - x_3 - x_4 = 1 \\ \quad\quad\quad\quad\quad\quad 0x_4 = 3 \end{cases} \tag{2.5}$$

顯然,無論 x_1, x_2, x_3, x_4 取哪一組數,都不能使(2.5)的第3個方程變成恒等式,這說明方程組(2.5)無解,從而原方程組無解.

例3 解線性方程組:

$$\begin{cases} x_1 + x_2 + x_3 + 2x_4 = 3 \\ 2x_1 - x_2 + 3x_3 + 8x_4 = 8 \\ -3x_1 + 2x_2 - x_3 - 9x_4 = -5 \\ \quad\quad x_2 - 2x_3 - 3x_4 = -4 \end{cases} \tag{2.6}$$

解 用初等行變換將增廣矩陣化成階梯形矩陣,即:

$$\bar{A} = \begin{bmatrix} 1 & 1 & 1 & 2 & 3 \\ 2 & -1 & 3 & 8 & 8 \\ -3 & 2 & -1 & -9 & -5 \\ 0 & 1 & -2 & -3 & -4 \end{bmatrix}$$

$$\xrightarrow{\substack{①\times(-2)+② \\ ①\times 3+③}} \begin{bmatrix} 1 & 1 & 1 & 2 & 3 \\ 0 & -3 & 1 & 4 & 2 \\ 0 & 5 & 2 & -3 & 4 \\ 0 & 1 & -2 & -3 & -4 \end{bmatrix}$$

$$\xrightarrow{交換②、④行} \begin{bmatrix} 1 & 1 & 1 & 2 & 3 \\ 0 & 1 & -2 & -3 & -4 \\ 0 & 5 & 2 & -3 & 4 \\ 0 & -3 & 1 & 4 & 2 \end{bmatrix}$$

$$\xrightarrow{\substack{②\times(-5)+③ \\ ②\times 3+④}} \begin{bmatrix} 1 & 1 & 1 & 2 & 3 \\ 0 & 1 & -2 & -3 & -4 \\ 0 & 0 & 12 & 12 & 24 \\ 0 & 0 & -5 & -5 & -10 \end{bmatrix}$$

$$\xrightarrow[\text{③} \times \frac{1}{12}]{\text{④} \times (-\frac{1}{5})} \begin{bmatrix} 1 & 1 & 1 & 2 & 3 \\ 0 & 1 & -2 & -3 & -4 \\ 0 & 0 & 1 & 1 & 2 \\ 0 & 0 & 1 & 1 & 2 \end{bmatrix}$$

$$\xrightarrow{\text{③} \times (-1) + \text{④}} \begin{bmatrix} 1 & 1 & 1 & 2 & 3 \\ 0 & 1 & -2 & -3 & -4 \\ 0 & 0 & 1 & 1 & 2 \\ 0 & 0 & 0 & 0 & 0 \end{bmatrix}$$

最後一個矩陣對應的階梯形方程組是：

$$\begin{cases} x_1 + x_2 + x_3 + 2x_4 = 3 \\ \quad\quad x_2 - 2x_3 - 3x_4 = -4 \\ \quad\quad\quad\quad x_3 + x_4 = 2 \end{cases} \tag{2.7}$$

現在通過解這個方程組來得到原方程組的解，先將方程組中含 x_4 的項移到等號的右端，得：

$$\begin{cases} x_1 + x_2 + x_3 = -2x_4 + 3 \\ \quad\quad x_2 - 2x_3 = 3x_4 - 4 \\ \quad\quad\quad\quad x_3 = -x_4 + 2 \end{cases}$$

將最後一個方程：

$$x_3 = -x_4 + 2$$

回代到第 2 個方程，得：

$$x_2 = x_4$$

將 x_2, x_3 回代到第 1 個方程，得：

$$x_1 = -2x_4 + 1$$

於是得到原方程組的解為：

$$\begin{cases} x_1 = -2x_4 + 1 \\ x_2 = x_4 \\ x_3 = -x_4 + 2 \end{cases} \tag{2.8}$$

顯然，未知量 x_4 任取一個值代入(2.8)，都可求得相應的 x_1, x_2, x_3 的一組值，從而得到方程組的一個解．因為未知量 x_4 可以任意取值，所以原方程組就有無窮多個解．

式(2.8)表示了方程組(2.6)的所有解，稱式(2.8)等號右邊的未知量 x_4 為原方程組的自由未知量，並稱用自由未知量表示其他未知量的解的表達式(2.8)為方程組的一般解．相對於一般解，方程組的任意一個解，也稱為方程組的特解．例如例 3 中，自由未知量 x_4 取 0，代入一般解中，則得到方程組的一個特解 $(1,0,2,0)$；若 x_4 取 2 時，則得到方程組的另一個特解 $(-3,2,0,2)$．

若自由未知量 x_4 取任意實數 c，即：

$$x_4 = c$$

則由(2.8)式得到原線性方程組的解為：

$$\begin{cases} x_1 = -2c + 1 \\ x_2 = c \\ x_3 = -c + 2 \\ x_4 = c \end{cases}$$

寫成有序數組形式為：

$$(-2c+1, c, -c+2, c)$$

寫成矩陣形式為：

$$\begin{bmatrix} x_1 \\ x_2 \\ x_3 \\ x_4 \end{bmatrix} = c \begin{bmatrix} -2 \\ 1 \\ -1 \\ 1 \end{bmatrix} + \begin{bmatrix} 1 \\ 0 \\ 2 \\ 0 \end{bmatrix} \tag{2.9}$$

其中 c 是任意常數.

稱式(2.9)形式的解為線性方程組(2.6)的通解.

上面三個例子中的線性方程組分別是有唯一解、有無窮多解、無解的情況. 可以證明：一個線性方程組解的情況只可能是以上各例中出現的三種情況之一. 即有唯一解，或有無窮多解，或無解.（證明略）

用消元法解線性方程組的過程中，當增廣矩陣經過初等行變換化成階梯形矩陣後，要寫出相應的階梯形方程組，並用回代的方法來求解. 其實，回代的過程也可用矩陣的初等行變換表示出來，這個過程實際上就是對階梯形矩陣進一步化簡，使其最終化成一種特殊的矩陣，從這種矩陣中就可直接解出或「讀出」方程組的解. 看例3的階梯形矩陣（又稱梯矩陣）：

$$\begin{bmatrix} 1 & 1 & 1 & 2 & 3 \\ 0 & 1 & -2 & -3 & -4 \\ 0 & 0 & 1 & 1 & 2 \\ 0 & 0 & 0 & 0 & 0 \end{bmatrix}$$

$$\xrightarrow[\text{③}\times(-1)+\text{①}]{\text{③}\times 2+\text{②}} \begin{bmatrix} 1 & 1 & 0 & 1 & 1 \\ 0 & 1 & 0 & -1 & 0 \\ 0 & 0 & 1 & 1 & 2 \\ 0 & 0 & 0 & 0 & 0 \end{bmatrix}$$

$$\xrightarrow{②\times(-1)+①} \begin{bmatrix} 1 & 0 & 0 & 2 & 1 \\ 0 & 1 & 0 & -1 & 0 \\ 0 & 0 & 1 & 1 & 2 \\ 0 & 0 & 0 & 0 & 0 \end{bmatrix} \quad (2.10)$$

這個矩陣所對應的階梯形方程組是：

$$\begin{cases} x_1 \quad\quad\quad +2x_4=1 \\ \quad x_2 \quad\quad -x_4=0 \\ \quad\quad x_3+x_4=2 \end{cases}$$

將此方程組中含 x_4 的項移到等號的右端，就得到原方程組(2.6)的一般解(2.8)．再觀察矩陣(2.10)可知：前三列是未知量 x_1, x_2, x_3 的系數；第 4 列是自由未知量 x_4 的系數，最後一列是方程組的常數項．寫方程組的一般解時，x_4 項要移到等號的右端，所以 x_4 項系數的符號也要改變；因為常數項不用移項，所以它的符號不變．掌握了上述規律後，從矩陣(2.10)中就可直接「讀出」方程組的一般解．即：

$$\begin{cases} x_1 = -2x_4+1 \\ x_2 = x_4 \\ x_3 = -x_4+2 \end{cases} \quad (x_4 \text{ 是自由未知量})$$

可見，類似式(2.10)的階梯形矩陣在求解線性方程組的過程中起著重要的作用．

定義 2.1　若階梯形矩陣滿足如下兩個條件：

(1) 各個非 0 行的第一個不為 0 的元素(簡稱為首非 0 元)都是 1；

(2) 所有首非 0 元所在列的其餘元素都是 0．

則稱該矩陣為行簡化階梯形矩陣，也簡稱為行簡化梯矩陣．

如：

$$\begin{bmatrix} 1 & 3 & 0 & 2 & 0 & 1 \\ 0 & 0 & 1 & -1 & 0 & 0 \\ 0 & 0 & 0 & 0 & 1 & 3 \end{bmatrix}, \begin{bmatrix} 1 & 0 & 2 & 5 & 3 \\ 0 & 1 & 4 & 0 & 1 \\ 0 & 0 & 0 & 0 & 0 \end{bmatrix}$$

都是行簡化梯矩陣．

容易證明：任意梯矩陣都可以用初等行變換化成行簡化梯矩陣；可逆矩陣化成的行簡化梯矩陣一定是單位矩陣．

化梯矩陣為行簡化梯矩陣時，一般從最後一個非 0 行的首非 0 元開始，將首非 0 元化為 1，然後將其所在列的其餘元素化為 0；再把倒數第二個非 0 行的首非 0 元化為 1，將其所在列的其餘元素化為 0；依次往上做，就得到行簡化梯矩陣了．

下面將消元法解線性方程組的過程統一起來，請看下面的例子．

例4 解線性方程組：

$$\begin{cases} x_1 + 4x_2 + 5x_3 - 3x_4 = 8 \\ 3x_1 - x_2 - x_3 + 4x_4 = 2 \\ 2x_1 + x_2 + x_3 + x_4 = 3 \\ -x_1 + 3x_2 - 2x_3 - 4x_4 = -13 \end{cases}$$

解 對增廣矩陣進行初等行變換，將其化成行簡化梯矩陣：

$$\bar{A} = \begin{bmatrix} 1 & 4 & 5 & -3 & 8 \\ 3 & -1 & -1 & 4 & 2 \\ 2 & 1 & 1 & 1 & 3 \\ -1 & 3 & -2 & -4 & -13 \end{bmatrix}$$

$\xrightarrow[\substack{①×(-3)+② \\ ①×(-2)+③ \\ ①×1+④}]{} \begin{bmatrix} 1 & 4 & 5 & -3 & 8 \\ 0 & -13 & -16 & 13 & -22 \\ 0 & -7 & -9 & 7 & -13 \\ 0 & 7 & 3 & -7 & -5 \end{bmatrix}$

$\xrightarrow[\substack{④×1+③ \\ ④×2+②}]{} \begin{bmatrix} 1 & 4 & 5 & -3 & 8 \\ 0 & 1 & -10 & -1 & -32 \\ 0 & 0 & -6 & 0 & -18 \\ 0 & 7 & 3 & -7 & -5 \end{bmatrix}$

$\xrightarrow[\substack{②×(-7)+④ \\ ③×(-\frac{1}{6})}]{} \begin{bmatrix} 1 & 4 & 5 & -3 & 8 \\ 0 & 1 & -10 & -1 & -32 \\ 0 & 0 & 1 & 0 & 3 \\ 0 & 0 & 73 & 0 & 219 \end{bmatrix}$

$\xrightarrow[\substack{③×(-73)+④}]{} \begin{bmatrix} 1 & 4 & 5 & -3 & 8 \\ 0 & 1 & -10 & -1 & -32 \\ 0 & 0 & 1 & 0 & 3 \\ 0 & 0 & 0 & 0 & 0 \end{bmatrix}$

$\xrightarrow[\substack{③×10+② \\ ③×(-5)+①}]{} \begin{bmatrix} 1 & 4 & 0 & -3 & -7 \\ 0 & 1 & 0 & -1 & -2 \\ 0 & 0 & 1 & 0 & 3 \\ 0 & 0 & 0 & 0 & 0 \end{bmatrix}$

$\xrightarrow[\substack{②×(-4)+①}]{} \begin{bmatrix} 1 & 0 & 0 & 1 & 1 \\ 0 & 1 & 0 & -1 & -2 \\ 0 & 0 & 1 & 0 & 3 \\ 0 & 0 & 0 & 0 & 0 \end{bmatrix}$

方程組的一般解是：

$$\begin{cases} x_1 = -x_4 + 1 \\ x_2 = x_4 - 2 \\ x_3 = 3 \end{cases} \quad (x_4 \text{ 是自由未知量}) \tag{2.11}$$

綜上所述,用消元法解線性方程組的具體步驟可歸納為

第 1 步:寫出增廣矩陣 $\bar{A}$,用初等行變換將 $\bar{A}$ 化成梯矩陣;

第 2 步:寫出相應的階梯形方程組,並用回代的方法求解;或者繼續用初等行變換將梯矩陣化成行簡化梯矩陣,從中寫出解來.

需要注意的是,方程組的自由未知量的取法不是唯一的,如例 4 中也可以取 x_1 作自由未知量(當然,取 x_2 作也可以),由(2.11)式的第 1 個方程 $x_1 = -x_4 + 1$,得 $x_4 = -x_1 + 1$,代入到(2.11)式的第 2 個方程中,得 $x_2 = -x_1 - 1$,於是得到:

$$\begin{cases} x_2 = -x_1 - 1 \\ x_3 = 3 \\ x_4 = -x_1 + 1 \end{cases} \quad (x_1 \text{ 是自由未知量}) \tag{2.12}$$

它也是例 4 的一般解. 式(2.12)和式(2.11)雖然形式上不同,但其本質上是一樣的,都表示了例 4 的線性方程組的所有解.

練習 2.2

1. 判斷下列矩陣是否為行簡化梯矩陣,若不是,將其化為行簡化梯矩陣:

(1) $\begin{bmatrix} 5 & 4 & 0 & 0 & 1 \\ 0 & 2 & 7 & 0 & 5 \\ 0 & 0 & 0 & 1 & 3 \end{bmatrix}$
(2) $\begin{bmatrix} 1 & 0 & -2 & 5 \\ 0 & 1 & 4 & -1 \\ 0 & 1 & 2 & 3 \end{bmatrix}$

(3) $\begin{bmatrix} 1 & 5 & 0 & 7 & 6 \\ 0 & 0 & 1 & 2 & 5 \\ 0 & 0 & 0 & 1 & 3 \end{bmatrix}$
(4) $\begin{bmatrix} 1 & 0 & 0 & 3 & 0 \\ 0 & 0 & 1 & 2 & 0 \\ 0 & 0 & 0 & 0 & 1 \end{bmatrix}$

2. 已知線性方程組 $AX = b$ 的增廣矩陣經初等行變換化為階梯形矩陣:

$$\begin{bmatrix} 1 & 2 & -1 & 6 & 3 & 35 \\ 0 & 2 & 1 & -3 & 8 & 1 \\ 0 & 0 & 1 & -5 & 2 & -1 \\ 0 & 0 & 0 & 0 & 0 & 0 \end{bmatrix}$$

求方程組的解.

3. 用消元法解下列線性方程組:

(1) $\begin{cases} 5x_1 + x_2 + 2x_3 = 2 \\ 2x_1 + x_2 + x_3 = 4 \\ 9x_1 + 2x_2 + 5x_3 = 3 \end{cases}$

$(2)\begin{cases} x_1 + 3x_2 - 7x_3 = -8 \\ 2x_1 + 5x_2 + 4x_3 = 4 \\ -3x_1 - 7x_2 - 2x_3 = -3 \\ x_1 + 4x_2 - 12x_3 = -15 \end{cases}$

$(3)\begin{cases} 2x_1 - 3x_2 + x_3 + 5x_4 = 6 \\ -3x_1 + x_2 + 2x_3 - 4x_4 = 5 \\ -x_1 - 2x_2 + 3x_3 + x_4 = 11 \end{cases}$

$(4)\begin{cases} x_1 + x_2 + x_3 + x_4 = -7 \\ x_1 - 3x_3 - x_4 = 8 \\ x_1 + 2x_2 - x_3 + x_4 = -2 \\ 3x_1 + 3x_2 + 3x_3 + 2x_4 = -11 \\ 2x_1 + 2x_2 + 2x_3 + x_4 = -4 \end{cases}$

$(5)\begin{cases} x_1 - 5x_2 + 2x_3 - 3x_4 = -9 \\ -3x_1 + x_2 - 4x_3 + 2x_4 = -1 \\ -x_1 - 9x_2 - 4x_4 = -19 \\ 5x_1 + 3x_2 + 6x_3 - x_4 = 11 \end{cases}$

$(6)\begin{cases} 2x_1 + x_2 - 5x_3 = 0 \\ x_1 + 3x_2 = -5 \\ -x_1 + x_2 + 4x_3 = -3 \\ 4x_1 + 5x_2 - 7x_3 = -6 \end{cases}$

$(7)\begin{bmatrix} 2 & -3 & 1 & -5 \\ -5 & -10 & -2 & 1 \\ 1 & 4 & 3 & 2 \\ 2 & -4 & 9 & -3 \end{bmatrix}\begin{bmatrix} x_1 \\ x_2 \\ x_3 \\ x_4 \end{bmatrix} = \begin{bmatrix} 1 \\ -21 \\ 1 \\ -16 \end{bmatrix}$

$(8)\begin{bmatrix} 1 & -1 & 1 & -1 \\ 2 & -1 & 3 & -2 \\ 3 & -2 & -1 & 2 \end{bmatrix}\begin{bmatrix} x_1 \\ x_2 \\ x_3 \\ x_4 \end{bmatrix} = \begin{bmatrix} 0 \\ -1 \\ 4 \end{bmatrix}$

4. 解下列齊次線性方程組：

$(1)\begin{cases} 3x_1 - 5x_2 + x_3 - 2x_4 = 0 \\ 2x_1 + 3x_2 - 5x_3 + x_4 = 0 \\ -x_1 + 7x_2 - 4x_3 + 3x_4 = 0 \\ 4x_1 + 15x_2 - 7x_3 + 10x_4 = 0 \end{cases}$

$$(2)\begin{cases} 5x_1 - 2x_2 + 4x_3 - 3x_4 = 0 \\ -3x_1 + 5x_2 - x_3 + 2x_4 = 0 \\ x_1 - 3x_2 + 2x_3 + x_4 = 0 \end{cases}$$

2.3 線性方程組解的判定

上一節討論了消元法解線性方程組,得出解的情況有三種:唯一解、無窮多解、無解. 回顧它的求解過程,實際上就是對線性方程組:

$$\begin{cases} a_{11}x_1 + a_{12}x_2 + \cdots + a_{1n}x_n = b_1 \\ a_{21}x_1 + a_{22}x_2 + \cdots + a_{2n}x_n = b_2 \\ \cdots\cdots \\ a_{m1}x_1 + a_{m2}x_2 + \cdots + a_{mn}x_n = b_m \end{cases} \qquad (2.13)$$

的增廣矩陣:

$$\overline{A} = \begin{bmatrix} a_{11} & a_{12} & \cdots & a_{1n} & b_1 \\ a_{21} & a_{22} & \cdots & a_{2n} & b_2 \\ \vdots & \vdots & & \vdots & \vdots \\ a_{m1} & a_{m2} & \cdots & a_{mn} & b_m \end{bmatrix}$$

通過初等行變換化成如下形式的階梯形矩陣:

$$\begin{bmatrix} c_{11} & c_{12} & \cdots & c_{1j} & \cdots & c_{1n} & d_1 \\ 0 & c_{22} & \cdots & c_{2j} & \cdots & c_{2n} & d_2 \\ \vdots & \vdots & & \vdots & & \vdots & \vdots \\ 0 & 0 & \cdots & c_{rj} & \cdots & c_{rn} & d_r \\ 0 & 0 & \cdots & 0 & & 0 & d_{r+1} \\ \vdots & \vdots & & \vdots & & \vdots & \vdots \\ 0 & 0 & \cdots & 0 & \cdots & 0 & 0 \end{bmatrix} \qquad (2.14)$$

其中 $c_{rj} \neq 0$,當 $d_{r+1} = 0$ 時,方程組(2.13)有解;當 $d_{r+1} \neq 0$ 時,方程組(2.13)無解. 這就是說,方程組是否有解,關鍵在於增廣矩陣 $\overline{A}$ 化為梯形矩陣後,d_{r+1} 是否為 0,也就是增廣矩陣 $\overline{A}$ 化成梯形矩陣後的非 0 行數和系數矩陣 A 化為梯矩陣後的非 0 行數是否相同. 我們知道,一個矩陣經初等行變換化為梯矩陣後,其非 0 行的數目就是該矩陣的秩. 因此,線性方程組是否有解,就可以用系數矩陣和增廣矩陣的秩來決定.

定理 2.1 線性方程組 $AX = b$ 有解的充分必要條件是它的系數矩陣的秩和增廣矩陣的秩相等,即:

$$秩(A) = 秩(\overline{A})$$

於是,當方程組有解,即 $d_{r+1}=0$ 時,秩(A)=秩$(\bar{A})=r$,增廣矩陣 $\bar{A}$ 可化為如下梯矩陣:

$$\begin{bmatrix} c_{11} & c_{12} & \cdots & c_{1j} & c_{1,j+1} & \cdots & c_{1n} & d_1 \\ 0 & c_{22} & \cdots & c_{2j} & c_{2,j+1} & \cdots & c_{2n} & d_2 \\ \vdots & \vdots & & \vdots & \vdots & & \vdots & \vdots \\ 0 & 0 & \cdots & c_{rj} & c_{r,j+1} & \cdots & c_{rn} & d_r \\ 0 & 0 & \cdots & 0 & 0 & \cdots & 0 & 0 \\ \vdots & \vdots & & \vdots & \vdots & & \vdots & \vdots \\ 0 & 0 & \cdots & 0 & 0 & \cdots & 0 & 0 \end{bmatrix} \quad (2.15)$$

其中 $c_{rj}\neq 0$,此梯矩陣有 r 個非 0 行,每個非 0 行的第一個元素稱為主元素. 主元素共有 r 個. 主元素所在列對應的未知量稱為基本未知量,也有 r 個. 其餘的未知量稱作自由未知量,有 $n-r$ 個. 將梯矩陣(2.15)表示的方程組中含有基本未知量的項留在方程左端,含自由未知量的項移到方程右端,並用逐個方程回代的方法就得到線性方程組的一般解. 在一般解中,對於自由未知量任意取定一組值,可以唯一地確定相應基本未知量的一組值,從而構成方程組的一個解. 由此可知,只要存在自由未知量,方程組(2.13)就有無窮多個解;反之,若沒有自由未知量,即 $n-r=0$,亦即 $r=n$ 時,方程組就只有唯一解. 於是有以下定理.

定理2.2 若線性方程組 $AX=b$ 滿足秩(A)=秩$(\bar{A})=r$,則當 $r=n$ 時,線性方程組有解且只有唯一解;當 $r<n$ 時,線性方程組有無窮多解.

定理2.1 和定理2.2 統稱為線性方程組解的判定定理.

定理2.1 回答了線性方程組是否有解的問題,定理2.2 回答了線性方程組在有解的情況下,解是否唯一的問題,而如何求解以及解的表達問題,已在2.2節中做出了回答. 至此,本章開頭提出的問題已全部得到解決.

例1 判定下列方程組是否有解?若有解,說明解的個數.

(1) $\begin{cases} x_1 - 2x_2 + x_3 = 0 \\ 2x_1 - 3x_2 + x_3 = -4 \\ 4x_1 - 3x_2 - 2x_3 = -2 \\ 3x_1 \quad\quad - 2x_3 = 5 \end{cases}$

(2) $\begin{cases} x_1 - 2x_2 + x_3 = 0 \\ 2x_1 - 3x_2 + x_3 = -4 \\ 4x_1 - 3x_2 - 2x_3 = -2 \\ 3x_1 \quad\quad - 3x_3 = -24 \end{cases}$

$$(3)\begin{cases} x_1 - 2x_2 + x_3 = 0 \\ 2x_1 - 3x_2 + x_3 = -4 \\ 4x_1 - 3x_2 - x_3 = -20 \\ 3x_1 - 3x_3 = -24 \end{cases}$$

解 （1）對線性方程組的增廣矩陣進行初等行變換：

$$\bar{A} = \begin{bmatrix} 1 & -2 & 1 & 0 \\ 2 & -3 & 1 & -4 \\ 4 & -3 & -2 & -2 \\ 3 & 0 & -2 & 5 \end{bmatrix}$$

$$\xrightarrow[\substack{①\times(-2)+② \\ ①\times(-4)+③ \\ ①\times(-3)+④}]{} \begin{bmatrix} 1 & -2 & 1 & 0 \\ 0 & 1 & -1 & -4 \\ 0 & 5 & -6 & -2 \\ 0 & 6 & -5 & 5 \end{bmatrix}$$

$$\xrightarrow[\substack{②\times(-5)+③ \\ ②\times(-6)+④}]{} \begin{bmatrix} 1 & -2 & 1 & 0 \\ 0 & 1 & -1 & -4 \\ 0 & 0 & -1 & 18 \\ 0 & 0 & 1 & 29 \end{bmatrix}$$

$$\xrightarrow[③\times 1+④]{} \begin{bmatrix} 1 & -2 & 1 & 0 \\ 0 & 1 & -1 & -4 \\ 0 & 0 & -1 & 18 \\ 0 & 0 & 0 & 47 \end{bmatrix}$$

因為秩$(A) = 3$，秩$(\bar{A}) = 4$，秩$(A) \neq$ 秩$(\bar{A})$，所以該方程組無解．

同理，將線性方程組(2)，(3)的增廣矩陣化為梯矩陣，判斷其解的情況．

$$(2) \quad \bar{A} = \begin{bmatrix} 1 & -2 & 1 & 0 \\ 2 & -3 & 1 & -4 \\ 4 & -3 & -2 & -2 \\ 3 & 0 & -3 & -24 \end{bmatrix} \rightarrow \begin{bmatrix} 1 & -2 & 1 & 0 \\ 0 & 1 & -1 & -4 \\ 0 & 0 & -1 & 18 \\ 0 & 0 & 0 & 0 \end{bmatrix}$$

因為秩$(A) =$ 秩$(\bar{A}) = 3 = n$，所以該方程組有唯一解．

$$(3) \quad \bar{A} = \begin{bmatrix} 1 & -2 & 1 & 0 \\ 2 & -3 & 1 & -4 \\ 4 & -3 & -1 & -20 \\ 3 & 0 & -3 & -24 \end{bmatrix} \rightarrow \begin{bmatrix} 1 & -2 & 1 & 0 \\ 0 & 1 & -1 & -4 \\ 0 & 0 & 0 & 0 \\ 0 & 0 & 0 & 0 \end{bmatrix}$$

因為秩$(A) =$ 秩$(\bar{A}) = 2 < 3 = n$，所以該方程組有無窮多解．

例2 當 a、b 為何值時,線性方程組:

$$\begin{cases} x_1 + 3x_2 + x_3 = 0 \\ 3x_1 + 2x_2 + 3x_3 = -1 \\ -x_1 + 4x_2 + ax_3 = b \end{cases}$$

有唯一解、有無窮多解或無解?

解 將方程組的增廣矩陣化為梯矩陣:

$$\bar{A} = \begin{bmatrix} 1 & 3 & 1 & 0 \\ 3 & 2 & 3 & -1 \\ -1 & 4 & a & b \end{bmatrix}$$

$\xrightarrow{\substack{①\times(-3)+② \\ ①\times 1+③}} \begin{bmatrix} 1 & 3 & 1 & 0 \\ 0 & -7 & 0 & -1 \\ 0 & 7 & a+1 & b \end{bmatrix}$

$\xrightarrow{②\times 1+③} \begin{bmatrix} 1 & 3 & 1 & 0 \\ 0 & -7 & 0 & -1 \\ 0 & 0 & a+1 & b-1 \end{bmatrix}$

根據方程組解的判定定理可知:

當 $a = -1$ 且 $b \neq 1$ 時,秩(A) < 秩$(\bar{A})$,方程組無解;

當 $a = -1$ 且 $b = 1$ 時,秩(A) = 秩$(\bar{A})$ = 2 < 3 = n,方程組有無窮多解;

當 $a \neq -1$,秩(A) = 秩$(\bar{A})$ = 3 = n,方程組有唯一解.

例3 當 λ 為何值時,線性方程組:

$$\begin{cases} x_1 - 7x_2 + 4x_3 + 2x_4 = 0 \\ 2x_1 - 5x_2 + 3x_3 + 2x_4 = 1 \\ 5x_1 - 8x_2 + 5x_3 + 4x_4 = 3 \\ 4x_1 - x_2 + x_3 + 2x_4 = \lambda \end{cases}$$

有解?若有解,求出它的解.

解 將線性方程組的增廣矩陣化為梯矩陣:

$$\bar{A} = \begin{bmatrix} 1 & -7 & 4 & 2 & 0 \\ 2 & -5 & 3 & 2 & 1 \\ 5 & -8 & 5 & 4 & 3 \\ 4 & -1 & 1 & 2 & \lambda \end{bmatrix}$$

$\xrightarrow{\substack{①\times(-2)+② \\ ①\times(-5)+③ \\ ①\times(-4)+④}} \begin{bmatrix} 1 & -7 & 4 & 2 & 0 \\ 0 & 9 & -5 & -2 & 1 \\ 0 & 27 & -15 & -6 & 3 \\ 0 & 27 & -15 & -6 & \lambda \end{bmatrix}$

$$\xrightarrow[\text{②}\times(-3)+\text{④}]{\text{②}\times(-3)+\text{③}} \begin{bmatrix} 1 & -7 & 4 & 2 & 0 \\ 0 & 9 & -5 & -2 & 1 \\ 0 & 0 & 0 & 0 & 0 \\ 0 & 0 & 0 & 0 & \lambda-3 \end{bmatrix}$$

當 $\lambda = 3$ 時，秩$(A) = $秩$(\bar{A}) = 2 < 4 = n$，方程組有無窮多解，這時，將增廣矩陣繼續進行初等行變換，化為如下的行簡化梯矩陣：

$$\bar{A} \longrightarrow \begin{bmatrix} 1 & -7 & 4 & 2 & 0 \\ 0 & 9 & -5 & -2 & 1 \\ 0 & 0 & 0 & 0 & 0 \\ 0 & 0 & 0 & 0 & 0 \end{bmatrix}$$

$$\xrightarrow[\text{②}\times\frac{1}{9}]{\text{②}\times\frac{7}{9}+\text{①}} \begin{bmatrix} 1 & 0 & \frac{1}{9} & \frac{4}{9} & \frac{7}{9} \\ 0 & 1 & -\frac{5}{9} & -\frac{2}{9} & \frac{1}{9} \\ 0 & 0 & 0 & 0 & 0 \\ 0 & 0 & 0 & 0 & 0 \end{bmatrix}$$

得線性方程組的一般解為：

$$\begin{cases} x_1 = -\frac{1}{9}x_3 - \frac{4}{9}x_4 + \frac{7}{9} \\ x_2 = \frac{5}{9}x_3 + \frac{2}{9}x_4 + \frac{1}{9} \end{cases} \quad (\text{其中 } x_3, x_4 \text{ 是自由未知量})$$

上面討論的都是非齊次線性方程組解的問題，作為一種特殊情況，齊次線性方程組的解的情況如何呢？在 2.1 節已經知道，齊次線性方程組：

$$\begin{cases} a_{11}x_1 + a_{12}x_2 + \cdots + a_{1n}x_n = 0 \\ a_{21}x_1 + a_{22}x_2 + \cdots + a_{2n}x_n = 0 \\ \cdots \cdots \\ a_{m1}x_1 + a_{m2}x_2 + \cdots + a_{mn}x_n = 0 \end{cases}$$

總有零解，但是我們更關心的是它在什麼情況下有非零解.

從定理 2.2 可以立即得到：

推論 齊次線性方程組 $AX = O$ 有非 0 解的充分必要條件是系數矩陣 A 的秩小於未知量的個數，即：

$$\text{秩}(A) < n$$

對於 2.1 節例 2 的結論，用本節的定理和推論也可驗證，這是因為若 A 可逆，等價於秩$(A) = $秩$(\bar{A}) = n$，故由定理 2.2 及上述推論可知非齊次線性方程組只有唯一解，齊次線性方程組只有 0 解；當秩$(A) < n$ 時，齊次線性方程組 $AX = O$ 有無窮多解.

練習 2.3

1. 判斷下列方程組解的情況：

(1) $\begin{bmatrix} 2 & 1 & 1 \\ 1 & 3 & 1 \\ 1 & 1 & 5 \\ 2 & 3 & -3 \end{bmatrix} \begin{bmatrix} x_1 \\ x_2 \\ x_3 \end{bmatrix} = \begin{bmatrix} 2 \\ 5 \\ -7 \\ 14 \end{bmatrix}$

(2) $\begin{bmatrix} 2 & 1 & -1 & 1 \\ 3 & -2 & 2 & -3 \\ 5 & 1 & -1 & 2 \\ 2 & -1 & 1 & -3 \end{bmatrix} \begin{bmatrix} x_1 \\ x_2 \\ x_3 \\ x_4 \end{bmatrix} = \begin{bmatrix} 1 \\ 2 \\ -1 \\ 4 \end{bmatrix}$

(3) $\begin{cases} x_1 - 3x_2 - 2x_3 - x_4 = 6 \\ 3x_1 - 8_2 + x_3 + 5x_4 = 0 \\ -2x_1 + x_2 - 4x_3 + 2x_4 = -4 \\ -x_1 - 2x_2 - 6x_3 + x_4 = 2 \end{cases}$

(4) $\begin{cases} 3x_1 + 2x_2 + 5x_3 + 3x_4 = 0 \\ 4x_1 - 5x_2 + 3x_4 = 0 \\ -2x_1 - x_3 - 3x_4 = 0 \\ 5x_1 - 3x_2 + 2x_3 + 5x_4 = 0 \end{cases}$

2. 判斷下列方程組是否有解？若有解，求出解：

(1) $\begin{cases} x_1 - 2x_2 + x_3 - x_4 = 0 \\ 2x_1 + x_2 - x_3 + x_4 = 0 \\ x_1 + 7x_2 - 5x_3 + 5x_4 = 0 \\ 3x_1 - x_2 - 2x_3 - \lambda x_4 = 0 \end{cases}$

(2) $\begin{cases} x_1 - 2x_2 + 3x_3 - 4x_4 = 4 \\ x_2 - x_3 + x_4 = -3 \\ x_1 + 3x_2 - 3x_4 = 1 \\ -7x_2 + 3x_3 + x_4 = \lambda \end{cases}$

3. λ 為何值時，方程組：

$\begin{bmatrix} \lambda & 1 & 1 \\ 1 & \lambda & 1 \\ 1 & 1 & \lambda \end{bmatrix} \begin{bmatrix} x \\ y \\ z \end{bmatrix} = \begin{bmatrix} 1 \\ \lambda \\ \lambda^2 \end{bmatrix}$

有唯一解或無窮多解？

4. a、b 為何值時，方程組：
$$\begin{cases} x_1 - x_2 - x_3 = 1 \\ x_1 + x_2 - 2x_3 = 2 \\ x_1 + 3x_2 + ax_3 = b \end{cases}$$
有唯一解、無窮多解或無解？

5. 判斷下列方程組解的情況，有解時求解：

(1) $\begin{cases} x_1 + 3x_2 - 2x_3 = 0 \\ x_1 + 7x_2 + 2x_3 = 0 \\ 2x_1 + 14x_2 + 5x_3 = 0 \end{cases}$

(2) $\begin{cases} x_1 - 2x_2 + 3x_3 = 4 \\ 2x_1 + x_2 - 3x_3 = 5 \\ -x_1 + 2x_2 + 2x_3 = 6 \\ 3x_1 - 3x_2 + 2x_3 = 7 \end{cases}$

(3) $\begin{bmatrix} 1 & 1 & -3 \\ 2 & 2 & -2 \\ 1 & 1 & 1 \\ 3 & 3 & -5 \end{bmatrix} \begin{bmatrix} x_1 \\ x_2 \\ x_3 \end{bmatrix} = \begin{bmatrix} -3 \\ -2 \\ 1 \\ -5 \end{bmatrix}$

(4) $\begin{cases} 2x_1 - 3x_2 + x_3 + 5x_4 = 6 \\ -3x_1 + x_2 + 2x_3 - 4x_4 = 5 \\ -x_1 - 2x_2 + 3x_3 + 4x_4 = 2 \end{cases}$

2.4　矩陣方程的一般解法

在 1.10 節中，介紹了用求逆矩陣的方法解矩陣方程 $AX = B$. 這一節，將通過一個例子介紹如何用消元法解矩陣方程：

$$AX = B \tag{2.16}$$

或：

$$XA = B \tag{2.17}$$

由於篇幅所限，這裡只介紹 A 是方陣且可逆時的解法. 對於 A 不可逆或 A 不是方陣的情形，解法大體相同，在此不作介紹.

例 1　解矩陣方程 $AX = B$（1.10 節例 5），其中：

$$A = \begin{bmatrix} -2 & 1 & 0 \\ 1 & -2 & 1 \\ 0 & 1 & -2 \end{bmatrix}, \quad B = \begin{bmatrix} 5 & -1 \\ -2 & 3 \\ 1 & 4 \end{bmatrix}$$

解 因為 A 是可逆矩陣，所以增廣矩陣 $[A \quad B]$ 經過初等行變換可以化成 $[I \quad C]$ 的形式，其中 I 是單位矩陣，則 $X = C$ 就是矩陣方程 $AX = B$ 的解.

$$[A \quad B] = \begin{bmatrix} -2 & 1 & 0 & 5 & -1 \\ 1 & -2 & 1 & -2 & 3 \\ 0 & 1 & -2 & 1 & 4 \end{bmatrix}$$

$$\xrightarrow{\text{交換①、②行}} \begin{bmatrix} 1 & -2 & 1 & -2 & 3 \\ -2 & 1 & 0 & 5 & -1 \\ 0 & 1 & -2 & 1 & 4 \end{bmatrix}$$

$$\xrightarrow{① \times 2 + ②} \begin{bmatrix} 1 & -2 & 1 & -2 & 3 \\ 0 & -3 & 2 & 1 & 5 \\ 0 & 1 & -2 & 1 & 4 \end{bmatrix}$$

$$\xrightarrow[③ \times 2 + ①]{③ \times 3 + ②} \begin{bmatrix} 1 & 0 & -3 & 0 & 11 \\ 0 & 0 & -4 & 4 & 17 \\ 0 & 1 & -2 & 1 & 4 \end{bmatrix} \xrightarrow{\text{交換②、③行}} \begin{bmatrix} 1 & 0 & -3 & 0 & 11 \\ 0 & 1 & -2 & 1 & 4 \\ 0 & 0 & -4 & 4 & 17 \end{bmatrix}$$

$$\xrightarrow{③ \times (-\frac{1}{4})} \begin{bmatrix} 1 & 0 & -3 & 0 & 11 \\ 0 & 1 & -2 & 1 & 4 \\ 0 & 0 & 1 & -1 & -\frac{17}{4} \end{bmatrix}$$

$$\xrightarrow[③ \times 3 + ①]{③ \times 2 + ②} \begin{bmatrix} 1 & 0 & 0 & -3 & -\frac{7}{4} \\ 0 & 1 & 0 & -1 & -\frac{9}{2} \\ 0 & 0 & 1 & -1 & -\frac{17}{4} \end{bmatrix}$$

此矩陣已是 $[I \quad C]$ 的形式，故矩陣方程的解是：

$$X = \begin{bmatrix} -3 & -\frac{7}{4} \\ -1 & -\frac{9}{2} \\ -1 & -\frac{17}{4} \end{bmatrix} = -\frac{1}{4} \begin{bmatrix} 12 & 7 \\ 4 & 18 \\ 4 & 17 \end{bmatrix}$$

這個結果與 1.10 節中例 5 的計算結果一致.

例 2 解矩陣方程 $AX = B$，其中：

$$A = \begin{bmatrix} 2 & 3 & -1 \\ 1 & 2 & 0 \\ -1 & 2 & -2 \end{bmatrix}, \quad B = \begin{bmatrix} 2 & 1 \\ -1 & 0 \\ 3 & 1 \end{bmatrix}$$

解

$$[A \quad B] = \begin{bmatrix} 2 & 3 & -1 & 2 & 1 \\ 1 & 2 & 0 & -1 & 0 \\ -1 & 2 & -2 & 3 & 1 \end{bmatrix}$$

$$\xrightarrow{\text{交換①、②行}} \begin{bmatrix} 1 & 2 & 0 & -1 & 0 \\ 2 & 3 & -1 & 2 & 1 \\ -1 & 2 & -2 & 3 & 1 \end{bmatrix}$$

$$\xrightarrow[\text{①} \times 1 + \text{③}]{\text{①} \times (-2) + \text{②}} \begin{bmatrix} 1 & 2 & 0 & -1 & 0 \\ 0 & -1 & -1 & 4 & 1 \\ 0 & 4 & -2 & 2 & 1 \end{bmatrix}$$

$$\xrightarrow[\text{②} \times 2 + \text{①}]{\text{②} \times 4 + \text{③}} \begin{bmatrix} 1 & 0 & -2 & 7 & 2 \\ 0 & -1 & -1 & 4 & 1 \\ 0 & 0 & -6 & 18 & 5 \end{bmatrix}$$

$$\xrightarrow[\text{③} \times (-\frac{1}{6})]{\text{②} \times (-1)} \begin{bmatrix} 1 & 0 & -2 & 7 & 2 \\ 0 & 1 & 1 & -4 & -1 \\ 0 & 0 & 1 & -3 & -\frac{5}{6} \end{bmatrix}$$

$$\xrightarrow[\text{③} \times 2 + \text{①}]{\text{③} \times (-1) + \text{②}} \begin{bmatrix} 1 & 0 & 0 & 1 & \frac{1}{3} \\ 0 & 1 & 0 & -1 & -\frac{1}{6} \\ 0 & 0 & 1 & -3 & -\frac{5}{6} \end{bmatrix}$$

此矩陣已是 $[I \quad C]$ 的形式，故矩陣方程的解是：

$$X = \begin{bmatrix} 1 & \frac{1}{3} \\ -1 & -\frac{1}{6} \\ -3 & -\frac{5}{6} \end{bmatrix} = -\frac{1}{6} \begin{bmatrix} -6 & -2 \\ 6 & 1 \\ 18 & 5 \end{bmatrix}$$

對於矩陣方程 $XA = B$，求解時兩端先求轉置 $(XA)^T = B^T$，得 $A^T X^T = B^T$，然後用解矩陣方程(2.16)的方法求解，得到 X^T 後，再轉置便可得到 X.

練習 2.4

解矩陣方程 $AX = B$，其中：

$$(1) A = \begin{bmatrix} 1 & -2 & 0 \\ 4 & -2 & -1 \\ -3 & 1 & 2 \end{bmatrix}, \quad B = \begin{bmatrix} -1 & 4 \\ 2 & 5 \\ 1 & -3 \end{bmatrix}$$

$(2) A = \begin{bmatrix} 1 & 2 & 0 \\ 2 & 3 & 4 \\ 0 & 2 & -7 \end{bmatrix}, \quad B = \begin{bmatrix} 1 \\ 0 \\ 1 \end{bmatrix}$

*2.5　矩陣代數應用實例

矩陣在經濟分析中有著同樣廣泛的應用. 本節簡單介紹矩陣在線性規劃問題和投入產出分析中的應用.

2.5.1　線性規劃問題舉例

1. 線性規劃問題

線性規劃是人們用於科學管理的一種數學方法. 在工農業生產、經濟管理和交通運輸等部門有著廣泛的應用. 這裡只介紹用初等行變換解線性規劃問題的方法.

例1　為製造兩種類型的產品,倉庫最多提供80千克的鋼材. 已知每製造一件Ⅰ型產品需消耗鋼材2千克,最少需要生產10件,而每件售價50元;每製造一件Ⅱ型產品需消耗鋼材1千克,最多只能生產40件,而每件售價30元. 試選擇一種最佳生產方案,以獲得最大收入.

設生產Ⅰ型產品x_1件,Ⅱ型產品x_2件,獲得的收入用R(單位:元)表示. 於是,有:
$$R = 50x_1 + 30x_2$$
在所給條件下求收入R的最大值. 根據題設條件,x_1,x_2應滿足下列不等式:
$$\begin{cases} 2x_1 + x_2 \leq 80 \\ x_1 \geq 10 \\ 0 \leq x_2 \leq 40 \end{cases}$$
把問題記為:
$$\max R = 50x_1 + 30x_2 \qquad (2.18)$$
$$\begin{cases} 2x_1 + x_2 \leq 80 \\ x_1 \geq 10 \\ x_2 \leq 40 \\ x_2 \geq 0 \end{cases} \qquad (2.19)$$

式(2.18)和式(2.19)一起稱為一個線性規劃問題. 式(2.18)中的$R = 50x_1 + 30x_2$稱為目標函數;式(2.19)稱為約束條件;滿足式(2.18)和式(2.19)的x_1,x_2稱為最優解,記作x_1^0、x_2^0;將其代入目標函數,所得目標函數的值,即$\max R = 50x_1^0 + 30x_2^0$稱為該線性規劃問題的最優值.

線性規劃問題的一般形式如下：

設有 n 個變量 $x_1, x_2, \cdots, x_n$，滿足

$$\max S = c_1 x_1 + c_2 x_2 + \cdots + c_n x_n$$

$$\begin{cases} a_{11}x_1 + a_{12}x_2 + \cdots + a_{1n}x_n \leq (\geq) b_1 \\ a_{21}x_1 + a_{22}x_2 + \cdots + a_{2n}x_n \leq (\geq) b_2 \\ \cdots\cdots \\ a_{m1}x_1 + a_{m2}x_2 + \cdots + a_{mn}x_n \leq (\geq) b_m \\ x_i \geq 0, i = 1, 2, \cdots, n. \end{cases} \quad (2.20)$$

其中，S 稱為目標函數，式(2.20)稱為約束條件.

2. 圖解法

兩個變量的線性規劃問題，可以用幾何的方法求解，稱為圖解法. 下面我們結合例1，介紹常用的求解兩個變量的線性規劃問題的圖解法.

例 1 的問題表示為式(2.18)和式(2.19)，即：

$$\max R = 50x_1 + 30x_2$$

$$\begin{cases} 2x_1 + x_2 \leq 80 \\ x_1 \geq 10 \\ x_2 \leq 40 \\ x_2 \geq 0 \end{cases}$$

取直角坐標系 $Ox_1 x_2$，見圖 2-1. 在直角坐標系 $Ox_1 x_2$ 中作約束條件不等式組確定的區域：

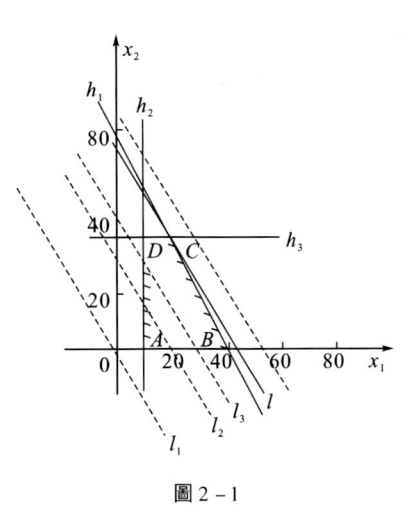

圖 2-1

(1)作直線 $h_1 : x_2 = 80 - 2x_1$，顯然，滿足 $2x_1 + x_2 \leq 80$ 的部分是直線 h_1 的左下半平面.

（2）作直線 $h_2: x_1 = 10$，滿足 $x_1 \geq 10$ 的部分是 h_2 的右半平面.

（3）作直線 $h_3: x_2 = 40$，滿足 $x_2 \leq 40$ 的部分是 h_3 的下半平面.

（4）$x_2 = 0$ 為直線 x_1 軸，$x_2 \geq 0$ 的部分為 x_1 軸的上半平面.

於是，約束條件(2.19)組成由直線 h_1, h_2, h_3 與坐標軸 x_1 圍成的區域 $ABCD$(稱為該線性規劃問題的可行區域，亦稱為可行域).

目標函數為：

$$R = 50x_1 + 30x_2$$

對不同的 R 值，代入目標函數，就得到不同的直線，如取 $R = 0, 1,000, 1,500, \cdots, 2,200$，有平行直線(它們的斜率均為 $-\dfrac{5}{3}$)：

$$l_1: \quad 0 = 50x_1 + 30x_2$$
$$l_2: 1,000 = 50x_1 + 30x_2$$
$$l_3: 1,500 = 50x_1 + 30x_2$$
$$\cdots\cdots$$
$$l: 2,200 = 50x_1 + 30x_2$$

可以看出，隨著 R 值的增大，直線 l 就向右上方平移. 當直線 l 過點 C 時，R 達到最大值. 直線 l 再向右上方平移，將與可行區域不相交.

而點 C 是直線 h_1, h_3 的交點，即解聯立方程組：

$$\begin{cases} 2x_1 + x_2 = 80 \\ x_2 = 40 \end{cases}$$

得 $x_1 = 20, x_2 = 40$，亦即 C 點坐標為 $(20, 40)$. 於是，得到該問題的最優解 $x_1 = 20$ 件，$x_2 = 40$ 件. 將最優解代入目標函數，可得最優值為：

$$R_{最優} = [50x_1 + 30x_2]_{x_1 = 20, x_2 = 40} = 2,200 (元)$$

在可行域內的任意點的坐標 (x_1, x_2) 都滿足約束條件，但不一定是最優解，我們稱這種解為可行解.

例2 用圖解法求解線性規劃問題：

$$\min S = x_1 + 2x_2$$
$$\begin{cases} x_1 - x_2 \geq -2 \\ x_1 + x_2 \geq 2 \\ x_1 \geq 0, x_2 \geq 0 \end{cases}$$

即求使 S 滿足條件的最小值的解.

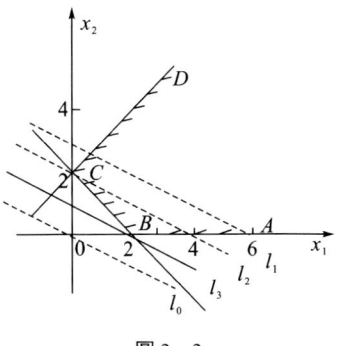

圖 2-2

解 此例求滿足約束條件的使目標函數 S 達最小值的解. 首先在直角坐標系中畫出直線 $x_1 - x_2 = -2, x_1 + x_2 = 2$, 並確定 $x_1 - x_2 \geq -2, x_1 + x_2 \geq 2, x_1 \geq 0, x_2 \geq 0$ 四個半平面的重疊部分, 如圖2-2用 ABCD 表示的斜線部分. 可以看出, 這個問題的可行域是無界域. 在目標函數 $S = x_1 + 2x_2$ 中, 令 S 取數值 0,6,4,2… 並在可行域上做出等值線:

$$l_0: x_1 + 2x_2 = 0$$
$$l_1: x_1 + 2x_2 = 6$$
$$l_2: x_1 + 2x_2 = 4$$
$$l_3: x_1 + 2x_2 = 2$$
......

顯然, 直線離原點越近, 目標函數取值越小, 而且在可行域的 B 點處達到最小值. B 點是直線 $x_1 + x_2 = 2$ 與 $x_2 = 0$ 的交點, 得 B 點的坐標為 (2,0), 所以最優解為:

$$x_1 = 2, x_2 = 0$$

對應的目標函數的最小值:

$$S = 1 \times 2 + 2 \times 0 = 2$$

需要說明的是: 圖解法只適用於兩個變量的線性規劃問題.

*3. 線性規劃問題的標準形式

只要引入新的非負變量 (稱為鬆弛變量) x_3, x_4, x_5, 就可以使不等式組 (2.19) 變為一組等式. 因為 $2x_1 + x_2$ 不比 80 大, 加上某個非負數 x_3, 使得它們的和為 80. 類似地, 也可以使式 (2.19) 的另外兩個不等式變為等式. 於是, 有:

$$\max R = 50x_1 + 30x_2 + 0x_3 + 0x_4 + 0x_5 \qquad (2.21)$$

$$\begin{cases} 2x_1 + x_2 + x_3 &= 80 \\ x_1 \quad\quad\quad\;\; - x_4 &= 10 \\ \quad\quad x_2 \quad\quad\quad + x_5 &= 40 \\ x_i \geq 0, i = 1,2,3,4,5 \end{cases} \qquad (2.22)$$

顯然, 滿足式 (2.21) 和 (2.22) 的解 $x_i (i = 1,2,3,4,5)$ 中的 x_1, x_2 必定滿足式 (2.18)

和(2.19). 因此,求滿足式(2.22)的解 x_1, x_2, x_3, x_4, x_5, 使 $R = 50x_1 + 30x_2 + 0x_3 + 0x_4 + 0x_5$(即式(2.21))取最大值,其中的 x_1, x_2 就是原來線性規劃問題的解. 因此,我們將公式(2.20)改寫成等式形式,作為線性規劃問題的標準形式,即:

$$\max S = c_1 x_1 + c_2 x_2 + \cdots + c_n x_n$$

$$\begin{cases} a_{11} x_1 + a_{12} x_2 + \cdots + a_{1n} x_n = b_1 \\ a_{21} x_1 + a_{22} x_2 + \cdots + a_{2n} x_n = b_2 \\ \cdots\cdots \\ a_{m1} x_1 + a_{m2} x_2 + \cdots + a_{mn} x_n = b_m \\ x_i \geq 0, i = 1, 2, \cdots, n \end{cases} \quad (2.23)$$

其中 $b_i \geq 0, i = 1, 2, \cdots, m$.

滿足式(2.23)的 $x_1, x_2, \cdots, x_n$ 稱為線性規劃問題的最優解,相應地 $\max S = S_0$ 稱為該問題的最優值.

*4. 線性規劃問題的初等變換解法

如果把 S 亦視為一個變量,式(2.23)可以寫為:

$$\begin{cases} a_{11} x_1 + a_{12} x_2 + \cdots + a_{1n} x_n = b_1 \\ a_{21} x_1 + a_{22} x_2 + \cdots + a_{2n} x_n = b_2 \\ \cdots\cdots \\ a_{m1} x_1 + a_{m2} x_2 + \cdots + a_{mn} x_n = b_m \\ -c_1 x_1 - c_2 x_2 - \cdots - c_n x_n + S = 0 \end{cases} \quad (2.24)$$

方程組(2.24)是一個 $n+1$ 個未知量 $x_1, x_2, \cdots, x_n, S$, $m+1$ 個方程的線性方程組. 方程組(2.24)的解法如下:

[第一步]

記矩陣:

$$L = \begin{bmatrix} x_1 & x_2 & \cdots & x_n & \\ a_{11} & a_{12} & \cdots & a_{1n} & b_1 \\ a_{21} & a_{22} & \cdots & a_{2n} & b_2 \\ \vdots & \vdots & & \vdots & \vdots \\ a_{m1} & a_{m2} & \cdots & a_{mn} & b_m \\ -c_1 & -c_2 & \cdots & -c_n & 0 \end{bmatrix}$$

矩陣 L 中的末行 $(-c_j)(j=1,2,\cdots,n)$ 稱為檢驗數,從 $S=0$ 做起.

[第二步]

當所有的檢驗數 $(-c_j) \geq 0$ 時,轉入第三步;

當檢驗數 $(-c_j)$ 有負數時,轉入第五步.

[第三步]

① 用矩陣 L 中的第 1 列前 m 行大於 0 的元素 $a_{i1}(i=1,2,\cdots,m)$ 除同行對應的末列的元素 b_i，即 $\frac{b_i}{a_{i1}}(i=1,2,\cdots,m)$，取比值最小者，記為 $\frac{b_r}{a_{r1}}$（若第 1 列的前 m 個元素沒有正數，就試第 2 列，依次類推）：

$$\frac{b_r}{a_{r1}} = \min_{1 \leq i \leq m}\left\{\frac{b_i}{a_{i1}} \mid b_i \geq 0, a_{i1} > 0\right\} \quad (1 \leq r \leq m) \quad (2.25)$$

公式 (2.25) 稱為最小比值原則. 此時，a_{r1} 稱為主元，a_{r1} 所在的行稱為主元行，所在的列稱為主元列.

② 對矩陣 L 作初等行變換，用 $\frac{1}{a_{r1}}$ 乘主元行，使主元變為「1」. 之後，分別以適當的數乘主元行加到 L 的其他各行上，使主元「1」所在列的其他元素化為 0，得到一新矩陣.

③ 對②所得新矩陣的下 1 列，重複類似①、②的變換運算.

④ 對③所得新矩陣的下 1 列，重複①、②類似的變換運算. 依次繼續若干次後，得到矩陣，記為 L^*. 在 L^* 中必有前 m 行的 m 列的元素構成一個 m 階單位矩陣，不妨設 L^* 前 m 行 m 列是 m 階的單位矩陣 I_m，於是，矩陣 L^* 為：

$$L^* = \begin{bmatrix} \overset{x_1}{1} & \overset{x_2}{0} & \cdots & \overset{x_m}{0} & \overset{x_{m+1}}{a'_{1,m+1}} & \cdots & \overset{x_n}{a'_{1n}} & b'_1 \\ 0 & 1 & \cdots & 0 & a'_{2,m+1} & \cdots & a'_{2n} & b'_2 \\ \vdots & \vdots & & \vdots & \vdots & & \vdots & \vdots \\ 0 & 0 & \cdots & 1 & a'_{m,m+1} & \cdots & a'_{mn} & b'_m \\ c'_1 & c'_2 & \cdots & c'_m & c'_{m+1} & \cdots & c'_n & S_0 \end{bmatrix}$$

[第四步]

① 若在 L^* 的單位矩陣 I_m 所在列的檢驗數 $c'_j = 0$，而其餘檢驗數非負時，則所求最優值為：

$$\max S = S_0 \quad (L^* 中最後一行最後一列的元素數值)$$

矩陣 L^* 中單位矩陣 I_m 所在各行的末列元素 b'_i，為所求相應變量（稱為基變量）的值. 其他變量（叫作非基變量）取值為 0，這樣得到的解為所求最優解.

② L^* 的檢驗數有負數時，轉入第五步.

[第五步]

對所有為負數的檢驗數，取其絕對值最大者所在列為主元列. 按最小比值原則（公式 (2.25)），取主元行和主元 a_{rj}，返回第三步②.

如果線性規劃問題有解，經過有限次初等行變換，便可得到其解.

例 3 用初等行變換解法再解例 1.

解 引入鬆弛變量 x_3, x_4, x_5，例 1 可寫成線性方程組：

$$\begin{cases} 2x_1 + x_2 + x_3 = 80 \\ x_1 - x_4 = 10 \\ x_2 + x_5 = 40 \\ -50x_1 - 30x_2 - 0x_3 - 0x_4 - 0x_5 + R = 0 \end{cases}$$

①[第一步] 寫出矩陣：

$$L = \begin{array}{c} \begin{array}{ccccc} x_1 & x_2 & x_3 & x_4 & x_5 \end{array} \\ \begin{bmatrix} 2 & 1 & 1 & 0 & 0 & 80 \\ \boxed{1} & 0 & 0 & -1 & 0 & 10 \\ 0 & 1 & 0 & 0 & 1 & 40 \\ -50 & -30 & 0 & 0 & 0 & 0 \end{bmatrix} \end{array}$$

②[第二步] 檢驗數$(-c_j)$中有負數，轉入第五步.

③[第五步] $|-c_j|$中最大者是$|-50|$，取-50所在列為主元列. 按公式(2.25)，第2行為主元行，主元為a_{21}，返回第三步②.

④[第三步②] 主元已經是「1」，把主元所在列的其他元素化為0，有：

$$\longrightarrow \begin{array}{c} \begin{array}{ccccc} x_1 & x_2 & x_3 & x_4 & x_5 \end{array} \\ \begin{bmatrix} 0 & 1 & 1 & \boxed{2} & 0 & 60 \\ 1 & 0 & 0 & -1 & 0 & 10 \\ 0 & 1 & 0 & 0 & 1 & 40 \\ 0 & -30 & 0 & -50 & 0 & 500 \end{bmatrix} \end{array}$$

上矩陣的檢驗數中仍有負數，返回第五步.

⑤[第五步] 取負檢驗數絕對值最大者所在列，即第4列為主元列，按最小比值原則，取a_{14}為主元.

把上矩陣化為：

$$\longrightarrow \begin{array}{c} \begin{array}{ccccc} x_1 & x_2 & x_3 & x_4 & x_5 \end{array} \\ \begin{bmatrix} 0 & 1/2 & 1/2 & 1 & 0 & 30 \\ 1 & 1/2 & 1/2 & 0 & 0 & 40 \\ 0 & \boxed{1} & 0 & 0 & 1 & 40 \\ 0 & -5 & 25 & 0 & 0 & 2,000 \end{bmatrix} \end{array}$$

檢驗數中仍有負數，返回第五步.

⑥取第2列為主元列，取a_{32}為主元.

把上矩陣化為：

$$\longrightarrow \begin{bmatrix} & x_1 & x_2 & x_3 & x_4 & x_5 & \\ 0 & 0 & 1/2 & 1 & -1/2 & 10 \\ 1 & 0 & 1/2 & 0 & -1/2 & 20 \\ 0 & 1 & 0 & 0 & 1 & 40 \\ 0 & 0 & 25 & 0 & 5 & 2,200 \end{bmatrix}$$

上矩陣檢驗數已無負數,前 3 行的第 1、2、4 列構成一個 3 階單位矩陣,返回第四步.

⑦[第四步] 上矩陣中 3 階單位矩陣所在列的檢驗數為 0,其餘檢驗數非負,於是,x_1, x_2, x_4 為基變量,x_3, x_5 為非基變量,得到最優值:

$$\max R = R_0 = 2,200(元)$$

最優解:$x_1 = 20$ 件,$x_2 = 40$ 件,$x_3 = 0$ 件,$x_4 = 10$ 件,$x_5 = 0$ 件.

本例的最優值:$R_0 = 2,200(元)$,最優解:$x_1 = 20$ 件,$x_2 = 40$ 件.

例 4 解線性規劃問題:

$$\min S = 3x_1 - x_2 + 2x_3$$

$$\begin{cases} x_1 + 2x_2 - x_3 \geq 2 \\ -x_1 + x_2 + x_3 = 4 \\ -x_1 + 2x_2 - x_3 \leq 6 \\ x_i \geq 0, \ i = 1, 2, 3. \end{cases}$$

解 引進新的目標函數:

$$S' = -S$$

與鬆弛變量:

$$x_4 \geq 0, \ x_5 \geq 0$$

將所給線性規劃問題化為標準形式:

$$\max S' = -3x_1 + x_2 - 2x_3$$

$$\begin{cases} x_1 + 2x_2 - x_3 - x_4 = 2 \\ -x_1 + x_2 + x_3 = 4 \\ -x_1 + 2x_2 - x_3 + x_5 = 6 \\ x_i \geq 0, \ i = 1, 2, 3, 4, 5 \end{cases}$$

所求最小值:

$$\min S = -\max S'$$

由標準形式得到矩陣 T,並作初等行變換:

$$T = \begin{bmatrix} 1 & \boxed{2} & -1 & -1 & 0 & 2 \\ -1 & 1 & 1 & 0 & 0 & 4 \\ -1 & 2 & -1 & 0 & 1 & 6 \\ 3 & -1 & 2 & 0 & 0 & 0 \end{bmatrix}$$

$$\rightarrow \begin{bmatrix} \frac{1}{2} & \boxed{1} & -\frac{1}{2} & -\frac{1}{2} & 0 & 1 \\ -1 & 1 & 1 & 0 & 0 & 4 \\ -1 & 2 & -1 & 0 & 1 & 6 \\ 3 & -1 & 2 & 0 & 0 & 0 \end{bmatrix} \rightarrow \begin{bmatrix} \frac{1}{2} & 1 & -\frac{1}{2} & -\frac{1}{2} & 0 & 1 \\ -\frac{3}{2} & 0 & \boxed{\frac{3}{2}} & \frac{1}{2} & 0 & 3 \\ -2 & 0 & 0 & 1 & 1 & 4 \\ \frac{7}{2} & 0 & \frac{3}{2} & -\frac{1}{2} & 0 & 1 \end{bmatrix}$$

$$\rightarrow \begin{bmatrix} \frac{1}{2} & 1 & -\frac{1}{2} & -\frac{1}{2} & 0 & 1 \\ -1 & 0 & \boxed{1} & \frac{1}{3} & 0 & 2 \\ -2 & 0 & 0 & 1 & 1 & 4 \\ \frac{7}{2} & 0 & \frac{3}{2} & -\frac{1}{2} & 0 & 1 \end{bmatrix} \rightarrow \begin{bmatrix} 0 & 1 & 0 & -\frac{1}{3} & 0 & 2 \\ -1 & 0 & 1 & \frac{1}{3} & 0 & 2 \\ -2 & 0 & 0 & \boxed{1} & 1 & 4 \\ 5 & 0 & 0 & -1 & 0 & -2 \end{bmatrix}$$

$$\rightarrow \begin{bmatrix} -\frac{2}{3} & 1 & 0 & 0 & \frac{1}{3} & \frac{10}{3} \\ -\frac{1}{3} & 0 & 1 & 0 & -\frac{1}{3} & \frac{2}{3} \\ -2 & 0 & 0 & 1 & 1 & 4 \\ 3 & 0 & 0 & 0 & 1 & 2 \end{bmatrix}$$

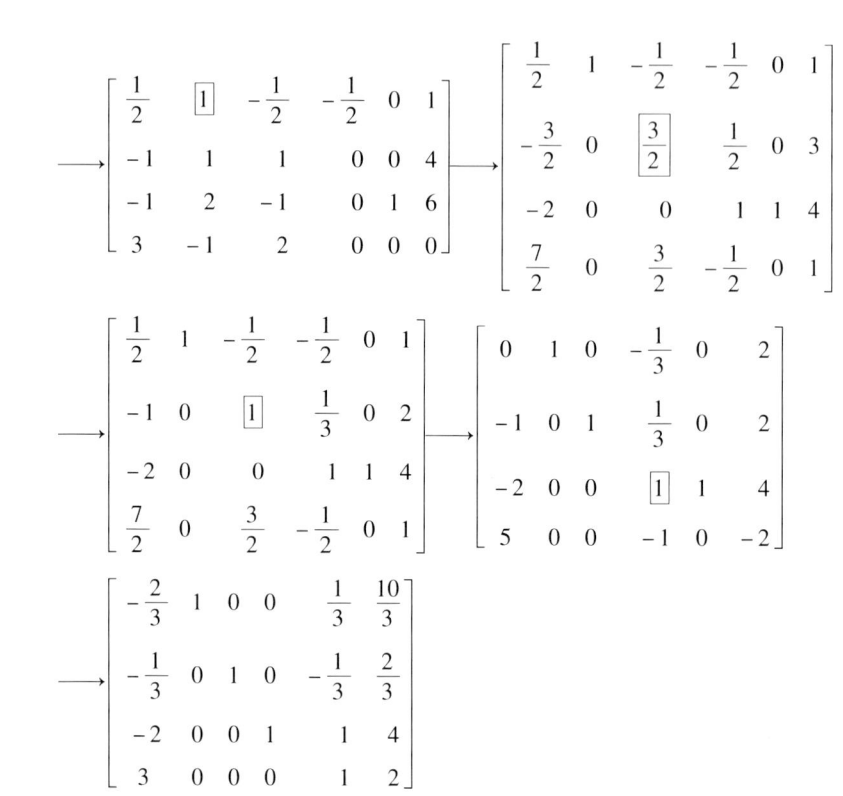

已滿足最優解條件. 令非基變量 $x_1 = 0, x_5 = 0$ 得 $x_2 = \frac{10}{3}, x_3 = \frac{2}{3}, x_4 = 4$，它們構成唯一最優解；再去掉鬆弛變量，於是得到所給線性規劃問題的唯一最優解：

$$\begin{cases} x_1 = 0 \\ x_2 = \frac{10}{3} \\ x_3 = \frac{2}{3} \end{cases}$$

最優值等於檢驗行常數項的相反數，即：

$$\min S = -\max S' = -2$$

例 5 解線性規劃問題：

$$\max S = 8x_1 + 3x_2$$

$$\begin{cases} 3x_1 + 5x_2 \leq 210 \\ 3x_1 + x_2 \leq 150 \\ x_1 \geq 0, x_2 \geq 0. \end{cases}$$

解 引進鬆弛變量 $x_3 \geq 0, x_4 \geq 0$，於是將線性規劃問題化為標準形式：

$$\max S = 8x_1 + 3x_2$$
$$\begin{cases} 3x_1 + 5x_2 + x_3 = 210 \\ 3x_1 + x_2 + x_4 = 150 \\ x_i \geq 0, \ i = 1, 2, 3, 4. \end{cases}$$

得到如下的矩陣 T：

$$T = \begin{bmatrix} 3 & 5 & 1 & 0 & 210 \\ 3 & 1 & 0 & 1 & 150 \\ -8 & -3 & 0 & 0 & 0 \end{bmatrix}$$

對矩陣 T 作初等行變換，使得所有檢驗數非負，從而求得最優解：

$$T = \begin{bmatrix} 3 & 5 & 1 & 0 & 210 \\ \boxed{3} & 1 & 0 & 1 & 150 \\ -8 & -3 & 0 & 0 & 0 \end{bmatrix} \longrightarrow \begin{bmatrix} 3 & 5 & 1 & 0 & 210 \\ \boxed{1} & \frac{1}{3} & 0 & \frac{1}{3} & 50 \\ -8 & -3 & 0 & 0 & 0 \end{bmatrix}$$

$$\longrightarrow \begin{bmatrix} 0 & \boxed{4} & 1 & -1 & 60 \\ 1 & \frac{1}{3} & 0 & \frac{1}{3} & 50 \\ 0 & -\frac{1}{3} & 0 & \frac{8}{3} & 400 \end{bmatrix} \longrightarrow \begin{bmatrix} 0 & \boxed{1} & \frac{1}{4} & -\frac{1}{4} & 15 \\ 1 & \frac{1}{3} & 0 & \frac{1}{3} & 50 \\ 0 & -\frac{1}{3} & 0 & \frac{8}{3} & 400 \end{bmatrix}$$

$$\longrightarrow \begin{bmatrix} 0 & 1 & \frac{1}{4} & -\frac{1}{4} & 15 \\ 1 & 0 & -\frac{1}{12} & \frac{5}{12} & 45 \\ 0 & 0 & \frac{1}{12} & \frac{31}{12} & 405 \end{bmatrix}$$

由於所有檢驗數皆為非負，且非基變量 x_3, x_4 對應的檢驗數皆為正，所以基本可行解為唯一最優解．令非基變量 $x_3 = 0, x_4 = 0$，得到基變量 $x_2 = 15, x_1 = 45$，它們構成唯一最優解；再去掉鬆弛變量，於是得所給線性規劃問題的唯一最優解：

$$\begin{cases} x_1 = 45 \\ x_2 = 15 \end{cases}$$

最優值等於檢驗行的常數項，即：

$$\max S = 405$$

線性規劃問題有的可能沒有最優解，有的可能有無窮多個最優解．本書不再詳細討論，有興趣的讀者可參閱有關書籍．

2.5.2 投入產出分析舉例

1. 投入產出表

假定一個國家有 n 個產業部門 $A_1, A_2, \cdots, A_n$,用 x_i 表示第 $i(i=1,2,\cdots,n)$ 個產業部門 A_i 在一個週期內(如6個月、1年、5年等)所生產的產品總值;$x_{ij}(i,j=1,2,\cdots,n)$ 表示在本週期內生產過程中,第 i 個產業部門對第 j 個產業部門投入產品的數量,或者說第 j 個產業部門消耗第 i 個產業部門的產品數量(用貨幣表示),稱為中間產品(中間流量),那麼:

$$\sum_{j=1}^{n} x_{ij} \quad (i=1,2,\cdots,n)$$

就是第 i 個產業部門分配給各個產業部門的產品數量的總和;用 y_i 表示第 i 個產業部門用於供給社會最終消耗的部分(如家庭或政府機構的消費、出口、投資等),稱為最終產品,則有:

$$\sum_{j=1}^{n} x_{ij} + y_i = x_i \quad (i=1,2,\cdots,n) \tag{2.26}$$

即每個產業部門的產品分成中間產品和最終產品兩部分. 這是 n 個等式的方程組,通常稱為分配平衡方程組.

再設 z_j 表示第 j 個產業部門在生產過程中的投入量(如固定資產折舊、勞動力的報酬、新創造價值等),於是,對第 j 個產業部門的總投入量是:

$$\sum_{i=1}^{n} x_{ij} + z_j \quad (j=1,2,\cdots,n)$$

其中前一部分是其他產業部門(包括本產業部門)提供的,後者即 z_j 是各產業部門的生產資料補償等. 如果所有投入與產出(產品等)統一用貨幣表示,根據投入與產出總體平衡的原則,應有:

$$\sum_{i=1}^{n} x_{ij} + z_j = x_j \quad (j=1,2,\cdots,n) \tag{2.27}$$

這也是 n 個等式組成的方程組,通常稱為消耗平衡方程組.

於是,可以列出投入產出表 2–1.

表 2–1

投入 \ 產出 中間流量		中間產品				最終產品	總產品
		1	2	$\cdots$	n		
中間投入	1	x_{11}	x_{12}	$\cdots$	x_{1n}	y_1	x_1
	2	x_{21}	x_{22}	$\cdots$	x_{2n}	y_2	x_2
	$\vdots$	$\vdots$	$\vdots$		$\vdots$	$\vdots$	$\vdots$
	n	x_{n1}	x_{n2}	$\cdots$	x_{nn}	y_n	x_n
最初投入		z_1	z_2	$\cdots$	z_n		
總產出		x_1	x_2	$\cdots$	x_n		

2. 直接消耗系數

定義 2.2　設 x_{ij} 表示在一個週期內生產過程中第 j 個產業部門消耗第 i 個產業部門的產品數量，x_i 表示第 i 個產業部門在一個週期內所生產的產品總值。定義 $\dfrac{x_{ij}}{x_j}$ 為直接消耗系數，記為 a_{ij}，即：

$$a_{ij} = \frac{x_{ij}}{x_j} \quad (i,j = 1,2,\cdots,n) \tag{2.28}$$

亦即第 j 個產業部門生產單位產品消耗第 i 個產業部門的產品數量。由 a_{ij} 組成的矩陣，記為 A，即：

$$A = [a_{ij}]_{n \times n}$$

稱為直接消耗系數矩陣。

直接消耗系數是表明各產業部門生產狀況或效率好壞的一個技術系數。

將直接消耗系數 a_{ij} 代入公式 (2.26)，有：

$$\sum_{j=1}^{n} a_{ij} x_j + y_i = x_i \quad (i = 1,2,\cdots,n)$$

引入矩陣：

$$X = \begin{bmatrix} x_1 \\ x_2 \\ \vdots \\ x_n \end{bmatrix}, \quad Y = \begin{bmatrix} y_1 \\ y_2 \\ \vdots \\ y_n \end{bmatrix}$$

於是，分配平衡方程組 (2.26) 可改寫成矩陣形式：

$$AX + Y = X \tag{2.29}$$

或：

$$(I - A)X = Y$$

一般地，$I - A$ 是可逆矩陣，故有：

$$X = (I - A)^{-1} Y \tag{2.30}$$

公式 (2.30) 的意義很清楚，當各產業部門間的技術系數即直接消耗系數矩陣 A 確定後，就可以通過最終需求 Y，求出各產業部門的總產量 X，即以銷定產。

例 6　已知某經濟系統有三個部門，在一個週期內產品的生產與分配見表 2-2。

表 2-2　　　　　　　　　　　　　　　　　　　　　　　　　　　　　　單位：萬元

投入＼產出 中間流量		中間產品 1	中間產品 2	中間產品 3	最終產品	總產品
中間投入	1	100	25	30	y_1	400
	2	80	50	30	y_2	250
	3	40	25	60	y_3	300

試求：(1)各部門最終產品量；

(2)各部門投入量；

(3)直接消耗系數及其矩陣.

解 （1）由公式(2.26)，得：
$$y_i = x_i - \sum_{j=1}^{n} x_{ij} \quad (i = 1, 2, \cdots, n)$$

即：
$$y_1 = x_1 - x_{11} - x_{12} - x_{13} = 400 - 100 - 25 - 30 = 245$$
$$y_2 = x_2 - x_{21} - x_{22} - x_{23} = 250 - 80 - 50 - 30 = 90$$
$$y_3 = x_3 - x_{31} - x_{32} - x_{33} = 300 - 40 - 25 - 60 = 175$$

（2）由公式(2.27)，得：
$$z_j = x_j - \sum_{i=1}^{n} x_{ij} \quad (j = 1, 2, \cdots, n)$$

即：
$$z_1 = x_1 - x_{11} - x_{21} - x_{31} = 400 - 100 - 80 - 40 = 180$$
$$z_2 = x_2 - x_{12} - x_{22} - x_{32} = 250 - 25 - 50 - 25 = 150$$
$$z_3 = x_3 - x_{13} - x_{23} - x_{33} = 300 - 30 - 30 - 60 = 180$$

（3）由公式(2.28)，有：

$$a_{11} = \frac{x_{11}}{x_1} = \frac{100}{400} = 0.25 \quad a_{21} = \frac{x_{21}}{x_1} = \frac{80}{400} = 0.20$$

$$a_{31} = \frac{x_{31}}{x_1} = \frac{40}{400} = 0.10 \quad a_{12} = \frac{x_{12}}{x_2} = \frac{25}{250} = 0.10$$

$$a_{22} = \frac{x_{22}}{x_2} = \frac{50}{250} = 0.20 \quad a_{32} = \frac{x_{32}}{x_2} = \frac{25}{250} = 0.10$$

$$a_{13} = \frac{x_{13}}{x_3} = \frac{30}{300} = 0.10 \quad a_{23} = \frac{x_{23}}{x_3} = \frac{30}{300} = 0.10$$

$$a_{33} = \frac{x_{33}}{x_3} = \frac{60}{300} = 0.20$$

所求直接消耗系數矩陣為：
$$A = \begin{bmatrix} 0.25 & 0.10 & 0.10 \\ 0.20 & 0.20 & 0.10 \\ 0.10 & 0.10 & 0.20 \end{bmatrix}$$

在一個經濟系統中，各產業部門之間有著密切的關係，哪怕一個產業部門的最終產品的變化，都會影響整個系統各產業部門的總產品的增減．例如，當第 i 產業部門最終產品有餘（即 $\Delta y_i > 0$）時，其總產值應減少（$\Delta x_i < 0$）；而當第 j 產業部門的最終產品有缺（即 $\Delta y_i < 0$）時，其總產值應增加（$\Delta x_i > 0$）．由此及公式(2.30)有：

$$\Delta X = -(I-A)^{-1}\Delta Y \qquad (2.31)$$

*例 7　表 2-3 列出了中國 1992 年三個產業部門的中間產品、最終產品和總產品的統計結果(統計中的項作了適當合併).

表 2-3　　　　　　　　　　　　　　　　　　　　　　　　　　　　　　　　　　單位:億元

	中間部門			最終產品	總產品
	第一產業	第二產業	第三產業		
第一產業	1,265	2,943	249	4,628	9,085
第二產業	1,424	21,684	4,708	14,599	42,415
第三產業	543	5,622	3,380	7,420	16,965

表 2-3 中,第 1 行中間產品的 1,265、2,943、249(億元),分別表示第一產業提供給第一、二、三產業消耗的產品產值,即第一產業的中間產品;第一產業的最終產品,即消費、投資和淨出口的和為 4,628(億元);那麼第一產業的總產品為 9,085(億元).同理,第二行和第三行的數字分別是第二產業和第三產業的中間產品、最終產品和總產品.

每個產業提供給其他產業(包括本身)的投入會直接影響總產出.例如第一產業產品的價格提高 10%,那麼以它為原料的第二產業、第三產業的產品價格勢必提高,而第二產業、第三產業產品價格的提高,又反過來增加了第一產業的投入,從而減少第一產業的盈利或者進一步提高第一產業的價格.這樣就產生了連鎖反應.那麼,如果第一產業產品的價格提高 10%,它對第二、第三產業有什麼影響,對第一產業自身有什麼影響,影響的程度有多大呢?

將中間產品表成矩陣如:

$$\begin{bmatrix} 1,265 & 2,943 & 249 \\ 1,424 & 21,684 & 4,708 \\ 543 & 5,622 & 3,380 \end{bmatrix}$$

則三個產業的直接消耗系數矩陣:

$$A = \begin{bmatrix} a_{11} & a_{12} & a_{13} \\ a_{21} & a_{22} & a_{23} \\ a_{31} & a_{32} & a_{33} \end{bmatrix} = \begin{bmatrix} 0.14 & 0.07 & 0.01 \\ 0.16 & 0.51 & 0.28 \\ 0.06 & 0.13 & 0.20 \end{bmatrix}$$

於是:

$$(I-A) = \begin{bmatrix} 0.86 & -0.07 & -0.01 \\ -0.16 & 0.49 & -0.28 \\ -0.06 & -0.13 & 0.80 \end{bmatrix}$$

求得逆矩陣:

$$(I-A)^{-1} \approx \begin{bmatrix} 1.20 & 0.19 & 0.08 \\ 0.49 & 2.33 & 0.82 \\ 0.17 & 0.39 & 1.39 \end{bmatrix}$$

第一產業產品提價10%,那麼,可以認為第一產業的最終產品有462.8億元的缺口,其他兩個產業的最終產品不變,即 $\Delta Y = (462.8, 0, 0)^T$. 總產品變化量列陣為:

$$\Delta X = -(I-A)^{-1}\Delta Y$$

$$= -\begin{bmatrix} 1.20 & 0.19 & 0.08 \\ 0.49 & 2.33 & 0.82 \\ 0.17 & 0.39 & 1.39 \end{bmatrix} \begin{bmatrix} -462.8 \\ 0 \\ 0 \end{bmatrix}$$

$$= \begin{bmatrix} 555.36 \\ 226.77 \\ 78.676 \end{bmatrix}$$

可見,第一產業總產品實際增量為555.36(億元),增加幅度為:

$$\frac{\Delta x_1}{x_1} \times 100\% = \frac{555.36}{9,085} \times 100\% = 6.11\%$$

即第一產業的總產品(值)只增加6.11%. 由此我們可以看到:並非漲價多少,就能賺多少.

練習2.5

1. 將下列線性規劃問題化為標準形式並求解.

$$\max S = 5x_1 + 7x_2$$

$$\begin{cases} 2x_1 + 3x_2 \leq 12 \\ 3x_1 + x_2 \leq 12 \\ x_1, x_2 \geq 0 \end{cases}$$

2. 某工廠用甲、乙兩種原材料生產A、B、C三種產品,工廠現有原材料數量、生產每噸產品所需要材料數以及每噸產品的利潤數見表2-4.

表2-4

每噸產品所需原料(噸) 產品 原料	A	B	C	現有原料(噸)
甲	2	1	0	30
乙	0	2	4	50
每噸產品的利潤(萬元)	3	2	$\frac{1}{2}$	

試問:在現有條件下如何組織生產,可以獲得最大利潤?

3. 已知某經濟系統在一個生產週期內的直接消耗系數及總產品見表 2 – 5.

表 2 – 5　　　　　　　　　　　　　　　　　　　　　　　　　　　　　單位：萬元

部門	1	2	3	最終需求	總產值
1	0.1	0.1	0.2	y_1	200
2	0.2	0.2	0.2	y_2	150
3	0.3	0.4	0.1	y_3	300
新創造價值	z_1	z_2	z_3		

求：(1) 各部門間的流量；

(2) 最終產品 y_1, y_2, y_3；

(3) 新創造價值.

習題二

一、選擇題

1. n 元齊次線性方程組 $AX = O$ 有非零解的充分必要條件是（　　）．

A. $r(A) = n$　　　　　　　　B. $r(A) < n$

C. $r(A) > n$　　　　　　　　D. $r(A)$ 與 n 無關

2. 若非齊次線性方程組 $A_{m \times n} X = b$ 無解，則必有（　　）．

A. $r(A) = n$　　　　　　　　B. $r(A) = m$

C. $r(A) = r(\bar{A})$　　　　　　D. $r(A) \neq r(\bar{A})$

3. 齊次線性方程組：

$$\begin{cases} 2x_1 - x_2 + x_3 = 0 \\ x_1 + \lambda x_2 - x_3 = 0 \\ \lambda x_1 + x_2 + x_3 = 0 \end{cases}$$

有非零解，則 λ 必滿足（　　）．

A. $\lambda = -1$　　　　　　　　B. $\lambda = -1$ 或 $\lambda = 4$

C. $\lambda = 4$　　　　　　　　D. $\lambda \neq 1$ 且 $\lambda \neq 4$

4. $\begin{cases} x_1 + kx_2 + x_3 = 0 \\ kx_1 + x_2 + (k+1)x_3 = 0 \\ x_1 + kx_2 = 0 \end{cases}$，有非零解，則 k 必滿足（　　）．

A. $k = -1$ 或 $k = 1$　　　　　B. $k \neq -1$ 且 $k \neq 1$

C. $k = 1$　　　　　　　　　　D. $k \neq -1$

5. 線性方程組 $\begin{cases} x_1 + x_2 - x_3 = 2 \\ x_1 + x_2 - 2x_3 = 1 \\ x_1 - x_2 - x_3 = 2 \end{cases}$ 的解是( ).

A. $(2,0,0)^T$ B. $(3,0,1)^T$
C. $(0,-1,-1)^T$ D. $(9,1,4)^T$

6. 線性方程組 $\begin{cases} x_1 + x_2 + x_3 + x_4 = 4 \\ 2x_2 + x_3 + x_4 = 4 \\ x_3 + x_4 = 2 \\ \lambda(\lambda+1)x_4 = \lambda^2 - 1 \end{cases}$ 無解,則 $\lambda =$ ( ).

A. 0 B. 1
C. -1 D. 任意實數

二、填空題

1. 若線性方程組的增廣矩陣為 $A = \begin{bmatrix} 1 & a & 2 \\ 2 & 1 & 4 \end{bmatrix}$,則當 $a =$ _____ 時,該線性方程組有無窮多解.

2. 當 k 為 _____ 時,齊次線性方程組 $\begin{cases} x_1 + 5x_2 - x_3 = 0 \\ 4x_2 + x_3 = 0 \\ x_1 + x_2 + kx_3 = 0 \end{cases}$ 只有零解.

3. n 個方程的 n 元線性方程組系數行列式 $D \neq 0$ 時,方程組有 _____.

4. 設線性方程組 $\begin{cases} ax_1 - x_2 - x_3 = 1 \\ x_1 + ax_2 + x_3 = 1 \\ -x_1 + x_2 + ax_3 = 1 \end{cases}$ 有唯一解,則 a 的值應為 _____.

5. 當 $\lambda =$ _____ 時,齊次方程組 $\begin{cases} x_1 - x_2 = 0 \\ x_1 + \lambda x_2 = 0 \end{cases}$ 有非 0 解.

6. 若齊次線性方程組只有零解,則其系數矩陣的秩 $r(A)$ 與未知數個數 n 之間關係是 _____.

三、解答題

1. 用消元法解下列線性方程組:

(1) $\begin{cases} 2x_1 - 3x_2 - x_3 = 1 \\ x_1 - x_2 + x_3 = 6 \\ -2x_1 - 3x_2 + x_3 = 5 \end{cases}$

$(2)\begin{cases} 2x_1 + 2x_2 + 3x_3 = 2 \\ x_1 - x_2 = 2 \\ -x_1 + 2x_2 + x_3 = 4 \end{cases}$

$(3)\begin{cases} 3x_1 + 2x_2 + x_3 = 1 \\ 5x_1 + 3x_2 + 4x_3 = 27 \\ 2x_1 + x_2 + 3x_3 = 6 \end{cases}$

$(4)\begin{cases} x_1 + x_2 - x_3 = 1 \\ x_1 + 2x_2 + x_3 = 1 \\ 3x_1 + 5x_2 + x_3 = 0 \end{cases}$

$(5)\begin{cases} x_1 + x_2 - x_3 = 3 \\ 2x_1 + x_2 + 3x_3 = -2 \\ 3x_1 + x_2 - 5x_3 = -1 \end{cases}$

$(6)\begin{cases} x_1 + 2x_2 + 3x_3 - x_4 = 1 \\ 3x_1 + 2x_2 + x_3 - x_4 = 1 \\ 2x_1 + 3x_2 + x_3 + x_4 = 1 \\ 5x_1 + 5x_2 + 2x_3 = 2 \end{cases}$

$(7)\begin{cases} x_1 + 3x_2 - 2x_3 + 2x_4 - x_5 = 0 \\ x_3 + 2x_4 - x_5 = 0 \\ 2x_1 + 6x_2 - 4x_3 + x_4 + 7x_5 = 0 \\ x_1 + 3x_2 - 4x_3 + 19x_5 = 0 \end{cases}$

$(8)\begin{cases} 2x_1 - 4x_2 + 5x_3 + 3x_4 = 7 \\ 3x_1 - 6x_2 + 4x_3 + 2x_4 = 7 \\ 4x_1 - 8x_2 + 17x_3 + 11x_4 = 21 \end{cases}$

$(9)\begin{cases} x_1 - x_2 + 5x_3 - x_4 = 0 \\ x_1 + 3x_2 + 9x_3 + 7x_4 = 0 \\ x_1 + x_2 - 2x_3 + 3x_4 = 0 \\ 3x_1 - x_2 + 8x_3 + x_4 = 0 \end{cases}$

$(10)\begin{cases} x_1 - 2x_2 + 3x_3 + x_4 = 6 \\ 2x_1 + 5x_2 + 2x_3 + 2x_4 = 4 \\ x_1 + 4x_2 + x_3 + x_4 = 0 \end{cases}$

2. 確定 a、b 的值使下列線性方程組有解，並求其解：

(1) $\begin{cases} x_1 + 2x_2 + 3x_3 = 1 \\ x_1 + ax_2 + x_3 = a \\ x_1 + 2x_2 + x_3 = 2 \end{cases}$

(2) $\begin{cases} x_1 - 2x_2 + 3x_3 - 4x_4 = 4 \\ x_2 - x_3 + x_4 = -2 \\ x_1 + 3x_2 - 3x_4 = 1 \\ -7x_2 + 3x_3 + x_4 = b \end{cases}$

(3) $\begin{cases} 4x_1 - x_2 + x_3 + 2x_4 = a \\ 2x_1 - 5x_2 + 3x_3 + 2x_4 = 1 \\ 5x_1 - 8x_2 + 5x_3 + 4x_4 = 3 \\ x_1 - 7x_2 + 4x_3 + 2x_4 = 0 \end{cases}$

3. 線性方程組 $\begin{cases} x_1 - 2x_2 + 3x_3 - 4x_4 = 4 \\ x_2 - x_3 + x_4 = -3 \\ x_1 + 3x_2 - 3x_4 = 1 \\ -7x_2 + 3x_3 + x_4 = m \end{cases}$ 當 m 取何值時有解？有解時，求其一般解.

4. 解矩陣方程 $AX = B$，其中：

$$A = \begin{bmatrix} 1 & -2 & 0 \\ 4 & -2 & -1 \\ -3 & 1 & 2 \end{bmatrix}, \quad B = \begin{bmatrix} -1 & 4 \\ 2 & 5 \\ 1 & -3 \end{bmatrix}$$

5. 解矩陣方程 $XA = B$，其中：

$$A = \begin{bmatrix} 3 & -1 & 2 \\ 1 & 0 & -1 \\ -2 & 1 & 4 \end{bmatrix}, \quad B = \begin{bmatrix} 3 & 0 & -2 \\ -1 & 4 & 1 \end{bmatrix}$$

6. 解矩陣方程 $AX = B$，其中：

$$A = \begin{bmatrix} 4 & 1 & 2 \\ 3 & 2 & 1 \\ 5 & -3 & 2 \end{bmatrix}, \quad B = \begin{bmatrix} 1 & 2 & 2 \\ 2 & 1 & 2 \\ 1 & 2 & 3 \end{bmatrix}$$

7. 解矩陣方程：

$$\begin{bmatrix} 2 & 2 & 3 \\ 1 & -1 & 0 \\ -1 & 2 & 1 \end{bmatrix} X = \begin{bmatrix} 4 & 2 & 3 \\ 1 & 1 & 0 \\ -1 & 2 & 3 \end{bmatrix}$$

8. 設 $A = \begin{bmatrix} 3 & 0 & 0 \\ 0 & 1 & -1 \\ 0 & 1 & 4 \end{bmatrix}$, $B = \begin{bmatrix} 3 & 6 \\ 1 & 1 \\ 2 & 3 \end{bmatrix}$, X 滿足 $AX = 2X + B$，求 X.

9. 當 a 為何值時,齊次線性方程組:
$$\begin{cases} x_1 - x_2 + x_4 = 0 \\ x_2 - ax_3 - x_4 = 0 \\ x_1 + x_3 = 0 \\ ax_2 - x_3 + x_4 = 0 \end{cases}$$
有非零解?並求出其非零解.

10. λ 為何值時,線性方程組:
$$\begin{cases} 3x_1 + x_2 - x_3 - 2x_4 = 2 \\ x_1 - 5x_2 + 2x_3 + x_4 = -1 \\ 2x_1 + 6x_2 - 3x_3 - 3x_4 = \lambda + 1 \\ -x_1 - 11x_2 + 5x_3 + 4x_4 = -4 \end{cases}$$
有解?有解時,求其解.

11. 設一個二次多項式 $f(x) = ax^2 + bx + c$ 滿足 $f(1) = 1$,$f(-1) = 9$,$f(2) = -3$. 求:$(1) f(x)$;$(2) f(3)$.

12. 線性方程組:
$$\begin{cases} x_1 - 2x_2 + 3x_3 = -1 \\ 2x_2 - x_3 = 2 \\ \lambda(\lambda - 1)x_3 = (\lambda - 1)(\lambda + 2) \end{cases}$$
當 λ 取何值時有唯一解?當 λ 取何值時有無窮多解?

13. 線性方程組:
$$\begin{cases} x_1 - x_2 = a \\ x_2 - x_3 = 2a \\ x_3 - x_4 = 3a \\ -x_1 + x_4 = 1 \end{cases}$$
有解的充要條件為 a 取何值?

14. 證明線性方程組:
$$\begin{cases} x_1 + x_2 = -a \\ x_2 + x_3 = a_2 \\ x_3 + x_4 = -a_3 \\ x_1 + x_4 = a_4 \end{cases}$$
有解的充要條件是 $a_1 + a_2 + a_3 + a_4 = 0$.

第三章 概率論初步

概率論與數理統計是研究和揭示隨機現象統計規律性的一門數學學科,其理論與方法廣泛應用於各個學科分支和各個生產部門. 在探索和研究中,我們可以進行預策和決策,尋找發現大千世界中各種偶然現象中的必然性.

3.1 隨機事件與概率

3.1.1 隨機現象與隨機試驗

現實世界中的各種問題是受諸多因素影響的,當我們觀測客觀世界時,會發現有多種多樣的現象,這些現象大致可分為兩類:一類是確定性現象,即在一定的條件下必然發生或必然不發生的現象. 例如,向上拋一石子必然下落,同性電荷必不相互吸引,等等. 另一類是隨機現象,即在同樣條件下進行一系列重複試驗或觀測,每次出現的結果並不完全一樣,而且在每次試驗或觀測前無法預測確定的結果,其結果呈現出不確定性. 例如,在相同條件下拋同一枚硬幣,其結果可能是正面朝上,也可能是反面朝上,並且在每次拋擲之前無法肯定拋擲的結果是什麼;用同一門炮向同一目標射擊,各次彈著點不盡相同,在一次射擊之前不能預測彈著點的確切位置;等等.

人們經過長期實踐及深入研究之後,發現隨機現象雖然就每次試驗或觀察結果來說,具有不確定性,但在大量重複試驗或觀測下,它的結果卻呈現出某種規律性. 例如,多次重複拋一枚硬幣得到正面朝上的次數大致有一半;同一門炮射擊同一目標的彈著點按照一定規律分佈;等等. 這種大量重複試驗或觀測中所呈現出的固有規律性,我們稱之為隨機現象的統計規律性.

可見,隨機現象具有二重性:表面的偶然性與蘊涵的必然性,偶然性就是它的隨機性,必然性是它在大量重複試驗中表現出來的統計規律性. 概率論就是從數量的角度研究隨機現象統計規律性的科學.

研究隨機現象,就需要對「具備一定條件時,現象是否發生」進行觀測,這種觀測的過程,稱為隨機試驗,簡稱試驗,記作 E. 隨機試驗有以下特點:

(1)試驗可以在相同條件下重複進行;

(2)每次試驗的結果不止一個,但是所有可能的結果卻是可以確定和羅列出來的;

(3)每次試驗的結果都是事先不能確定的.

3.1.2 隨機事件與概率

在一定條件下,可能發生也可能不發生的事件,稱為隨機事件,簡稱事件,用大寫字母 A、B、C、D…表示.

例1 觀察下列試驗的結果是不是隨機事件:

(1)擲一顆骰子,出現1點(即1點的面朝上),記為事件 $A_1 = \{$出現1點$\}$;出現2點,記為事件 $A_2 = \{$出現2點$\}$;一般地,出現 i 點,記為:

$$A_i = \{出現 i 點\} \quad (i=1,2,\cdots,6)$$

若用 A 表示出現偶數點,顯然,2,4,6 點之任意一個出現,也就是出現偶數點,記為:

$$A = \{出現偶數點\} = \{2,4,6\}$$

類似地,記:

$$B = \{出現的點數小於3\} = \{1,2\}$$
$$C = \{出現的點數不小於4\} = \{4,5,6\}$$

(2)拋兩枚硬幣,出現正面朝上記為 H,出現反面朝上記為 T,所作試驗可能出現下列事件之一:

$$A = \{HH\}(出現兩個正面朝上的事件),B = \{HT\},C = \{TT\}$$

(3)假設公共汽車總站每5分鐘發出一輛汽車,乘客隨機去沿線某一汽車站乘車,用 t(分鐘)表示乘客到達車站後的等車時間,記:

$$A = \{0 \leqslant t \leqslant 2\}, B = \{0 < t \leqslant 1.5\}, C = \{0 \leqslant t \leqslant 0\}$$

解 (1)顯然,在擲一顆骰子的試驗中,A_i, A, B, C 中的任何一個都有可能出現,也有可能不出現,所以它們都是隨機事件.

(2)拋兩枚硬幣,可能出現「正正」「正反」或「反正」「反反」之一(由於不考慮次序,「正反」與「反正」屬相同事件),即 A, B, C 中任何一個都有可能發生,也可能不發生,故 A, B, C 都是隨機事件.

(3)雖然每5分鐘有一輛公共汽車經過,但是乘客到達汽車站是隨機的,不能確定等幾分鐘一定能上車,某次等車時間不超過2分鐘、不超過1分半鐘或到車站立刻上車,都有可能出現,也都有可能不出現,即 A, B, C 都有可能發生,也可能不發生,故 A, B, C 都是隨機事件.

由此可見,隨機事件具有下列特點:

(1)在一次試驗中是否發生是不確定的,具有隨機性;

(2)在相同的條件下重複試驗時,發生可能性的大小是確定的,即具有統計規律性.

隨機事件在一次試驗中有可能發生,就有可能性大小的問題,概率就是度量隨機事件發生可能性大小的一個數量指標. 也就是說,事件 A 發生的可能性大小的數量就是事件 A 的概率.

定義 3.1 如果在不變的一組條件下(即同一試驗),重複進行 n 次試驗,記錄到事件 A 發生的次數為 n_A,那麼 n_A 稱為事件 A 發生的頻數,$\dfrac{n_A}{n}$ 稱為事件 A 發生的頻率. 若試驗次數 n 很大時,事件 A 發生的頻率 $\dfrac{n_A}{n}$ 穩定地在某一常數 p 附近擺動,並且一般來說,這種擺動的幅度會隨著試驗次數的增加而逐漸減小,那麼稱數值 p 為隨機事件 A 在該條件下發生的概率,記作:

$$P(A) = p$$

需要指出,上述定義是概率的統計定義,是一種公認的統計規律,且 $P(A)$ 是取值從 0 到 1 的數值.

有兩個特殊的事件必須說明一下:

第一個是必然事件,即在一定的條件下必定發生的事件,用 U 表示. 例如,盒中有 2 個白球,3 個紅球,從盒中隨機取出 3 球,則「取出的 3 個球中,含有紅球」這一事件,就是必然事件;又如例 1(1) 中,擲一顆骰子,出現的點數不超過 6,記為 $U = \{$點數不超過 6$\} = \{1,2,3,4,5,6\}$,在擲一顆骰子的試驗中,事件 U 必定發生,所以 U 是必然事件.

第二個是不可能事件,即在一定條件下不會發生的事件,用 $\emptyset$ 表示. 在前面取球的例中,「取出的 3 個球中不含紅球」的事件即為不可能事件.

必然事件和不可能事件都是確定性的,但是,為了今後討論問題方便起見,仍將它們看作隨機事件.

練習 3.1

指出下列事件中,哪些是必然事件,哪些是不可能事件,哪些是隨機事件.

(1)｛北京明年 5 月 1 日的最高溫度不低於 24℃｝;

(2)｛沒有水分,種子仍然發芽｝;

(3)｛某公共汽車站恰有 5 個人等候公共汽車｝;

(4)｛上拋一個物體,經過一段時間,這物體落在地面上｝;

(5)｛從一副撲克牌中任取一張是 A｝;

(6)｛明年亞洲沒有 5 級以上的地震｝;

(7)｛下個月某電視機廠生產的電視機都是合格品｝;

(8)｛一批產品中有正品,有次品,任取一件是次品｝;

(9)｛這只大猩猩能活 50 年｝.

3.2 事件間的關係與運算

事件是一個集合,因而事件間的關係與事件的運算自然可以按照集合論中集合之間的關係和集合的運算來處理.下面給出這些關係和運算在概率論中的提法,並根據「事件發生」的含義,給出它們在概率論中的含義.

設試驗 E 的樣本空間為 U,而事件 $A,B,A_k(k=1,2\cdots)$ 是 U 的子集.

1. 事件的包含與相等

用 $A \subset B$,表示事件 B 包含事件 A,指的是事件 A 發生必然導致事件 B 發生.

見圖 3-1,設事件 $A=\{$點落在小圓內$\}$,事件 $B=\{$點落在大圓內$\}$,顯然,若點落在小圓內,則該點必落在大圓內.也就是說,若 A 發生,則 B 一定發生.

若 $A \subset B$ 且 $B \subset A$,則稱事件 A 與事件 B 相等,記為 $A=B$.

例1 一批產品中有合格品與不合格品,合格品中有一、二、三等品,從中隨機抽取一件,是合格品記作 A,是一等品記作 B,顯然,B 發生時 A 一定發生,因此 $B \subset A$.

2. 事件的和

用 $A \cup B = \{x \mid x \in A \text{ 或 } x \in B\}$ 表示事件 A 與事件 B 的和事件,指當且僅當 A、B 至少有一個發生時,事件 $A \cup B$ 發生,也可記作 $A+B$.

見圖 3-2,設事件 $A=\{$點落在小圓內$\}$,事件 $B=\{$點落在大圓內$\}$,考慮事件 $C=\{$點落在陰影部分內$\}$.顯然,只要點落在小圓內或大圓內,點就落在陰影部分內了,所以 $C=A \cup B$.

根據和事件的定義可知,$A \cup U = U$,$A \cup \emptyset = A$.

事件的和的運算可以推廣到多個事件的情況,並用 $\bigcup_{k=1}^{n} A_k$ 記 n 個事件 $A_1, A_2, \cdots, A_n$ 的和事件;$\bigcup_{k=1}^{\infty} A_k$ 記可列個事件 $A_1, A_2 \cdots$ 的和事件.

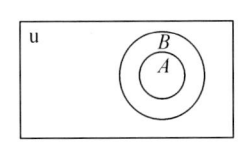

圖 3-1 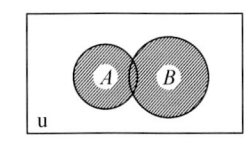　　　　　圖 3-2 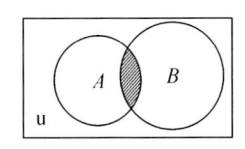　　　　　圖 3-3

3. 事件的積

用 $A \cap B = \{x \mid x \in A \text{ 且 } x \in B\}$ 記事件 A 與事件 B 的積事件,指當且僅當 A、B 同時發生時,事件 $A \cap B$ 發生.$A \cap B$ 也記作 AB.

見圖 3-3,設事件 $A=\{$點落在小圓內$\}$,事件 $B=\{$點落在大圓內$\}$,考慮事件 $C=\{$點落在陰影部分內$\}$,顯然,只有點落在小圓內而且點也落在大圓內,才有點落在陰影部

分内，所以 $C = A \cap B$.

根據事件積的定義可知，對任一事件 A，有 $AU = A, A\emptyset = \emptyset$.

事件的積的運算可以推廣到多個事件的情況，並用 $\bigcap\limits_{k=1}^{n} A_k$ 記 n 個事件 $A_1, A_2, \cdots, A_n$ 的積事件；$\bigcap\limits_{k=1}^{\infty} A_k$ 記可列個事件 $A_1, A_2 \cdots$ 的積事件.

4. 事件的差

用 $A - B = \{x | x \in A \text{ 且 } x \notin B\}$ 表示事件 A 與事件 B 的差事件，指當且僅當 A 發生 B 不發生時，事件 $A - B$ 發生.

見圖 3-4，設事件 $A = \{$點落在小圓內$\}$，$B = \{$點落在大圓內$\}$，考慮事件 $C = \{$點落在陰影部分內$\}$. 顯然，只有點落在小圓內，而且點不落在大圓內，才有點落在陰影部分內，所以 $C = A - B$.

從圖 3-4 中可以看出，$A - B = A - AB$.

5. 互不相容事件

若 $A \cap B = \emptyset$，則稱事件 A 與事件 B 是互不相容的，或互斥的，指的是事件 A 與事件 B 不能同時發生. 顯然，同一個試驗中的各個基本事件是兩兩互不相容的.

見圖 3-5，設事件 $A = \{$點落在小圓內$\}$，事件 $B = \{$點落在大圓內$\}$，顯然，點不能同時落在兩個圓內，所以 $A \cap B = \emptyset$.

6. 對立事件

若 $A \cup B = U$ 且 $A \cap B = \emptyset$，則稱事件 A 與事件 B 互為逆事件，又稱事件 A 與事件 B 互為對立事件，這指的是對每次試驗而言，事件 A, B 中必有一個發生，且僅有一個發生，A 的對立事件記為 $\bar{A}$，即 $\bar{A} = U - A$.

見圖 3-6，設事件 $A = \{$點落在圓內$\}$，考慮事件 $B = \{$點落在圓外$\}$，顯然 U 的點不能既落在圓內，又落在圓外，所以事件 B 與事件 A 不能同時發生，但二者又必發生其一，即 $B = \bar{A}$.

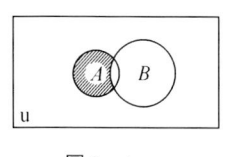

圖 3-4

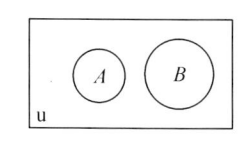

圖 3-5

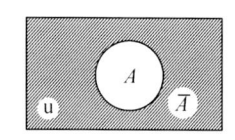

圖 3-6

注意 對立事件與互不相容事件是不同的兩個概念，對立事件一定是互不相容事件，但互不相容事件不一定是對立事件.

例如，事件 $\{$射中 10 環$\}$ 與 $\{$射中 9 環$\}$ 是互不相容事件，但不是對立事件. $\{$射中 10 環$\}$ 的對立事件是 $\{$沒有射中 10 環$\}$，$\{$沒有射中 10 環$\}$ 不只是 $\{$射中 9 環$\}$.

下面，通過一個例子來說明事件之間的上述關係.

例 2 一枚硬幣連續拋三次，正面朝上記為 H，反面朝上記為 T，用 A_1 表示第一次是

正面朝上,A_2 表示三次朝上的面是相同的,則樣本空間為 $U_8 = \{HHH, HHT, HTH, THH,$ $HTT, THT, TTH, TTT\}$;事件 $A_1 = \{HHH, HTH, HHT, HTT\}$;事件 $A_2 = \{HHH, TTT\}$,於是有:

$$A_1 \cup A_2 = \{HHH, HTH, HHT, HTT, TTT\}$$

$$A_1 \cap A_2 = \{HHH\}$$

$$A_2 - A_1 = \{TTT\}$$

$$\overline{A_1 \cup A_2} = U_8 - A_1 \cup A_2 = \{THT, TTH, THH\}$$

7. 事件間的關係和運算的性質

在計算事件的概率時,經常需要利用事件間的關係和運算的性質來簡化計算. 常用的定律如下:

設 A、B、C 為事件,則有

交換律:$A \cup B = B \cup A, A \cap B = B \cap A$;

結合律:$A \cup (B \cup C) = (A \cup B) \cup C, A \cap (B \cap C) = (A \cap B) \cap C$;

分配律:$A \cup (B \cap C) = (A \cup B) \cap (A \cup C), A \cap (B \cup C) = (A \cap B) \cup (A \cap C)$;

德·摩根律:$\overline{A \cup B} = \overline{A} \cap \overline{B}, \overline{A \cap B} = \overline{A} \cup \overline{B}$.

例 3 已知隨機事件 A 與隨機事件 B 是對立事件,求證 $\overline{A}$ 與 $\overline{B}$ 也是對立事件.

證明 因為 A 與 B 是對立事件,即:

$$A \cup B = U, AB = \emptyset$$

且:

$$\overline{A} \cup \overline{B} = \overline{A \cap B} = \overline{AB} = \overline{\emptyset} = U$$

又:

$$\overline{A}\overline{B} = \overline{A \cup B} = \overline{U} = \emptyset$$

所以,$\overline{A}$ 與 $\overline{B}$ 也是對立事件.

為使讀者把事件與集合進行比較,我們把事件與集合的有關概念加以對應,列為表 3-1;事件運算有類似於集合的運算規律,列為表 3-2.

表 3-1

符　　號	事　　件	集　　合
U	必然事件	全集合
$\emptyset$	不可能事件	空集
A	事件	子集合
$\overline{A}$	A 的對立事件	A 的補集
$A \subset B$	事件 A 包含於事件 B	A 為 B 的子集
$A = B$	事件 A 與 B 相等	集合 A 與 B 相同
$A + B$	A 與 B 的和事件	A 與 B 的並集
AB	A 與 B 的積事件	A 與 B 的交集
$A - B$	A 與 B 的差事件	A 與 B 的差集
$AB = \emptyset$	事件 A 與 B 互不相容	A 與 B 不相交

表 3-2

運算律 \ 運算	求　和	求　積
交換律	$A+B=B+A$	$AB=BA$
結合律	$A+(B+C)=(A+B)+C$	$(AB)C=A(BC)$
分配律	$A(B+C)=AB+AC$	$A+BC=(A+B)(A+C)$
包含律	$A+B \supset A, A+B \supset B$	$AB \subset A, AB \subset B$
重疊律	$A+A=A$	$AA=A$
吸收集	$A+U=U, A+\emptyset=A$	$AU=A, A\emptyset=\emptyset$
對立律	$A+\bar{A}=U$	$A\bar{A}=\emptyset$
摩根律	$\overline{A+B}=\bar{A}\cdot\bar{B}$	$\overline{AB}=\bar{A}+\bar{B}$

練習 3.2

1. 寫出下列隨機試驗的樣本空間：

(1) 同時拋兩枚硬幣，觀察朝上正反面情況；

(2) 同時擲兩枚骰子，觀察兩枚骰子出現的點數之和；

(3) 生產產品直到得到 10 件正品為止，記錄生產產品的總件數；

(4) 在某十字路口，1 小時內通過的機動車數量；

(5) 某城市一天的用電量．

2. 設 A、B、C 為 3 個隨機事件，試用 A、B、C 的運算表示下列事件：

(1) A、B 都發生而 C 不發生；

(2) A、B 至少有一個發生而 C 不發生；

(3) A、B、C 都發生或都不發生；

(4) A、B、C 不多於一個發生；

(5) A、B、C 不多於兩個發生；

(6) A、B、C 恰有兩個發生；

(7) A、B、C 至少有兩個發生．

3. 指出下列關係式中哪些成立，哪些不成立？

(1) $A \cup B = (A\bar{B}) \cup B$

(2) $\bar{A} \cap B = A \cup B$

(3) $\overline{(A \cup B)} \cap C = \bar{A} \cap \bar{B} \cap C$

(4) $(AB) \cap (A\bar{B}) = \emptyset$

(5) 若 $A \subset B$，則 $A = AB$

(6) 若 $A \subset B$，則 $\bar{B} \subset \bar{A}$

(7) 若 $AB = \Phi$，且 $C \subset A$，則 $BC = \emptyset$

(8)若 $B \subset A$,則 $A \cup B = A$

4. 事件「A、B 至少發生一個」與事件「A、B 至多發生一個」是否為對立事件?

5. 設 A、B 為兩個隨機事件,試利用事件的關係與運算證明:

(1)$B = AB \cup \bar{A}B$,且 AB 與 $\bar{A}B$ 互不相容;

(2)$A \cup B = A \cup \bar{A}B$,且 A 與 $\bar{A}B$ 互不相容.

6. 請用語言描述下列事件的對立事件:

(1)A 表示「拋兩枚硬幣,都出現正面」;

(2)B 表示「生產 4 個零件,至少有一個合格」.

7. 設 U 為隨機試驗的樣本空間,A、B、C 為隨機事件,且 $U = \{1,2,3,4,\cdots,10\}$,$A = \{2,4,6,8,10\}$,$B = \{1,2,3,4,5\}$,$C = \{5,6,7,8,9,10\}$. 試求:$A \cup B, AB, ABC, \bar{A} \cap C, \bar{A} \cup A$.

8. 設 U 為隨機試驗的樣本空間,A、B 為隨機事件,且 $U = \{0 \leq x \leq 5\}$,$A = \{x | 1 \leq x \leq 2\}$,$B = \{x | 0 \leq x \leq 2\}$. 試求:$A \cup B, AB, B - A, \bar{A}$.

3.3 概率與古典概型

3.3.1 概率

我們把刻畫事件發生可能性大小的數量指標稱為事件的概率. A 的概率用 $P(A)$ 表示,並規定 $0 \leq P(A) \leq 1$.

根據概率的定義,可以推得概率的一些重要性質:

性質 1 (非負性)對於任一個事件 A,有 $P(A) \geq 0$.

性質 2 (規範性)對於必然事件 U 與不可能事件 $\emptyset$,有 $P(U) = 1, P(\emptyset) = 0$.

性質 3 (有限可加性)若 $A_1, A_2, \cdots, A_n$ 是兩兩互不相容的事件,則有:
$$P(A_1 \cup A_2 \cup \cdots \cup A_n) = P(A_1) + P(A_2) + \cdots + P(A_n)$$

性質 4 設 A、B 是兩個事件,若 $A \subset B$,則有:
$$P(B - A) = P(B) - P(A)$$
$$P(B) \geq P(A)$$

證明 由 $A \subset B$ 知,$B = A \cup (B - A)$,且 $A(B - A) = \emptyset$,由概率的有限可加性可得:
$$P(B) = P(A) + P(B - A)$$

即:
$$P(B - A) = P(B) - P(A)$$

又由概率的非負性知,$P(B - A) \geq 0$,於是:
$$P(B) \geq P(A)$$

例1 證明 $P(B-A) = P(B) - P(AB)$,特別地,當 $AB = \emptyset$ 時,$P(B-A) = P(B)$.

證明 因為 $B-A = B-AB$,且 $AB \subset B$,則由性質4,有:
$$P(B-A) = P(B-AB) = P(B) - P(AB)$$

特別地,當 $AB = \emptyset$ 時,$P(AB) = 0$. 所以:
$$P(B-A) = P(B)$$

例2 設事件 A、B 的概率分別為 $\frac{1}{3}$ 和 $\frac{1}{2}$,試求下列三種情況下 $P(B-A)$ 的值.

(1) A 與 B 互斥

(2) $A \subset B$

(3) $P(AB) = \frac{1}{8}$

解 (1) A 與 B 互斥,則 $P(B-A) = P(B) = \frac{1}{2}$;

(2) $A \subset B$,則 $P(B-A) = P(B) - P(A) = \frac{1}{2} - \frac{1}{3} = \frac{1}{6}$;

(3) $P(AB) = \frac{1}{8}$,則 $P(B-A) = P(B) - P(AB) = \frac{1}{2} - \frac{1}{8} = \frac{3}{8}$.

性質5 (逆事件的概率)對於任一事件 A,有 $P(\bar{A}) = 1 - P(A)$.

證明 因 $A \cup \bar{A} = U$, $A \cap \bar{A} = \emptyset$,由性質3得:
$$1 = P(U) = P(A \cup \bar{A}) = P(A) + P(\bar{A})$$

所以:
$$P(\bar{A}) = 1 - P(A)$$

性質6 (加法公式)對於任意事件 A、B 有:
$$P(A \cup B) = P(A) + P(B) - P(AB)$$

證明 因為 $A \cup B = A \cup (B-AB)$,且 $A(B-AB) = \emptyset$, $AB \subset B$,根據性質4可得:
$$P(A \cup B) = P(A) + P(B-AB) = P(A) + P(B) - P(AB)$$

性質6還可以推廣到多個事件的情況. 例如,設 A_1, A_2, A_3 為任意三個事件,則有:
$$P(A_1 \cup A_2 \cup A_3) = P(A_1) + P(A_2) + P(A_3) - P(A_1A_2) - P(A_1A_3) - P(A_2A_3) + P(A_1A_2A_3)$$

一般地,對於任意 n 個事件 $A_1, A_2, \cdots, A_n$,可以用歸納法證明:
$$P(A_1 \cup A_2 \cup \cdots \cup A_n) = \sum_{i=1}^{n} P(A_i) - \sum_{1 \leq i < j \leq n} P(A_iA_j) + \sum_{1 \leq i < j < k \leq n} P(A_iA_jA_k) + \cdots + (-1)^{n-1} P(A_1A_2\cdots A_n)$$

例3 設 A、B、C 是三個事件,且 $P(A) = P(B) = P(C) = \frac{1}{4}$, $P(AB) = P(BC) = 0$, $P(AC) = \frac{1}{8}$,求 A、B、C 至少有一個發生的概率.

解 事件 A、B、C 至少有一個發生為 $A \cup B \cup C$. 又 $P(AB) = P(BC) = 0$,則 $P(ABC) = 0$. 所以:

$$P(A \cup B \cup C) = P(A) + P(B) + P(C) - P(AB) - P(AC) - P(BC) + P(ABC)$$
$$= \frac{1}{4} + \frac{1}{4} + \frac{1}{4} - \frac{1}{8} = \frac{5}{8}$$

3.3.2 古典概型

對於某些隨機事件,我們不必通過大量的試驗去確定它的概率,而是通過研究它的內在規律去確定它的概率.

觀察「投擲硬幣」「擲骰子」等試驗,發現它們具有下列特點:

(1)試驗結果的個數是有限的,即試驗的樣本空間只包含有限個元素,如「投擲硬幣」試驗的結果只有兩個:「正面向上」和「反面向上」;

(2)每個試驗結果出現的可能性相同,即試驗中每個基本事件發生的可能性是相同的,如「投擲硬幣」試驗出現「正面向上」和「反面向上」的可能性都是 $\frac{1}{2}$;

(3)在任一次試驗中,只能出現一個結果,也就是有限個基本事件是兩兩互不相容的,如「投擲硬幣」試驗中「正面向上」和「反面向上」是互不相容的.

滿足上述條件的試驗模型稱為古典概型,根據古典概型的特點,我們可以定義任一隨機事件 A 的概率.

定義 3.2 若古典概型的樣本空間 U 中包含的基本事件的總數是 n,事件 A 包含的基本事件的個數是 m,則事件 A 的概率為:

$$P(A) = \frac{m}{n} = \frac{\text{事件 } A \text{ 包含的基本事件數}}{\text{樣本空間 } U \text{ 包含的基本事件數}}$$

例 4 有一批產品共 100 件,其中 40 件一等品,60 件二等品,按下面兩種取法,求事件 A、B 的概率:$A = \{$任取 3 件都是二等品$\}$,$B = \{$任取 3 件,其中 2 件一等品,1 件二等品$\}$.

(1)每次抽取 1 件,測試後放回,然後再取 1 件.

(2)每次抽取 1 件,測試後不再放回,然後再取 1 件.

解 先求事件 A 的概率.

(1)因為是有放回的抽取,故基本事件的總數 $n = 100^3$,事件 A 包含的基本事件數 $m = 60^3$,故:

$$P(A) = \frac{m}{n} = \frac{60^3}{100^3} \approx 0.216$$

(2)因為是不放回的抽取,故基本事件的總數 $n = P_{100}^3$,事件 A 包含的基本事件數 $m = P_{60}^3$,故:

$$P(A) = \frac{m}{n} = \frac{P_{60}^3}{P_{100}^3} \approx 0.212$$

同理可分別求得事件 B 的概率:

(1) $P(B) = \dfrac{m}{n} = \dfrac{C_3^2 \times 40^2 \times 60}{100^3} \approx 0.288$

(2) $P(B) = \dfrac{m}{n} = \dfrac{C_3^2 \times P_{40}^2 \times P_{60}^1}{P_{100}^3} \approx 0.289$

例 5 袋中有 5 個白球, 3 個黑球, 從中任取 2 個球, 計算: (1) 兩個球都是白球的概率; (2) 兩個球為一黑一白的概率.

解 依題意, 基本事件的總數為 $n = C_8^2$.

(1) 設 $A = \{$兩個球都是白球$\}$, $m = C_5^2$, 故:

$$P(A) = \dfrac{m}{n} = \dfrac{C_5^2}{C_8^2} = \dfrac{5}{14} \approx 0.357$$

(2) 設 $B = \{$兩個球一黑一白$\}$, $m = C_5^1 C_3^1$, 故:

$$P(B) = \dfrac{m}{n} = \dfrac{C_5^1 C_3^1}{C_8^2} = \dfrac{15}{28} \approx 0.536$$

例 6 設 5 個產品中有 2 個一級品, 3 個二級品, 從中任取 2 個產品, 求:

(1) 所取 2 個產品全為一級品的概率;

(2) 所取 2 個產品中, 有 1 個一級品、1 個二級品的概率.

解 將 5 個產品作上標記, 用 X_1, X_2 表示 2 個一級品, Y_1, Y_2, Y_3 表示 3 個二級品. 從中取 2 個產品可視為每次取一個, 連續不放回地取兩次, 所有可能情況為:

$Y_1Y_2 \quad Y_1Y_3 \quad Y_1X_1 \quad Y_1X_2$

$Y_2Y_3 \quad Y_2X_1 \quad Y_2X_2$

$Y_3X_1 \quad Y_3X_2$

X_1X_2

共 10 種, 即 $n = 10$.

(1) 所取 2 個產品全為一級品, 只有「X_1X_2」一種情況, 即 $m = 1$, 於是, 所求概率為:

$$p_1 = \dfrac{m}{n} = \dfrac{1}{10}$$

(2) 所取 2 個產品中有 1 個一級品、1 個二級品的情況, 在 10 種可能情況中有 $m = 6$ 種不同取法, 於是, 所求概率為:

$$p_2 = \dfrac{m}{n} = \dfrac{6}{10}$$

練習 3.3

1. 把 10 本書任意放在書架的一格上, 求其中指定的 3 本書放在一起的概率.

2. 10 個產品中有 7 件正品, 3 件次品.

(1) 不放回地每次從中任取一件, 共取 3 次, 求取到 3 件次品的概率;

(2) 每次從中任取一件, 有放回地取 3 次, 求取到 3 件次品的概率.

3. 袋中有 7 個球,其中紅球 5 個、白球 2 個,從袋中取球兩次,每次隨機地取一個球,取後不放回,求:

(1) 第一次取到白球、第二次取到紅球的概率;

(2) 兩次取得一紅球一白球的概率.

4. 擲兩枚骰子,求出現的點數之和等於 7 的概率.

5. 從 1,2,3,4,5 五個數碼中,任取 3 個不同數碼排成一個三位數,求:

(1) 所得的三位數為偶數的概率;

(2) 所得的三位數為奇數的概率.

6. 口袋中有 10 個球,分別標有號碼 1 到 10,現從中任選 3 個,記下取出球的號碼,求:

(1) 最小號碼為 5 的概率;

(2) 最大號碼為 5 的概率.

7. 將 3 個球隨機地放入 4 個杯子,求 3 個球在同一個杯子中的概率.

8. 罐中有 12 粒圍棋子,其中 8 粒白子 4 粒黑子,從中任取 3 粒,求:

(1) 取到的都是白子的概率;

(2) 取到兩粒白子、一粒黑子的概率;

(3) 至少取到一粒黑子的概率;

(4) 取到 3 粒棋子顏色相同的概率.

9. 從 0,1,2,⋯,9 等 10 個數字中任選 3 個不同的數字,求 3 個數字中不含 0 或 5 的概率.

10. 設 $A \subset B, P(A) = 0.2, P(B) = 0.3$ 求:

(1) $P(\bar{A}), P(\bar{B})$;(2) $P(A \cup B)$;(3) $P(AB)$;(4) $P(B\bar{A})$;(5) $P(A-B)$.

11. 設 $P(A) = 0.7$,$P(B) = 0.6$,$P(A-B) = 0.3$,求 $P(\overline{AB})$;$P(A \cup B)$;$P(\bar{A}B)$.

12. 設 $P(AB) = P(\bar{A}\bar{B})$,且 $P(A) = p$,求 $P(B)$.

13. 設 A、B、C 為三個隨機事件,且 $P(A) = P(B) = P(C) = \dfrac{1}{4}$,$P(AB) = P(BC) = \dfrac{1}{16}$,$P(AC) = 0$. 求:

(1) A、B、C 中至少有一個發生的概率;

(2) A、B、C 全不發生的概率.

3.4 條件概率及有關公式

3.4.1 概率加法公式

定理 3.1 若事件 A 與 B 互不相容,即 $AB = \emptyset$,則:

$$P(A+B) = P(A) + P(B)$$

定理 3.1 可以推廣到有限個事件的情形.

推論 1 若事件 $A_1, A_2, \cdots, A_n$ 兩兩不相容,則:
$$P(A_1 + A_2 + \cdots + A_n) = P(A_1) + P(A_2) + \cdots + P(A_n)$$

例 1 從裝有 7 個球(4 個白球、3 個黑球)的袋中任取 3 個,求至少取出 2 個白球的概率.

解 設: $A_1 = \{$任意取出的 3 球中至少有 2 個白球$\}$, $A_2 = \{$任意取出的 3 球中有 2 個白球$\}$, $A_3 = \{$任意取出的 3 個球全是白球$\}$,則 $A_1 = A_2 + A_3$,且 A_2, A_3 互不相容,所求為 $P(A_1) = P(A_2 + A_3) = P(A_2) + P(A_3)$. 由:

$$P(A_2) = \frac{C_3^1 C_4^2}{C_7^3} = \frac{3 \times \frac{4 \times 3}{2}}{\frac{7 \times 6 \times 5}{3 \times 2 \times 1}} = \frac{18}{35} \approx 0.514$$

$$P(A_3) = \frac{C_4^3}{C_7^3} = \frac{4 \times 3 \times 2}{7 \times 6 \times 5} = \frac{4}{35} \approx 0.114$$

得 $P(A_1) = P(A_2 + A_3) = P(A_2) + P(A_3)$
$$\approx 0.514 + 0.114 = 0.628$$

例 2 袋中有 10 球,其中 6 個白球,4 個紅球,從中任取 3 個,求至少有兩個紅球的概率.

解 設 $A_2 = \{$恰好有 2 個紅球$\}$, $A_3 = \{$恰好有 3 個紅球$\}$, $B = \{$至少有兩個紅球$\}$,那麼 $B = A_2 + A_3$. 因為 $A_2 A_3 = \emptyset$,故:

$$P(B) = P(A_2) + P(A_3) = \frac{C_4^2 C_6^1}{C_{10}^3} + \frac{C_4^3}{C_{10}^3} = \frac{3}{10} + \frac{1}{30} = \frac{1}{3}$$

推論 2 $P(\bar{A}) = 1 - P(A)$

例 3 某射手連續射擊兩槍,已知至少 1 槍中靶的概率是 0.8,第 1 槍不中靶的概率是 0.3,第 2 槍不中靶的概率是 0.4,求:

(1)兩槍均未中靶的概率;

(2)第 1 槍中靶而第 2 槍未中靶的概率.

解 設 $A_1 = \{$第 1 槍中靶$\}$, $A_2 = \{$第 2 槍中靶$\}$,則 $\bar{A}_1 \bar{A}_2 = \{$兩槍均未中靶$\}$, $A_1 \bar{A}_2 = \{$第一槍中靶而第二槍未中靶$\}$,由已知條件:
$$P(A_1 + A_2) = 0.8, \quad P(\bar{A}_1) = 0.3, \quad P(\bar{A}_2) = 0.4$$

得 (1) $P(\bar{A}_1 \bar{A}_2) = P(\overline{A_1 + A_2}) = 1 - P(A_1 + A_2) = 1 - 0.8 = 0.2$

(2)要求 $P(A_1 \bar{A}_2)$,因為:
$$\bar{A}_2 = \bar{A}_2 (A_1 + \bar{A}_1) = A_1 \bar{A}_2 + \bar{A}_1 \bar{A}_2, \quad A_1 \bar{A}_2 \cap \bar{A}_1 \bar{A}_2 = \emptyset$$

利用加法公式,有:
$$P(\bar{A}_2) = P(A_1 \bar{A}_2) + P(\bar{A}_1 \bar{A}_2)$$

於是：
$$P(A_1\bar{A_2}) = P(\bar{A_2}) - P(\bar{A_1}\bar{A_2}) = 0.4 - 0.2 = 0.2$$

例4 同例2條件，求至少有一個紅球的概率．

解 設 A =「至少有一個紅球」，那麼 $(\bar{A})$ =「沒有紅球」，得 $P(\bar{A}) = \dfrac{C_6^3}{C_{10}^3} = \dfrac{1}{6}$，故：
$$P(A) = 1 - P(\bar{A}) = 1 - \frac{1}{6} = \frac{5}{6}$$

定理 3.2 對任意事件 A、B 有概率加法公式：
$$P(A+B) = P(A) + P(B) - P(AB)$$

推論 $P(A+B+C) = P(A) + P(B) + P(C) - P(AB) - P(AC) - P(BC) + P(ABC)$

例5 設 $P(A) = \dfrac{1}{3}$，$P(B) = \dfrac{1}{2}$，求下列兩種情況下 $P(B\bar{A})$ 的值：

(1) A 與 B 互不相容；(2) $P(AB) = \dfrac{1}{8}$．

解 (1) 因為 A 與 B 互不相容，所以 $B \subset \bar{A}$，即 $B\bar{A} = B$，故：
$$P(B\bar{A}) = P(B) = \frac{1}{2}$$

(2) 因為 $A + B = A + B\bar{A}$，而 $A \cap B\bar{A} = \emptyset$，所以 $P(A+B) = P(A) + P(B\bar{A})$，依加法公式，得：
$$P(A+B) = P(A) + P(B) - P(AB) = P(A) + P(B\bar{A})$$

所以：
$$P(B\bar{A}) = P(B) - P(AB) = \frac{1}{2} - \frac{1}{8} = \frac{3}{8}$$

例6 某公司所屬三個分廠的職工情況為：第一分廠有男職工 4,000 人，女職工 1,600 人；第二分廠有男職工 3,000 人，女職工 1,400 人；第三分廠有男職工 800 人，女職工 500 人，如果從該公司職工中隨機抽選一人，求該職工為女職工或第三分廠職工的概率．

解 設 A 表示抽中的為女職工的事件，則：
$$P(A) = \frac{1,600 + 1,400 + 500}{4,000 + 1,600 + 3,000 + 1,400 + 800 + 500} = \frac{35}{113}$$

設 B 表示抽中第三分廠職工的事件，則：
$$P(B) = \frac{800 + 500}{11,300} = \frac{13}{113}$$

設 C 表示抽中第三分廠女職工的事件，則有 $C = AB$，其概率為：
$$P(C) = P(AB) = \frac{500}{11,300} = \frac{5}{113}$$

抽中女職工或第三分廠職工的概率，即為 $P(A+B)$，由公式有：

$$P(A+B) = P(A) + P(B) - P(AB) = \frac{35+13-5}{113} \approx 0.381$$

3.4.2 條件概率與乘法公式

條件概率是概率論中的一個重要而實用的內容,所考慮的是在事件 A 已發生的條件下,事件 B 發生的概率,記為 $P(B|A)$. 下面看一個例子.

例7 將 1 枚硬幣拋擲 2 次,觀察其出現正反面的情況. 設事件 A 為「至少有 1 次為 H」,事件 B 為「2 次擲出同一面」. 現在來求在事件 A 已經發生的條件下,事件 B 發生的概率 $P(B|A)$.

解 樣本空間 $U = \{HH, HT, TH, TT\}$,事件 $A = \{HH, HT, TH\}$,事件 $B = \{HH, TT\}$,$AB = \{HH\}$,屬於古典概型問題. 所以 $P(A) = \frac{3}{4}, P(AB) = \frac{1}{4}$.

已知 A 已發生,A 中只有 $HH \in B$,故:

$$P(B|A) = \frac{1}{3} = \frac{\frac{1}{4}}{\frac{3}{4}} = \frac{P(AB)}{P(A)}$$

對於一般古典概型問題,上式仍然成立. 因此,我們將上述關係作為條件概率的定義.

定義 3.3 設 A, B 是兩個事件,且 $P(A) > 0$,則稱 $P(B|A) = \frac{P(AB)}{P(A)}$ 為事件 A 發生的條件下,事件 B 發生的概率.

同理,可定義在事件 B 發生的條件下,事件 A 發生的概率為:

$$P(A|B) = \frac{P(AB)}{P(B)} \quad (P(B) > 0)$$

條件概率 $P(\cdot|A)$ 符合概率定義中的三個條件,即:

(1) 非負性:對於每一個事件 B,有 $P(B|A) \geq 0$.
(2) 規範性:對於必然事件 U,有 $P(U|A) = 1$.
(3) 可列可加性:設 $B_1, B_2 \cdots$ 是兩兩互不相容的事件,則有:

$$P(\bigcup_{i=1}^{\infty} B_i | A) = \sum_{i=1}^{\infty} P(B_i | A)$$

同樣,概率的一些重要性質都適用於條件概率,例如,對任意事件 B_1, B_2,有:

$$P(B_1 \cup B_2 | A) = P(B_1 | A) + P(B_2 | A) - P(B_1 B_2 | A)$$

例8 一盒子裝有 4 只產品,其中 3 只一等品,1 只二等品,從中取產品 2 次,每次任取 1 只,作無放回抽樣. 設事件 A 為「第 1 次取到的是一等品」,事件 B 為「第 2 次取到的是一等品」,試求條件概率 $P(B|A)$.

解 (1) 積事件 AB 表示「2 次取到的都是一等品」,則 $P(AB) = \frac{C_3^2}{C_4^2} = \frac{3}{6} = \frac{1}{2}$.

(2)$P(A)$有 2 種不同的解法,依賴於構造樣本空間的不同方式.

①以 2 次抽樣的結果來構造樣本空間.

由於要考慮順序,因此樣本空間的基本事件總數為 $P_4^2 = 4 \times 3 = 12$. 將隨機事件 A「第 1 次取出的是一等品」分 2 步,先從 3 個一等品中取出 1 個,包含的基本事件個數為 3 個,剩下的 1 個從餘下的 3 個產品中取,有 3 種取法,所以,根據乘法法則,事件 A 包含的基本事件數為 $3 \times 3 = 9$,因此,$P(A) = \dfrac{9}{12} = \dfrac{3}{4}$.

②以第 1 次抽樣的結果來構造樣本空間.

從 4 個產品(包含了 3 個一等品)中隨機取出 1 個,因此,$P(A) = \dfrac{3}{4}$.

(3)根據條件概率的定義,有:

$$P(B|A) = \dfrac{P(AB)}{P(A)} = \dfrac{\dfrac{1}{2}}{\dfrac{3}{4}} = \dfrac{2}{3}$$

注意 區別「條件概率」與「積事件概率」的關鍵是條件概率的「條件」是一個已經發生了的隨機事件,如果沒有這個信息,就必須作為積事件來處理.

例 9 假設一批產品有 1,000 件,其中有 200 件是不合格品,800 件是合格品;在合格品中有 300 件為一級品,500 件為二級品. 從這批產品中任取一件,記 A 為「該產品是一級品」,B 為「該產品是合格品」,那麼就有:

$$P(B) = \dfrac{800}{1,000}, P(A) = \dfrac{300}{1,000}, P(AB) = \dfrac{300}{1,000}$$

若已知取到的是合格品,則該產品是一級品的概率為:

$$P(A|B) = \dfrac{P(AB)}{P(B)} = \dfrac{0.3}{0.8} = 0.375$$

注意 $P(A) = 0.3$ 是整批產品的一級品率,而 0.375 是合格品中的一級品率. 所以,它們是兩個不同的概念,後者是條件概率. 一級品必定是合格品,因此,$A \subset B, AB = A, P(A) = P(AB)$.

由條件概率的定義可得下述乘法定理:

定理 3.3 (乘法定理)設 $P(A) > 0, P(B) > 0$,則有:

$$P(AB) = P(A) \cdot P(B|A)$$
$$P(AB) = P(B) \cdot P(A|B)$$

乘法定理容易推廣到多個事件的積事件的情況,例如,設 A, B, C 為事件,且 $P(AB) > 0$,則有:

$$P(ABC) = P(C|AB) \cdot P(B|A) \cdot P(A)$$

一般地,設 $A_1, A_2, \cdots, A_n$ 為 n 個事件,$n \geq 2$,且 $P(A_1 A_2 \cdots A_{n-1}) > 0$,則有:

$$P(A_1 A_2 \cdots A_n) = P(A_n | A_1 A_2 \cdots A_{n-1}) \cdot P(A_{n-1} | A_1 A_2 \cdots A_{n-2}) \cdots P(A_2 | A_1) \cdot P(A_1)$$

例10 設某光學儀器廠製造的透鏡第 1 次落下時打破的概率為 $\frac{1}{2}$,若第 1 次落下未打破,第 2 次落下打破的概率為 $\frac{7}{10}$,若前 2 次落下均未打破,第 3 次落下打破的概率為 $\frac{9}{10}$,試求透鏡落下 3 次而未打破的概率.

解 以 $A_i(i=1,2,3)$ 表示事件「透鏡第 i 次落下打破」,以 B 表示事件「透鏡落下 3 次而未打破」,則:
$$P(A_1) = \frac{1}{2}, P(A_2|\bar{A}_1) = \frac{7}{10}, P(A_3|\bar{A}_1\bar{A}_2) = \frac{9}{10}.$$

所求概率為:
$$P(B) = P(\bar{A}_1\bar{A}_2\bar{A}_3) = P(\bar{A}_3|\bar{A}_1\bar{A}_2) \cdot P(\bar{A}_2|\bar{A}_1) \cdot P(\bar{A}_1)$$
$$= [1 - P(A_3|\bar{A}_1\bar{A}_2)][1 - P(A_2|\bar{A}_1)][1 - P(A_1)]$$
$$= (1 - \frac{9}{10})(1 - \frac{7}{10})(1 - \frac{1}{2}) = \frac{1}{10} \times \frac{3}{10} \times \frac{1}{2} = \frac{3}{200}.$$

例11 設箱中有 50 件產品,其中 10 件次品,從中依次任意取出兩件產品,每次取一件不再放回,試求兩件產品都是正品的概率.

解 設 $A = \{$第一次取得正品$\}$,$B = \{$第二次取得正品$\}$,那麼,所求概率應為 $P(AB)$. 因:
$$P(A) = \frac{40}{50}, \quad P(B|A) = \frac{39}{49}$$

於是:
$$P(AB) = P(A)P(B|A)$$
$$= \frac{40}{50} \times \frac{39}{49} \approx 0.636\ 7$$

3.4.3 全概率公式和貝葉斯公式

若 $B_1, B_2, \cdots, B_n$ 為樣本空間 U 的 n 個事件,滿足 $U = B_1 \cup B_2 \cup \cdots \cup B_n$ 且 $B_i \cap B_j = \emptyset$,$(i \neq j; i, j = 1, 2, \cdots, n)$,則稱 $B_1, B_2, \cdots, B_n$ 為 U 的一個劃分.

定理3.4 設試驗 E 的樣本空間為 U,A 為 E 的事件,$B_1, B_2, \cdots, B_n$ 為 U 的一個劃分,且 $P(B_i) > 0 (i = 1, 2, \cdots, n)$,則:
$$P(A) = P(A|B_1)P(B_1) + P(A|B_2)P(B_2) + \cdots + P(A|B_n)P(B_n)$$

上式稱為全概率公式.

證明 因為:
$$A = AU = A(B_1 \cup B_2 \cup \cdots \cup B_n) = AB_1 \cup AB_2 \cup \cdots \cup AB_n$$

由假設:
$$P(B_i) > 0 \quad (i = 1, 2, \cdots, n)$$

且:

$$(AB_i)(AB_j) = \emptyset \quad (i \neq j; i,j = 1,2,\cdots,n)$$

由有限可加性,得:
$$P(A) = P(AB_1) + P(AB_2) + \cdots + P(AB_n)$$
$$= P(A|B_1)P(B_1) + P(A|B_2)P(B_2) + \cdots + P(A|B_n)P(B_n)$$

例12 設 12 個乒乓球中有 3 個舊球,每次比賽時任意取出 3 個,用完後放回去,求第二次比賽時取的 3 個球是兩新一舊的概率.

解 設 $B = \{$第二次比賽時取出 3 個球是兩新一舊$\}$. 由於第一次比賽用球的情況不清楚,故事件 B 是較複雜的. 我們把第一次比賽用球的可能情況做如下分類:設 $A_i = \{$第一次比賽時取出 i 個新球$\}$ $(i = 0,1,2,3)$,根據全概率公式得:

$$P(B) = \sum_{i=0}^{3} P(A_i)P(B|A_i) = \sum_{i=0}^{3} \frac{C_9^i C_3^{3-i}}{C_{12}^3} \times \frac{C_{9-i}^2 C_{3+i}^1}{C_{12}^3} \approx 0.455$$

定理 3.5 設試驗 E 的樣本空間為 U,A 為 E 的事件,$B_1, B_2, \cdots, B_n$ 為 U 的一個劃分,且 $P(A) > 0, P(B_i) > 0 (i = 1,2,\cdots,n)$,則:

$$P(B_i|A) = \frac{P(A|B_i)P(B_i)}{\sum_{j=1}^{n} P(A|B_j)P(B_j)} \quad (i = 1,2,\cdots,n)$$

上式稱為貝葉斯公式.

證明 由條件概率的定義及全概率公式,即得:

$$P(B_i|A) = \frac{P(B_iA)}{P(A)} = \frac{P(A|B_i)P(B_i)}{\sum_{j=1}^{n} P(A|B_j)P(B_j)} \quad (i = 1,2,\cdots,n)$$

特別地,在公式中取 $n = 2$,並記 B_1 為 B,此時 B_2 就是 $\bar{B}$,那麼,全概率公式和貝葉斯公式分別成為:

$$P(A) = P(A|B)P(B) + P(A|\bar{B})P(\bar{B})$$

$$P(B|A) = \frac{P(AB)}{P(A)} = \frac{P(A|B)P(B)}{P(A|B)P(B) + P(A|\bar{B})P(\bar{B})}$$

這兩個公式是常用的.

例13 對以往數據分析的結果表明,當機器調整得良好時,產品的合格率為 98%;而當機器發生某種故障時,產品的合格率為 55%. 每天早上機器開動時,機器調整得良好的概率為 95%. 試求:(1) 某日從生產的產品中隨機地取出一件,求它是合格品的概率;(2) 已知該產品是合格品時,機器調整得良好的概率是多少?

解 設 A 為事件「產品合格」,B 為事件「機器調整得良好」,已知 $P(B) = 0.95, P(\bar{B}) = 0.05, P(A|B) = 0.98, P(A|\bar{B}) = 0.55$.

(1) 由全概率公式
$$P(A) = P(A|B)P(B) + P(A|\bar{B})P(\bar{B})$$
$$= 0.98 \times 0.95 + 0.55 \times 0.05$$
$$= 0.931 + 0.027,5 = 0.958,5$$

(2)由貝葉斯公式

$$P(B|A) = \frac{P(A|B) \cdot P(B)}{P(A)} = \frac{0.98 \times 0.95}{0.958,5} = 0.971,3$$

3.4.4 獨立性

設 A, B 是試驗 E 的兩個事件，$P(A) > 0$，可以定義 $P(B|A)$，一般地，A 的發生對 B 發生的概率是有影響的，這時 $P(B|A) \neq P(B)$；只有在這種影響不存在時，才會有 $P(B|A) = P(B)$，這時有：

$$P(AB) = P(B|A)P(A) = P(A)P(B)$$

例14 設試驗 E 為「拋甲乙兩枚硬幣，觀察正反面出現的情況」，設事件 A 為「甲幣出現 H」，事件 B 為「乙幣出現 H」，E 的樣本空間為：

$$U = \{HH, HT, TH, TT\}$$
$$A = \{HH, HT\}, B = \{HH, TH\}, AB = \{HH\}$$

由古典概型的概率計算公式可得：

$$P(A) = \frac{1}{2}, P(B) = \frac{1}{2}, P(AB) = \frac{1}{4}, P(B|A) = \frac{1}{2}$$

這裡 $P(B|A) = P(B)$，而 $P(AB) = P(A)P(B)$。事實上，由題意，顯然甲幣是否出現正面與乙幣是否出現正面是互不影響的．

定義3.4 如果事件 A、B 滿足條件：

$$P(AB) = P(A)P(B)$$

那麼稱事件 A、B 是相互獨立的．

由條件概率的公式可知，當事件 A 與 B 獨立時，有：

$$P(B|A) = P(B), P(A|B) = P(A)$$

可以證明，若事件 A 與事件 B 相互獨立，則 A 與 $\bar{B}$、$\bar{A}$ 與 B、$\bar{A}$ 與 $\bar{B}$ 也相互獨立．

獨立性概念可以推廣到多個事件的情況．例如，3 個事件 A、B、C 獨立時，有：

$$P(ABC) = P(A)P(B)P(C)$$

例15 某工人照管甲、乙兩部機床，在一段時間內，甲、乙兩部機床不需要照管的概率分別是 0.9 和 0.8，求：

(1)在這段時間內甲、乙兩部機床都不需要照管的概率；

(2)在這段時間內機床甲需要照管，而機床乙不需要照管的概率．

解 設 A、B 分別為在這段時間內機床甲、乙不需要工人照管的事件，實踐告訴我們，各機床運轉是相互獨立的，因此，事件 A、B 相互獨立，事件 $\bar{A}$、B 也相互獨立．

(1)所求概率為

$$P(AB) = P(A)P(B)$$
$$= 0.9 \times 0.8 = 0.72$$

即甲、乙兩部機床都不需要工人照管的概率是 0.72．

（2）所求概率為

$$P(\bar{A}B) = P(\bar{A})P(B)$$
$$= (1 - 0.9) \times 0.8 = 0.08$$

即機床甲需要照管，而機床乙不需要照管的概率是 0.08.

例 16 招工時，需要通過三項考核，三項考核的通過率分別為 0.6、0.8、0.85，求招工時的淘汰率.

解 設 A、B、C 分別表示通過第一、二、三項考核，那麼錄取的事件為 ABC，淘汰的事件為 $\overline{ABC}$，於是，所求概率為：

$$P(\overline{ABC}) = 1 - P(ABC)$$

由於三項考核是獨立的，故所求概率為：

$$P(\overline{ABC}) = 1 - P(A)P(B)P(C)$$
$$= 1 - 0.6 \times 0.8 \times 0.85 = 0.592$$

例 17 假設一個問題由兩個學生分別獨立解決，如果每個學生各自解決該問題的概率是 $\frac{1}{3}$，求此問題能夠被解決的概率.

解 設 A、B 分別表示兩人各自解決該問題的事件，則有：

$$P(A) = P(B) = \frac{1}{3}$$

至少一個人解決了，則此問題被解決，故所求為 $P(A+B)$，因為 A、B 獨立，用加法公式和乘法公式得到：

$$P(A+B) = P(A) + P(B) - P(AB)$$
$$= P(A) + P(B) - P(A)P(B)$$
$$= \frac{1}{3} + \frac{1}{3} - \frac{1}{3} \times \frac{1}{3} = \frac{5}{9}$$

由定理 3.4，可以得到下列推論：

推論 1 若事件 $A_1, A_2, \cdots, A_n (n \geq 2)$ 相互獨立，則其中任意 $k(2 \leq k \leq n)$ 個事件也相互獨立.

推論 2 若事件 $A_1, A_2, \cdots, A_n (n \geq 2)$ 相互獨立，則將其中任意 $k(k \leq n)$ 個事件換成它們的對立事件，所得的 n 個事件仍相互獨立.

例 18 1 個大學生畢業給 4 家單位各發出 1 份求職信，假定這些單位彼此獨立通知他去面試的概率分別是 $\frac{1}{2}, \frac{1}{3}, \frac{1}{4}, \frac{1}{5}$，問這個學生至少有 1 次面試機會的概率是多少？

解 設 A_i 表示「到第 i 個單位面試」，$i = 1, 2, 3, 4$，則所求概率為：

$$P(A_1 \cup A_2 \cup A_3 \cup A_4) = 1 - P(\overline{A_1 \cup A_2 \cup A_3 \cup A_4}) = 1 - P(\bar{A}_1 \bar{A}_2 \bar{A}_3 \bar{A}_4)$$
$$= 1 - P(\bar{A}_1)P(\bar{A}_2)P(\bar{A}_3)P(\bar{A}_4)$$
$$= 1 - [1 - P(A_1)][1 - P(A_2)][1 - P(A_3)][1 - P(A_4)]$$

$$= 1 - \frac{1}{2} \times \frac{2}{3} \times \frac{3}{4} \times \frac{4}{5} = 1 - \frac{1}{5} = \frac{4}{5}$$

練習 3.4

1. 已知某臺紡紗機在一小時內發生 0 次、1 次、2 次斷頭的概率分別為 0.8、0.12、0.05,求這臺紡紗機在一小時內斷頭次數不超過 2 次的概率和斷頭次數超過 2 次的概率.

2. 某單位訂閱甲、乙、丙三種報紙,據調查,職工中 40% 讀甲報,26% 讀乙報,20% 讀丙報,8% 兼讀甲、乙報,5% 兼讀甲、丙報,4% 兼讀乙、丙報,2% 兼讀甲、乙、丙報. 現在從職工中隨機抽查一個,問該職工至少讀一種報紙的概率是多少? 不讀報的概率是多少?

3. 盒中有 5 個乒乓球,其中 3 個是新的,2 個是舊的,每次取一球,連續無放回地取兩次,求:

(1)第一次取到新球的概率;

(2)當第一次取到新球時,第二次取到新球的概率;

(3)兩次都取到新球的概率.

4. 已知 100 件產品中有 10 件次品,無放回地抽 3 次,每次取 1 件,求全是次品的概率.

5. 某射手射中第一靶的概率等於 $\frac{2}{3}$,如果第一次射擊中了第一靶,那麼他有權對第二靶射擊,在兩次發射的情況下,兩靶均被射中的概率為 0.5,求射中第二靶的概率.

6. 由長期統計資料得知,某一地區 4 月份下雨(記為事件 A)的概率為 $\frac{4}{5}$,刮風(記作事件 B)的概率為 $\frac{7}{15}$,既刮風又下雨的概率為 $\frac{3}{10}$,求:$P(A|B)$,$P(B|A)$.

7. 將兩信息分別編碼為 A 和 B 傳遞出去,接收站收到時,A 被誤收作 B 的概率為 0.02,而 B 被誤收作 A 的概率為 0.01,信息 A 與信息 B 傳送的頻繁程度為 2:1. 若接收站收到的信息是 A,問原發信息為 A 的概率是多少?

8. 加工一個產品要經過三道工序,第一、二、三道工序不出廢品的概率為 0.9、0.95、0.8,假定各工序是否出廢品是獨立的,求經過三道工序而不出廢品的概率.

9. 設有 3 個人同時獨立破譯密碼,他們能譯出密碼的概率分別為 $\frac{1}{5}$、$\frac{1}{3}$、$\frac{1}{4}$,問能將此密碼譯出的概率是多少?

10. 設 $0 < P(B) < 1$,證明事件 A 與事件 B 相互獨立的充要條件是 $P(A|B) = P(A|\bar{B})$.

11. 一射手對一目標獨立地射擊 4 次,若至少命中一次的概率為 $\frac{80}{81}$,求射手射擊一次命中目標的概率是多少?

習題三

一、選擇題

1. 某人射擊3次,以$A_i(i=1,2,3)$表示事件「第i次擊中目標」,則事件「至多擊中目標1次」的正確表示為( ).

   A. $A_1 \cup A_2 \cup A_3$
   B. $\bar{A}_1\bar{A}_2 \cup \bar{A}_2\bar{A}_3 \cup \bar{A}_1\bar{A}_3$
   C. $A_1\bar{A}_2\bar{A}_3 \cup \bar{A}_1A_2\bar{A}_3 \cup \bar{A}_1\bar{A}_2A_3$
   D. $\overline{A_1 \cup A_2 \cup A_3}$

2. 設A、B為隨機事件,則$(A \cup B)A = ($).

   A. AB B. A
   C. B D. $A \cup B$

3. 將兩封信隨機投入4個郵筒中,則未給前兩個郵筒中投信的概率為(   ).

   A. $\dfrac{2^2}{4^2}$ B. $\dfrac{C_2^1}{C_4^2}$
   C. $\dfrac{2!}{A_4^2}$ D. $\dfrac{2!}{4!}$

4. 在$0,1,2,\cdots,9$等10個數字中隨機地、有放回地接連抽取4個數字,則「8」至少出現一次的概率為(   ).

   A. 0.1   B. 0.343,9
   C. 0.4   D. 0.656,1

5. 設隨機變量A與B互不相容,且$P(A)>0,P(B)>0$,則(   ).

   A. $P(A) = 1 - P(B)$ B. $P(AB) = P(A)P(B)$
   C. $P(A \cup B) = 1$ D. $P(\overline{AB}) = 1$

6. 設A、B為隨機事件,$P(B)>0,P(A|B)=1$,則必有(   ).

   A. $P(A \cup B) = P(A)$ B. $A \subset B$
   C. $P(A) = P(B)$ D. $P(AB) = P(A)$

7. 設A,B為兩個隨機事件,且$P(AB)>0$,則$P(A|AB) = ($).

   A. $P(B)$ B. $P(AB)$
   C. $P(A \cup B)$ D. 1

8. 設A與B互為對立事件,且$P(A)>0,P(B)>0$,則下列各式中錯誤的是(   ).

   A. $P(\bar{B}|A) = 0$ B. $P(A|B) = 0$
   C. $P(AB) = 0$ D. $P(A \cup B) = 1$

9. 設隨機事件 A 與 B 互不相容,$P(A)=0.4$,$P(B)=0.2$,則 $P(A|B)=$ (   ).
   A. 0
   B. 0.2
   C. 0.4
   D. 0.5

10. 設 $P(A)>0$,$P(B)>0$,則由 A 與 B 相互獨立不能推出(   ).
    A. $P(A\cup B)=P(A)+P(B)$
    B. $P(A|B)=P(A)$
    C. $P(\bar{B}|\bar{A})=P(\bar{B})$
    D. $P(AB)=P(A)P(B)$

11. 某人連續向一目標射擊,每次命中目標的概率為 $\frac{3}{4}$,他連續射擊直到命中為止,則射擊次數為 3 的概率是(   ).
    A. $\left(\frac{3}{4}\right)^3$
    B. $\left(\frac{3}{4}\right)^2\times\frac{1}{4}$
    C. $\left(\frac{1}{4}\right)^2\times\frac{3}{4}$
    D. $C_4^2\left(\frac{1}{4}\right)^2\left(\frac{3}{4}\right)$

12. 拋一枚不均勻硬幣,正面朝上的概率為 $\frac{2}{3}$,將此硬幣連拋 4 次,則恰好 3 次正面朝上的概率是(   ).
    A. $\frac{8}{81}$
    B. $\frac{8}{27}$
    C. $\frac{32}{81}$
    D. $\frac{3}{4}$

二、填空題

1. 從 1,2,3,4,5 中任取 3 個自然數,則這 3 個數字中不含 1 的概率為_____.

2. 從 1,2,⋯,10 這 10 個自然數中任取 3 個數,則這 3 個數中最大的為 3 的概率是_____.

3. 一口袋裝有 3 個紅球、2 個黑球,現從中任取出 2 個球,則這 2 個球恰為一紅一黑的概率是_____.

4. 從分別標有 1,2,⋯,9 號碼的 9 件產品中隨機任取 3 件,每次取 1 件,取後放回,則取得的 3 件產品的標號都是偶數的概率是_____.

5. 把 3 個不同的球隨機地放入 3 個不同的盒中,則出現兩個空盒的概率為_____.

6. 設隨機事件 A 與 B 互不相容,$P(A)=0.2$,$P(A\cup B)=0.5$,則 $P(B)=$_____.

7. 100 件產品中有 10 件次品,不放回地從中接連取兩次,每次取一個產品,則第二次取到次品的概率為_____.

8. 設 A、B 為隨機事件,且 $P(A)=0.8$,$P(B)=0.4$,$P(B|A)=0.25$,則 $P(A|B)$

= _____.

9. 某工廠的次品率為5%,而正品中有80%為一等品.如果從該廠的產品中任取一件來檢驗,則檢驗結果是一等品的概率為_____.

10. 甲、乙兩門高射炮彼此獨立地向一架飛機各發一炮,甲、乙擊中飛機的概率分別為0.3、0.4,則飛機至少被擊中一炮的概率為_____.

11. 在一次考試中,某班學生數學和外語的及格率都是0.7,且這兩門課是否及格相互獨立,現從該班任選一名學生,則該生數學和外語只有一門及格的概率為_____.

12. 設 A 與 B 相互獨立,$P(A)=0.2,P(B)=0.6$,則 $P(A|B)=$ _____.

13. 某射手命中率為 $\frac{2}{3}$,他獨立地向目標射擊4次,則至少命中一次的概率為_____.

三、解答題

1. 設 A、B、C 是3個隨機事件,用 A、B、C 及其關係和運算表示下列各事件:
(1) 恰有 A 發生;　　　　　　(2) A 和 B 都發生而 C 不發生;
(2) A、B、C 都發生;　　　　(4) A、B、C 至少有1個發生;
(5) 至少有2個事件發生;　　　(6) 恰有1個事件發生;
(7) 恰有2個事件發生;　　　　(8) 不多於3個事件發生;
(9) 不多於2個事件發生;　　　(10) 3個事件都不發生.

2. 設 A、B 是兩事件,且 $P(A)=0.6,P(B)=0.7$,問:
(1) 在什麼條件下,$P(AB)$ 取得最大值,最大值是多少?
(2) 在什麼條件下,$P(AB)$ 取得最小值,最小值是多少?

3. 已知 $P(A)=P(B)=P(C)=\frac{1}{4},P(AB)=\frac{1}{6},P(AC)=P(BC)=0$,求 A、B、C 均不發生的概率.

4. 設有 A、B 兩事件,已知 $P(A)=p,P(B)=q,P(A\cup B)=r$,求 $P(A\bar{B})$.

5. 在 $1\sim 3,000$ 的整數中隨機地取1個數,問取到的整數既不能被6整除,又不能被8整除的概率是多少?

6. 為防止意外,在礦內同時設有兩種警報系統 A、B,每種警報系統單獨使用時,其有效的概率分別是:系統 A 為0.92,系統 B 為0.93;在 A 失靈的條件下 B 有效的概率為0.85.求:
(1) 發生意外時,兩個警報系統至少有一個有效的概率;
(2) B 失靈的條件下,A 有效的概率.

7. 某人忘記了電話號碼的最後一個數字,因而隨意地撥最後一個數,求:
(1) 不超過三次撥通電話的概率;

(2)已知最後一個數字是奇數,求不超過三次撥通電話的概率.

8. 一批產品共 100 件,對產品進行無放回抽樣檢查. 整批產品不合格的條件是:在被檢查的 5 件產品中至少有 1 件廢品. 如果在該產品中有 5% 是廢品,求該批產品被拒絕接收的概率.

9. 一批同樣規格的零件是由甲、乙、丙三個工廠生產的,三個工廠的產品數量分別是總量的 20%、40% 和 40%,並且已知三個工廠的產品次品率分別為 5%、4%、3%. 今任取 1 個零件,問它是次品的概率是多少?

10. 用 3 臺機床製造一部機器的 3 種零件,機床的不合格品率分別為 0.2、0.3、0.1. 從它們的產品中各取 1 件進行檢驗,求所檢驗的 3 個產品都是不合格品的概率.

11. 加工某種零件需要經過 4 道工序,假設這 4 道工序出不合格品的概率分別是 2%、4%、5%、3%. 假設各道工序是互不影響的,求加工的零件是合格品的概率.

12. 一個工人看管 3 臺機床,在一小時內不需要工人照管的概率,第一臺為 0.9,第二臺為 0.8,第三臺為 0.7. 求在一小時內:

(1) 3 臺機床都不需要工人照管的概率;

(2) 3 臺機床至少有一臺需要工人照管的概率.

13. 對以往數據進行分析,結果表明:當機器調整得良好時,產品的合格率為 90%;而當機器發生某一故障時,產品的合格率為 30%. 每天早上機器開動時,機器調整得良好的概率為 75%. 設某日早上第一件產品是合格品,試問機器調整得良好的概率是多少?

14. 設事件 A 與 B 相互獨立,證明 $\bar{A}$ 與 B 也相互獨立.

15. 設事件 A 與 B 相互獨立,兩事件中只有 A 發生及只有 B 發生的概率是 $\dfrac{1}{4}$,求 $P(A)$ 與 $P(B)$.

第四章
隨機變量及其數字特徵

概率論的核心內容是隨機變量的分佈及其數字特徵. 概率分佈全面地描述了隨機變量取值的統計規律性, 而數字特徵則描述了這種統計規律性的某些重要特徵以及變量之間的相互關係.

4.1 隨機變量及其分佈

4.1.1 隨機變量的概念

概率統計是從數量上來研究隨機現象的統計規律的, 為此, 我們必須將隨機事件數量化. 將隨機事件數量化是可以做到的. 例如, 抽樣檢測中產品的不合格數, 測量中的誤差, 一次射擊中的環數等, 都可以用一定的數值表示; 另外一些事件, 雖然不表現為數量, 但經過適當的處理, 也能使其數量化, 如性別問題, 可以用「1」代表男性, 用「0」代表女性, 從而使事件數量化.

當把一個隨機試驗的不同結果用變量來表示時, 就有了隨機變量的概念.

我們把用來表示每個隨機試驗結果的變量, 稱為隨機變量.

隨機變量通常用大寫字母 $X, Y, Z \cdots$ 表示, 而表示隨機變量的取值時, 一般採用小寫字母 $x, y, z \cdots$ 表示.

例 1 拋一枚勻稱的硬幣, 引進一個變量 Y, 當出現正面時, 令 $Y = 1$; 當出現反面時, 令 $Y = 0$, 即:

$$Y = \begin{cases} 1, & \text{出現正面} \\ 0, & \text{出現反面} \end{cases}$$

可見, Y 正表示了「出現正面的次數」. Y 取 0 或 1, 事先不能確定, 但已知:

$$P(Y=1) = \frac{1}{2}, P(Y=0) = \frac{1}{2}$$

可見, 這裡 Y 就是一個隨機變量.

研究隨機變量要把握兩點:一是隨機變量可能取哪些值,二是它以多大的概率取這些值. 為了更清楚地研究隨機變量和隨機變量與概率的關係,我們引入分佈函數的概念.

定義4.1 設 X 是一個隨機變量,X 可取一切可能的實數值,則函數 $F(x) = P\{X \leq x\}$ 稱為 X 的分佈函數,簡稱分佈.

分佈函數具有以下性質:

性質1 $0 \leq F(x) \leq 1$,$F(-\infty) = 0$,$F(+\infty) = 1$;

性質2 當 $x_1 \leq x_2$ 時,有 $F(x_1) \leq F(x_2)$;

性質3 $P(x_1 < X \leq x_2) = F(x_2) - F(x_1)$.

從隨機試驗可能出現的結果來看,隨機變量至少有兩種不同的類型:一種是隨機變量的所有可能取得的值是有限多個或可列無限多個,這種隨機變量稱為離散型隨機變量;另一種隨機變量的取值不只是可列個,而是可取到某個區間 $[a, b]$ 或 $(-\infty, +\infty)$ 上的一切值,這樣的隨機變量稱為連續型隨機變量. 當然,隨機變量還有更複雜的類型,但已超出本書範圍,實踐中也少見. 我們只對離散型隨機變量和連續型隨機變量進行討論.

4.1.2 離散型隨機變量及其分佈

1. 離散型隨機變量

定義4.2 設 X 是隨機變量,若 X 只可能取有限個值或者可列無限個值,則稱 X 為離散型隨機變量. 如果離散型隨機變量 X 的可能取值為 $x_1, x_2, \cdots, x_k \cdots$ 則稱:

$$P(X = x_k) = p_k \quad (k = 1, 2 \cdots)$$

或:

X	x_1	x_2	$\cdots$	x_k	$\cdots$
p_k	p_1	p_2	$\cdots$	p_k	$\cdots$

為離散型隨機變量 X 的概率分佈,簡稱分佈律或分佈列.

分佈律具有以下性質:

性質1 $0 \leq p_k \leq 1 \quad (k = 1, 2, 3 \cdots)$;

性質2 $p_1 + p_2 + \cdots + p_k + \cdots = \sum_{k=1}^{\infty} p_k = 1$.

例2 擲一顆均勻骰子,求出現的點數的概率分佈.

解 用 X 表示出現的點數,X 的可能取值是 $1, 2, \cdots, 6$,且出現各點的概率均為 $\frac{1}{6}$,於是有概率分佈:

X	1	2	3	4	5	6
p_k	$\frac{1}{6}$	$\frac{1}{6}$	$\frac{1}{6}$	$\frac{1}{6}$	$\frac{1}{6}$	$\frac{1}{6}$

對於任意一個實數 x，我們可以由 X 的概率分佈計算事件 $\{X\leq x\}$ 的概率. 設 X 是離散型隨機變量，則有：

$$P(X\leq x) = \sum_{x_k\leq x} p_k$$

上式右端表明對所有小於或等於 x 的那些 x_k 的 p_k 求和. $P(X\leq x)$ 顯然是 x 的函數，稱為隨機變量 X 的分佈函數，它是一個累積分佈函數，通常用 $F(x)$ 表示，即：

$$F(x) = P(X\leq x) = \sum_{x_k\leq x} P_k$$

2. 常見離散型隨機變量的分佈

(1) 二點分佈

定義 4.3 如果隨機變量 X 取兩個值 0 或 1，且有概率分佈：

$$P(X=1) = p, \ P(X=0) = q = 1-p, \quad 0<p<1$$

那麼稱 X 服從二點分佈，記作 $X \sim B(1,p)$.

例 3 擲一枚硬幣，定義隨機變量 X：$X = \begin{cases} 1, & \text{出現正面} \\ 0, & \text{出現反面} \end{cases}$，則其分佈列為：

X	0	1
p	$\frac{1}{2}$	$\frac{1}{2}$

而 X 的分佈函數為：

$$F(x) = \begin{cases} 0, & x<0 \\ \frac{1}{2}, & 0\leq x<1 \\ 1, & x\geq 1 \end{cases}$$

(2) 二項分佈

定義 4.4 如果隨機變量 X 的可能取值為 $0,1,2,\cdots,n$，取到這些值的概率為：

$$P(X=k) = C_n^k p^k (1-p)^{n-k} \quad (p\geq 0; k=0,1,2,\cdots,n)$$

那麼稱 X 服從二項分佈，記為 $X \sim B(n,p)$.

二項分佈的特點是每次試驗只有兩個結果，相同的試驗獨立重複進行 n 次，某事件發生 k 次，則用二項分佈計算其概率.

例 4 據調查，市場上假冒的某名牌香菸有 15%. 某人每年買 20 條這個品牌的香菸，求他至少買到 1 條假菸的概率.

解 假設他買到 X 條假菸，對於 1 條香菸而言，真假必居其一，且為假的概率是 15%，為真的概率就是 85%. 所以 X 服從二項分佈 $B(20,0.15)$.

20 條香菸全真,即 $X = 0$,有:
$$P(X = 0) = C_{20}^0 \times 0.15^0 \times 0.85^{20}$$
$$\approx 0.039$$
所求概率為:
$$P = 1 - P(X = 0) = 1 - 0.039 = 0.961$$
可見,20 條中至少有 1 條假菸的概率是非常大的.

(3)泊鬆(Poissos)分佈

定義4.5 如果隨機變量 X 的概率分佈為:
$$P(X = k) = \frac{\lambda^k}{k!} e^{-\lambda} \quad (k = 0,1,2\cdots;\lambda > 0)$$

那麼稱 X 服從參數為 λ 的泊鬆分佈,記為 $X \sim \pi(\lambda)$.

例如,在確定的時間段內通過某交通路口的小轎車的輛數,容器內的細菌數,鑄件的疵點數,交換臺電話被呼叫的次數,一般都服從泊鬆分佈.

例5 電話交換臺每分鐘接到的呼叫次數 X 為隨機變量,設 $X \sim \pi(3)$,求一分鐘內呼次數不超過 1 次的概率.

解 $\because X \sim \pi(3), \therefore \lambda = 3$
$$\therefore P(X = k) = \frac{3^k}{k!} e^{-3} \quad (k = 0,1,2\cdots)$$

於是:
$$P(X \leq 1) = P(X = 0) + P(X = 1)$$
$$= \frac{3^0}{0!} e^{-3} + \frac{3^1}{1!} e^{-3} = 4e^{-3} \approx 0.199$$

註:這裡 λ 是該電話交換臺平均每分鐘接到的呼叫次數.

對於二項分佈,在實際計算中,當 n 較大,p 較小($np < 5$)時,可以把泊鬆分佈作為二項分佈的近似分佈來應用,其中 $\lambda = n \cdot p$,從而查泊鬆分佈表,便可得到二項分佈需要的結果.

例6 一批產品的次品率為 0.015,求抽取 100 件這樣的產品恰有 1 件是次品的概率.

解 由 $n = 100, p = 0.015$,利用二項分佈得:
$$P_{100}(X = 1) = C_{100}^1 (0.015)^1 (0.985)^{99} \approx 0.335,95$$

另外:由 $np = 100 \times 0.015 = 1.5 < 5$,取 $\lambda = 1.5$,查泊鬆分佈表(附表1),得:
$$P_{1.5}(X = 1) = 0.334,695$$

可見,兩種方法解得的結果很接近.

4.1.3 連續型隨機變量及其分佈

1. 連續型隨機變量

定義 4.6 對於隨機變量 X,如果存在非負可積函數 $f(x)(-\infty < x < +\infty)$,使得對任意 $a<b$,有:

$$P(a < X \leqslant b) = \int_a^b f(x)\,\mathrm{d}x$$

那麼稱 X 為連續型隨機變量. 函數 $f(x)$ 稱為隨機變量 X 的概率密度函數,簡稱概率密度或密度.

由定義可知,概率密度函數具有以下性質:

(1) $f(x) \geqslant 0$;

(2) $\int_{-\infty}^{+\infty} f(x)\,\mathrm{d}x = 1$.

由連續型隨機變量的定義和定積分的性質可知:

$$P(X = x_0) = P(x_0 \leqslant X \leqslant x_0) = \int_{x_0}^{x_0} f(x)\,\mathrm{d}x = 0$$

即連續型隨機變量取任一定值的概率為 0.

對離散型隨機變量,我們已求得事件 $\{X \leqslant x\}$ 的概率. 類似地,對連續型隨機變量 X,事件 $\{X \leqslant x\}$ 的概率:

$$F(x) = P(X \leqslant x) = \int_{-\infty}^x f(t)\,\mathrm{d}t$$

$F(x)$ 稱為連續型隨機變量 X 的分佈函數. 如果點 x 是 $f(x)$ 的連續點,那麼 $F(x)$ 關於 x 的導數 $F'(x) = f(x)$.

一般地,對隨機變量 X,$P(X \leqslant x)$ 就是隨機變量 X 的分佈函數,記為:

$$F(x) = P(X \leqslant x)$$

例 7 設隨機變量 X 具有概率密度:

$$f(x) = \begin{cases} A(1-x), & 0 \leqslant x \leqslant 1 \\ 0, & 其他 \end{cases}$$

試求:(1) 常數 A;(2) $P\left(-4 < X \leqslant \dfrac{1}{2}\right)$;(3) $P\left(\dfrac{1}{4} < X < 1\right)$.

解

(1) $\because \quad 1 = \int_{-\infty}^{+\infty} f(x)\,\mathrm{d}x = \int_0^1 A(1-x)\,\mathrm{d}x = \dfrac{A}{2}$

$\therefore \quad A = 2$

於是:

$$f(x) = \begin{cases} 2(1-x), & 0 \leqslant x \leqslant 1 \\ 0, & 其他 \end{cases}$$

(2) $P\left(-4 < X \leqslant \dfrac{1}{2}\right) = \int_0^{\frac{1}{2}} 2(1-x)\,\mathrm{d}x = 0.75$

(3) $P\left(\dfrac{1}{4} < X < 1\right) = \int_{\frac{1}{4}}^{1} 2(1-x)\,\mathrm{d}x = 0.562,5$

例8 向某一目標發射炮彈,設彈著點到目標的距離 X(單位:m)的概率密度為

$$f(x) = \begin{cases} \dfrac{1}{1,250} x \mathrm{e}^{-\frac{x^2}{2,500}}, & x > 0 \\ 0, & x \leqslant 0 \end{cases}$$

又知當彈著點距目標在 50m 之內時即可摧毀目標. 求:

(1) 發射 1 枚炮彈就能摧目標的概率;

(2) 至少要發射多少枚炮彈才能使摧毀目標的概率不小於 0.95?

解 (1) 所求為 $P(0 \leqslant X \leqslant 50)$. 由連續型隨機變量定義:

$$\begin{aligned} P(0 \leqslant X \leqslant 50) &= \int_0^{50} \dfrac{x}{1,250} \mathrm{e}^{-\frac{x^2}{2,500}} \mathrm{d}x \\ &= \dfrac{1}{1,250} \dfrac{-2,500}{2} \int_0^{50} \mathrm{e}^{-\frac{x^2}{2,500}} \mathrm{d}\left(-\dfrac{x^2}{2,500}\right) \\ &= -\mathrm{e}^{-\frac{x^2}{2,500}} \Big|_0^{50} \\ &= 1 - \mathrm{e}^{-1} \approx 0.632 \end{aligned}$$

(2) 一枚炮彈摧毀目標的概率是 0.632,沒有摧毀目標的概率是 0.368.

若用 Y 表示 n 枚炮彈中摧毀目標的炮彈枚數,可知 $Y \sim B(n, 0.632)$.

當 $n = 2$ 時,$P(Y = 0) = C_2^0 0.632^0 \times 0.368^2 = (0.368)^2 \approx 0.135$

當 $n = 3$ 時,$P(Y = 0) = C_3^0 0.632^0 \times 0.368^3 = (0.368)^3 \approx 0.049,8$

可見,至少發射 3 枚炮彈,才能使不摧毀目標的概率是 0.049,8,它小於 0.05,那麼能摧毀目標的概率就不小於 0.95.

2. 常見連續型隨機變量的分佈

(1) 均勻分佈

定義4.7 設連續型隨機變量 X 具有概率密度:

$$f(x) = \begin{cases} \dfrac{1}{b-a}, & a < x < b \\ 0, & \text{其他} \end{cases}$$

則稱 X 在區間 (a,b) 上服從均勻分佈,記為 $X \sim U(a,b)$.

易知,$f(x) \geqslant 0$ 且 $\int_{-\infty}^{+\infty} f(x)\,\mathrm{d}x = 1$.

在區間 (a,b) 上服從均勻分佈的隨機變量 X,具有下述意義的等可能性,即它落在 (a,b) 上任何等長度的子區間內的可能性是相同的,或者說,它落在 (a,b) 的子區間的概率只依賴於子區間的長度,而與子區間的位置無關.

由分佈函數的概念,得 X 的分佈函數為:

$$F(x) = \begin{cases} 0, & x \leq a \\ \dfrac{x-a}{b-a}, & a < x \leq b \\ 1, & x > b \end{cases}$$

$f(x)$ 及 $F(x)$ 的圖形分別見圖 4-1、圖 4-2.

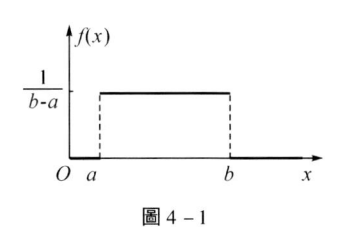

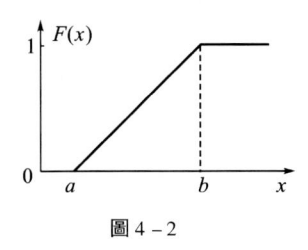

圖 4-1

圖 4-2

例9 設電阻值 R 是一個隨機變量,均勻分佈在 $900 \sim 1,100\Omega$,求 R 的概率密度及 R 落在 $950 \sim 1,050\Omega$ 的概率.

解 按題意,R 的概率密度為

$$f(R) = \begin{cases} \dfrac{1}{1,100-900}, & 900 < R < 1,100 \\ 0, & 其他 \end{cases}$$

故:

$$P\{950 \leq R \leq 1,050\} = \int_{950}^{1,050} \dfrac{1}{200} dR = 0.5$$

(2) 指數分佈

定義 4.8 設連續型隨機變量 X 的概率密度為:

$$f(r) = \begin{cases} \dfrac{1}{\lambda} e^{-\frac{x}{\lambda}}, & x > 0 \\ 0, & 其他 \end{cases}$$

其中 $\lambda > 0$,為常數,則稱 X 服從參數為 λ 的指數分佈,記作 $X \sim E(\lambda)$.

顯然 $f(x) \geq 0$,且 $\int_{-\infty}^{+\infty} f(x) dx = 1$. 圖 4-3 中給出了 $\lambda = \dfrac{1}{3}, \lambda = 1, \lambda = 2$ 時 $f(x)$ 的圖形.

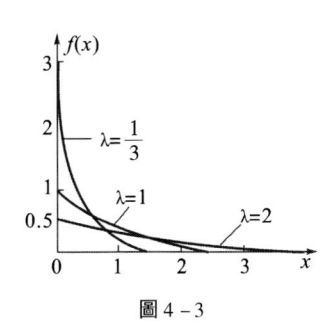

圖 4-3

我們很容易得到隨機變量 X 的分佈函數為：

$$F(x) = \begin{cases} 1 - e^{-\frac{x}{\lambda}}, & x > 0 \\ 0, & 其他 \end{cases}$$

指數分佈在可靠性理論與排隊論中有廣泛的應用,在實踐中也有很多應用,有許多種「壽命」的分佈,如電子元件的壽命、動物的壽命、電話的通話時間、隨機服務系統的服務時間等,都近似地服從指數分佈.

例 10 設某型號的日光燈管的使用壽命 X(單位:h)服從參數 $\lambda = 2,000$ 的指數分佈,求：

① 任取該型號的燈管一只,能正常使用 1,000h 以上的概率.

② 在使用了 1,000h 後,還能使用 1,000h 以上的概率.

解 由題意知, $X \sim E(2,000)$,於是得到 X 的分佈函數為：

$$F(x) = \begin{cases} \int_0^x \frac{1}{2,000} e^{-\frac{1}{2,000}t} dt, & x > 0 \\ 0, & 其他 \end{cases}$$

即：

$$F(x) = \begin{cases} 1 - e^{-\frac{x}{2,000}}, & x > 0 \\ 0, & 其他 \end{cases}$$

於是：

① 能正常使用 1,000h 以上的概率為：

$$P\{x > 1,000\} = 1 - P(x \leq 1,000)$$
$$= 1 - F(1,000) = 1 - (1 - e^{-\frac{1,000}{2,000}}) = e^{-\frac{1}{2}} = 0.607$$

② 在使用了 1,000h 後,還能使用 1,000h 以上的概率為：

$$P(x > 2,000 | x > 1,000) = \frac{P(x > 2,000 \text{ 且 } x > 1,000)}{P(x > 1,000)}$$

$$= \frac{P(x > 2,000)}{P(x > 1,000)} = \frac{1 - P(x \leq 2,000)}{1 - P(x \leq 1,000)} = \frac{e^{-1}}{e^{-\frac{1}{2}}} = e^{-\frac{1}{2}} \approx 0.607$$

(3) 正態分佈

定義 4.9 設連續型隨機變量 X 的概率密度為：

$$f(x) = \frac{1}{\sqrt{2\pi}\sigma} e^{-\frac{(x-\mu)^2}{2\sigma^2}}, \quad -\infty < x < +\infty$$

其中 $\mu, \sigma(\sigma > 0)$ 為常數,則稱 X 服從參數為 μ, σ 的正態分佈,記為 $X \sim N(\mu, \sigma^2)$.

顯然, $f(x) \geq 0$,可以證明 $\int_{-\infty}^{\infty} f(x) dx = 1$(證明略).

$f(x)$ 的圖形見圖 4-4. 函數 $f(x)$ 具有下列性質：

性質 1 曲線 $f(x)$ 關於 $x = \mu$ 對稱. 這表明對於任意 $h > 0$, 有:
$$P\{\mu - h < X \leq \mu\} = P\{\mu < X \leq \mu + h\}$$

性質 2 當 $x = \mu$ 時, $f(x)$ 取得極大值:
$$f(\mu) = \frac{1}{\sqrt{2\pi}\sigma}$$

x 離 μ 越遠, $f(x)$ 的值越小. 這表明對於同樣長度的區間, 離 μ 越遠, 則 X 落在這個區間上的概率越小.

性質 3 在 $x = \mu \pm \sigma$ 處, 曲線有拐點; 曲線以 x 軸為漸近線.

另外, 如果固定 σ, 改變 μ 的值, 則圖形沿 x 軸平移, 而形狀不改變(見圖 4 - 4). 由此可見, 正態分佈的概率密度曲線 $y = f(x)$ 的位置完全由參數 μ 所確定, μ 稱為位置參數.

如果固定 μ 改變 σ 的值, 由最大值 $f(\mu) = \dfrac{1}{\sqrt{2\pi}\sigma}$ 可知, 當 σ 越小時, 圖形變得越陡(見圖 4 - 5), 因而 X 落在 μ 附近的概率越大.

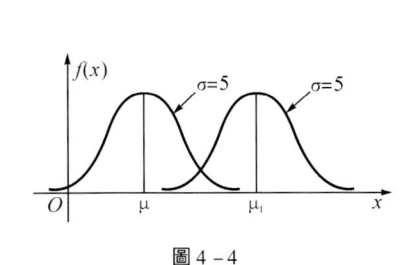

圖 4 - 4

圖 4 - 5

若 $X \sim N(\mu, \sigma^2)$, 則 X 的分佈函數為(見圖 4 - 6)
$$F(x) = \frac{1}{\sqrt{2\pi}\sigma} \int_{-\infty}^{x} e^{-\frac{(t-\mu)^2}{2\sigma^2}} dt$$

特別地, 當 $\mu = 0, \sigma = 1$ 時, 稱 X 服從標準正態分佈, 其概率密度和分佈函數分別用 $\varphi(x)$, $\Phi(x)$ 表示, 即有:
$$\varphi(x) = \frac{1}{\sqrt{2\pi}} e^{-\frac{x^2}{2}}, \quad -\infty < x < +\infty$$
$$\Phi(x) = \frac{1}{\sqrt{2\pi}} \int_{-\infty}^{x} e^{-\frac{t^2}{2}} dt$$

由圖形的對稱性(見圖 4 - 7)容易看出:
$$\Phi(-x) = 1 - \Phi(x)$$

图 4-6

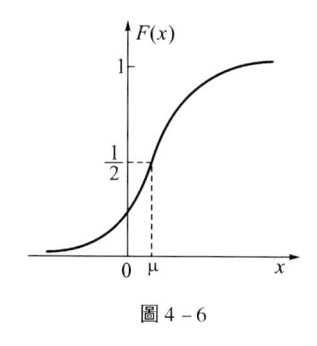

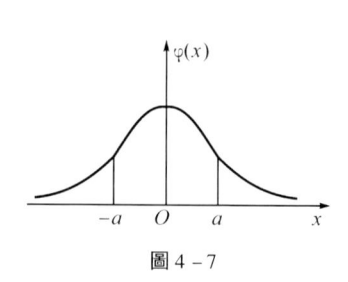

图 4-7

為了方便計算,人們編制了 $\Phi(x)$ 的函數表,供我們查用(附表 2).

對一般的正態分佈 $X \sim N(\mu, \sigma^2)$,我們可以通過一個線性變換將它化為標準正態分佈:

定理 4.1 若 $X \sim N(\mu, \sigma^2)$,則 $Z = \dfrac{X-\mu}{\sigma} \sim N(0,1)$.

證 $Z = \dfrac{X-\mu}{\sigma}$ 的分佈函數為:

$$P\{Z \leqslant x\} = P\left\{\frac{X-\mu}{\sigma} \leqslant x\right\} = P\{X \leqslant \mu + \sigma x\}$$

$$= \frac{1}{\sqrt{2\pi}\sigma}\int_{-\infty}^{\mu+\sigma x} e^{-\frac{(t-\mu)^2}{2\sigma^2}} dt$$

令 $\dfrac{t-\mu}{\sigma} = u$,得:

$$P\{Z \leqslant x\} = \frac{1}{\sqrt{2\pi}}\int_{-\infty}^{x} e^{-\frac{u^2}{2}} du = \Phi(x)$$

於是,若 $X \sim N(\mu, \sigma^2)$,則它的分佈函數 $F(x)$ 可寫成:

$$F(x) = P\{X \leqslant x\} = P\left\{\frac{X-\mu}{\sigma} \leqslant \frac{x-\mu}{\sigma}\right\} = \Phi\left(\frac{x-\mu}{\sigma}\right)$$

對於任意區間 (x_1, x_2),有:

$$P\{x_1 < X \leqslant x_2\} = P\left\{\frac{x_1-\mu}{\sigma} < \frac{X-\mu}{\sigma} \leqslant \frac{x_2-\mu}{\sigma}\right\}$$

$$= \Phi\left(\frac{x_2-\mu}{\sigma}\right) - \Phi\left(\frac{x_1-\mu}{\sigma}\right)$$

這樣,我們就可以通過查標準正態分佈表來進行計算.

例 11 設 $X \sim N(0,1)$,求:① $P\{X \leqslant 2.35\}$;② $P\{|X| \leqslant 1.54\}$.

解 ① $P\{X \leqslant 2.35\} = \Phi(2.35) = 0.990,6$

② $P\{|X| \leqslant 1.54\} = P\{-1.54 \leqslant X \leqslant 1.54\}$

$= \Phi(1.54) - \Phi(-1.54) = 2\Phi(1.54) - 1$

$= 2 \times 0.938,2 - 1 = 0.876,4$

例 12 設 $X \sim N(1.5,4)$. 求：① $P\{X \leqslant -4\}$；② $P\{X \geqslant 2\}$；③ $P\{|X| \leqslant 3\}$.

解 這裡 $\mu = 1.5, \sigma = 2$

① $P\{X \leqslant -4\} = \Phi(\dfrac{-4-1.5}{2}) = \Phi(-2.75) = 1 - \Phi(2.75) = 1 - 0.997,0 = 0.003,0$

② $P\{X \geqslant 2\} = 1 - P\{X \leqslant 2\} = 1 - \Phi(\dfrac{2-1.5}{2}) = 1 - \Phi(0.25) = 1 - 0.598,7 = 0.401,3$

③ $P\{|X| \leqslant 3\} = \Phi(\dfrac{3-1.5}{2}) - \Phi(\dfrac{-3-1.5}{2})$

$\qquad = \Phi(0.75) - \Phi(-2.25) = 0.773,4 - 0.012,2 = 0.761,2$

例 13 假定某類人群的體重符合參數為 $\mu = 55, \sigma = 10$（單位：千克）的正態分佈，即 $X \sim N(55,10^2)$，任選一人，試求：他的體重①在區間 $[45,65]$ 上的概率；②大於 85 千克的概率.

解 ① $P\{45 \leqslant X \leqslant 65\} = \Phi\left(\dfrac{65-55}{10}\right) - \Phi\left(\dfrac{45-55}{10}\right) = \Phi(1) - \Phi(-1) = 2\Phi(1) - 1$

$\qquad = 2 \times 0.841,3 - 1 = 0.682,6$

② $P\{X > 85\} = 1 - P\{X \leqslant 85\} = 1 - \Phi\left(\dfrac{85-55}{10}\right) = 1 - \Phi(3) = 1 - 0.998,7 = 0.001,3$

結果表明，這類人群中至少 $\dfrac{2}{3}$ 的人體重都在 $45 \sim 65$ 千克，而體重超過 85 千克的僅占千分之一多一點.

練習 4.1

1. 判斷以下函數 $f(x)$ 在各自指定區間上（$f(x)$ 在指定區間之外取值為 0）是不是某隨機變量的密度函數.

(1) $f(x) = \dfrac{4}{3} \times \dfrac{2}{3(x+1)^2}$，$[0,3]$

(2) $f(x) = \dfrac{3}{250}(10x - x^2)$，$[0,5]$

(3) $f(x) = \dfrac{6}{27}(3x - x^2)$，$[0,3]$

2. 一批產品分一、二、三級，其中一級品是二級品的兩倍，三級品是二級品的一半. 從這批產品中隨機地抽取一個檢驗質量，用隨機變量描述檢驗的可能結果，求出它的概率分佈.

3. 一批產品 20 件，其中有 5 件次品. 從這批產品中任取 4 件，求這 4 件產品中次品數 ζ 的分佈（精確到 0.01）.

4. 一個口袋中有 4 個球，在這 4 個球上分別標有 $-3, -\dfrac{1}{2}, +\dfrac{1}{3}, +2$ 這樣的數字. 從袋中任取一個球，求取得的球上標明非負數字 ζ 的概率分佈和分佈函數.

5. 從一個裝有 4 個紅球、2 個白球的口袋中,一個一個地取球,共取了 5 次,每次取出的球:(1)取後放回;(2)取後不放回. 求取得紅球的個數 ζ 的概率分佈.

6. 某射手有 5 發子彈,每次射擊命中目標的概率為 0.9. 如果命中了就停止射擊,如果命不中就一直射到子彈用盡,求耗用子彈數 ζ 的概率分佈和分佈函數.

7. 若每次射擊中靶的概率為 0.7,現發射炮彈 10 次,分別求命中 3 次的概率與至少命中 3 次的概率.

8. 從一批廢品率為 0.1 的產品中,重複抽取 20 件產品,求其中廢品數不大於 3 件的概率.

9. 一批產品廢品率為 0.001,用泊鬆分佈求 800 件產品中廢品為 2 件的概率以及廢品數不超過 2 件的概率.

10. 設連續型隨機變量 ζ 的分佈密度為:

$$\varphi(x) = \begin{cases} \dfrac{C}{x^2}, & x \geq 100 \\ 0, & x < 100 \end{cases}$$

求:(1)常數 C;

(2) ζ 的分佈函數;

(3) $P(\zeta < 150)$.

11. 如果 ζ 的分佈密度為:

$$f(x) = \begin{cases} \dfrac{1}{b-a}, & a \leq x \leq b \\ 0, & 其他 \end{cases}$$

則說明 ζ 服從 $[a,b]$ 上的均勻分佈,求 ζ 的分佈函數.

12. 設隨機變量 ζ 的分佈密度為:

$$f(x) = \begin{cases} a\cos x, & -\dfrac{\pi}{2} \leq x \leq \dfrac{\pi}{2} \\ 0, & 其他 \end{cases}$$

求:(1)系數 a;

(2) $P(0 \leq \zeta \leq \dfrac{\pi}{4})$;

(3) ζ 的分佈函數.

13. 設 $\zeta \sim N(0,1)$,試計算:

(1) $P(\zeta < 2.2), P(\zeta > 1.76), P(\zeta < -0.78)$

(2) $P(|\zeta| < 1.55), P(|\zeta| > 2.5)$

14. 設 $\eta \sim N(-1,16)$,試計算:

(1) $P(\eta < 2.44), P(\eta > -1.5)$

(2) $P(\eta < -2.8), P(-5 < \eta < 2)$

(3) $P(|\eta-1|>1)$

15. 設電池壽命(小時)是一個隨機變量,並服從 $N(300,35^2)$.

(1) 求這樣的電池壽命在 250 小時以上的概率;

(2) 求 x,使得電池壽命在區間 $(300-x,300+x)$ 內取值的概率不小於 0.9.

4.2 隨機變量函數的分佈

在實際中,我們常對某些隨機變量的函數更感興趣. 例如,在一些試驗中,我們所關心的隨機變量往往不能直接測量得到,而它是某個能直接測量的隨機變量的函數. 比如我們能測量到圓軸截面的直徑 d,而關心的卻是截面面積 $A=\frac{1}{4}\pi d^2$,這裡的隨機變量 A 是隨機變量 d 的函數. 在本節中,我們將通過一些具體例子,討論如何由已知隨機變量 X 的分佈去求它的函數 $Y=f(X)$ 的概率分佈.

4.2.1 離散型隨機變量函數的分佈

例 1 設 X 的分佈律為:

X	-1	0	1	2
p	0.1	0.2	0.3	0.4

求 $Y=X^2$ 的分佈律.

解 Y 的全部可能取值為 $0,1,4$,且有:
$P\{Y=0\}=P\{X=0\}=0.2$
$P\{Y=1\}=P\{[X=-1]\cup[X=1]\}=P\{X=-1\}+P\{X=1\}=0.4$
$P\{Y=4\}=P\{X=2\}=0.4$

即 Y 的分佈律為:

Y	0	1	4
p	0.2	0.4	0.4

一般地,若離散型隨機變量 X 的分佈律為 $P\{X=x_k\}=p_k(k=1,2\cdots)$,則 $Y=f(x)$ 的全部可能取值為 $\{y_k=f(x_k),k=1,2\cdots\}$. 由於其中可能有重複的,所以在求 Y 的分佈律,即計算 $P\{Y=y_i\}$ 時,應將使 $f(x_k)=y_i$ 的所有 x_k 所對應的概率 $P\{X=x_k\}$ 累加起來,即有:

$$P\{Y=y_i\}=\sum_{f(x_k)=y_i}P\{X=x_k\} \quad (i=1,2\cdots)$$

4.2.2 連續型隨機變量的函數的分佈

已知隨機變量 X 的概率密度為 $P_X(x)$，如何求得 X 的函數 $Y = f(X)$ 的概率密度 $P_Y(y)$？下面我們通過實例說明解決此問題的一般思路．

例2 設 $X \sim N(0,1)$，求 $Y = e^X$ 的分佈．

解 由題設知，X 的取值範圍為全體實數，故 $Y = e^X$ 的全部可能取值在 $(0, +\infty)$ 內．於是，當 $y \leq 0$ 時，顯然有 $F_Y(y) = P\{Y \leq y\} = 0$．

又由於生成 Y 的函數 $f(x) = e^x$ 為 R 上的嚴格單調增函數，所以，當 $y > 0$ 時，
$$F_Y(y) = P\{Y \leq y\} = P\{e^X \leq y\} = P\{X \leq \ln y\} = F_X(\ln y)$$

兩邊對 y 求導，得：
$$P_Y(y) = \frac{1}{y} P_X(\ln y)$$

而 $P_X(x) = \frac{1}{\sqrt{2\pi}} e^{-\frac{x^2}{2}}$，故 $P_Y(y) = \frac{1}{\sqrt{2\pi} y} e^{-\frac{\ln^2 y}{2}}$．

於是，Y 的概率密度為：
$$P_Y(y) = \begin{cases} 0 & , \quad y \leq 0 \\ \frac{1}{\sqrt{2\pi} y} e^{-\frac{1}{2}\ln^2 y} & , \quad y > 0 \end{cases}$$

例3 設隨機變量 X 具有概率密度 $f_X(x)$，$-\infty < x < +\infty$，求 $Y = X^2$ 的概率密度．

解 分別記 X, Y 的分佈函數為 $F_X(x), F_Y(y)$，先來求 Y 的分佈函數 $F_Y(y)$，由於 $Y = X^2 \geq 0$，故當 $y \leq 0$ 時，$F_Y(y) = 0$．當 $y > 0$ 時，有：
$$\begin{aligned} F_Y(y) &= P\{Y \leq y\} = P\{X^2 \leq y\} \\ &= P\{-\sqrt{y} \leq X \leq \sqrt{y}\} \\ &= F_X(\sqrt{y}) - F_X(-\sqrt{y}) \end{aligned}$$

將 $F_Y(y)$ 對 y 求導數，即得 Y 的概率密度為：
$$f_Y(y) = \begin{cases} \frac{1}{2\sqrt{y}}\left[f_X(\sqrt{y}) + f_X(-\sqrt{y})\right], & y > 0 \\ 0 & , \quad y \leq 0 \end{cases} \tag{4.1}$$

例如，設 $X \sim N(0,1)$，其概率密度為：
$$\varphi(x) = \frac{1}{\sqrt{2\pi}} e^{-\frac{x^2}{2}}, \quad -\infty < x < +\infty$$

由式(4.1)，得 $Y = X^2$ 的概率密度為：
$$f_Y(y) = \begin{cases} \frac{1}{\sqrt{2\pi}} y^{-\frac{1}{2}} e^{-\frac{y}{2}}, & y > 0 \\ 0 & , \quad y \leq 0 \end{cases}$$

上述兩例表明，求連續型隨機變量 X 的函數 $Y = f(X)$ 的概率密度，可先由 Y 的分佈

函數 $F_Y(y)$ 入手,將有關 Y 的概率計算轉化為有關 X 的概率計算後,再通過求導而得 Y 的密度函數. 依照這一思路不難證得下面的定理.

定理 4.2 設連續型隨機變量 X 的取值範圍為 (a,b)(a 可為 $-\infty$,b 可為 $+\infty$),其概率密度為 $P_X(x)$,若函數 $f(x)$ 在 (a,b) 內嚴格單調,且其反函數 $g(y)$ 有連續導數,則 $Y = f(X)$ 的概率密度為:

$$P_Y(y) = \begin{cases} P_X[g(y)] \cdot |g'(y)|, & \alpha < y < \beta \\ 0, & \text{其他} \end{cases}$$

其中 $\alpha = \min\{f(a),f(b)\}$,$\beta = \max\{f(a),f(b)\}$.

例 4 設隨機變量 $X \sim N(\mu,\sigma^2)$,試證明 X 的線性函數 $Y = aX + b(a \neq 0)$ 也服從正態分佈.

證明 X 的概率密度為:

$$f_X(x) = \frac{1}{\sqrt{2\pi}\sigma} e^{-\frac{(x-\mu)^2}{2\sigma^2}}, \quad -\infty < x < +\infty$$

設 $y = g(x) = ax + b$,則:

$$x = h(y) = \frac{y-b}{a}, \text{ 且 } h'(y) = \frac{1}{a}$$

由定理 4.2 得 $Y = aX + b$ 的概率密度為:

$$f_Y(y) = \frac{1}{|a|} f_X\left(\frac{y-b}{a}\right), \quad -\infty < y < +\infty$$

即:

$$f_Y(y) = \frac{1}{|a|} \frac{1}{\sqrt{2\pi}\sigma} e^{-\frac{\left(\frac{y-b}{a} - \mu\right)^2}{2\sigma^2}}$$

$$= \frac{1}{|a|\sqrt{2\pi}\sigma} e^{-\frac{[y-(b+a\mu)]^2}{2(a\sigma)^2}}, \quad -\infty < y < +\infty$$

即有:

$$Y = aX + b \sim N(a\mu + b, (a\sigma)^2)$$

特別地,在上例中取 $a = \frac{1}{\sigma}$,$b = -\frac{\mu}{\sigma}$,得:

$$Y = \frac{X-\mu}{\sigma} \sim N(0,1)$$

練習 4.2

1. 設 X 的分佈律為:

X	-1	0	1	2
p	$\frac{1}{10}$	$\frac{2}{10}$	$\frac{3}{10}$	$\frac{4}{10}$

求：(1) $Y = 2X - 3$ 的分佈律；

(2) $Z = X^2 + 1$ 的分佈律.

2. 設隨機變量 X 的概率密度為 $f(x) = \begin{cases} \dfrac{1}{\pi(1+x^2)}, & x > 0 \\ 0, & x \le 0 \end{cases}$，求 $Y = \ln X$ 的概率密度.

3. 設 X 的分佈律為：

X	1	2	3	$\cdots$	n	$\cdots$
p	$\dfrac{1}{2}$	$(\dfrac{1}{2})^2$	$(\dfrac{1}{2})^3$	$\cdots$	$(\dfrac{1}{2})^n$	$\cdots$

求 $Y = \sin\dfrac{\pi X}{2}$ 的分佈律.

4. 設 X 的分佈律為：

X	-2	0	2	3
p	0.2	0.2	0.3	0.3

求：(1) $Y_1 = -2X + 1$ 的分佈律；(2) $Y_2 = |X|$ 的分佈律.

5. 設 X 的分佈律為：

X	-1	0	1	2
p	0.2	0.3	0.1	0.4

求：$Y = (X-1)^2$ 的分佈律.

6. $X \sim U(0,1)$ 求以下 Y 的概率密度：

(1) $Y = -2\ln X$

(2) $Y = 3X + 1$

(3) $Y = e^X$

7. 設隨機變量 X 的概率密度為：

$$f_X(x) = \begin{cases} \dfrac{3}{2}x^2, & -1 < x < 1 \\ 0, & \text{其他} \end{cases}$$

求以下 Y 的概率密度：

(1) $Y = 3X$

(2) $Y = 3 - X$

(3) $Y = X^2$

8. 設 X 服從參數為 $\lambda = 1$ 的指數分佈，求以下 Y 的概率密度：

(1) $Y = 2X + 1$

(2) $Y = e^X$

(3) $Y = X^2$

9. $X \sim N(0,1)$,求以下 Y 的概率密度:

(1) $Y = |X|$

(2) $Y = 2X^2 + 1$

4.3　數學期望

如果知道了隨機變量 X 的概率分佈列或概率密度(以下統稱為概率分佈),那麼 X 的概率特性就一目了然了. 但是在實際問題中概率分佈是較難確定的,而它的某些數字特徵卻比較容易估算出來,還有不少問題只要知道它的某些數字特徵就夠了,不必詳細地瞭解其概率特性. 因此在研究隨機變量時,確定它的某些數字特徵是重要的,在這些數字特徵中最常用的是期望和方差. 通常把隨機變量的期望和方差等統稱為它的數字特徵.

先看一個例子.

某手錶廠在出廠產品中抽查了 $N = 100$ 只手錶的日走時誤差,其數據見表 4 – 1.

表 4 – 1

日走時誤差 k(秒)	-2	-1	0	1	2	3	4
只數(N_k)	3	10	17	28	21	16	5

抽查到的這 100 只手錶的平均日走時誤差為:

$$\frac{\sum_{k=-2}^{4} k \cdot N_k}{N} = \frac{(-2) \times 3 + (-1) \times 10 + 0 \times 17 + 1 \times 28 + 2 \times 21 + 3 \times 16 + 4 \times 5}{100}$$
$$= 1.22(秒/日)$$

其中,$\frac{N_k}{N}$ 是「日走時誤差為 k 秒」這一事件的頻率,可記作 f_k,於是:

$$平均值 = \sum_{k=-2}^{4} k \cdot f_k$$

每做一次這樣的檢驗,就得到一組不同的頻率,也就有不同的日走時誤差的平均值. 由頻率和概率的關係可知,在求平均值時,理論上應該用概率 P_k 去代替上述求和式中的頻率 f_k,這時得到的平均值才是理論上的(也即真的)平均值,這個平均值稱為數學期望,簡稱為期望(或均值).

設離散型隨機變量 X 的分佈律為:

$$P\{X = x_k\} = p_k, \quad k = 1, 2\cdots$$

若:

$$\sum_{k=1}^{\infty} x_k p_k = x_1 p_1 + x_2 p_2 + \cdots + x_i p_i + \cdots$$

存在,則稱 $\sum_{k=1}^{\infty} x_k p_k$ 的值為隨機變量 X 的數學期望,記作 $E(X)$,即:

$$E(X) = \sum_{k=1}^{\infty} x_k p_k$$

設連續型隨機變量 X 的概率密度為 $f(x)$,若積分:

$$\int_{-\infty}^{+\infty} xf(x)\,\mathrm{d}x$$

存在,則稱積分 $\int_{-\infty}^{+\infty} xf(x)\,\mathrm{d}x$ 的值為隨機變量 X 的數學期望,記作 $E(X)$,即:

$$E(X) = \int_{-\infty}^{+\infty} xf(x)\,\mathrm{d}x$$

例1 求二點分佈的數學期望.

解 二點分佈為:

$$P(X=1)=p, \quad P(X=0)=q=1-p$$

於是,數學期望:

$$E(X) = 1 \cdot p + 0 \cdot q = p$$

例2 設隨機變量 $X \sim B(n,p)$,求 $E(X)$.

解 X 的分佈律為:

$$p_k = P\{X=k\} = C_n^k p^k q^{n-k}, \quad q=1-p, \quad k=0,1,2,\cdots,n$$

X 的數學期望為:

$$\begin{aligned} E(X) &= \sum_{k=0}^{n} kp_k = \sum_{k=0}^{n} k C_n^k p^k q^{n-k} \\ &= np \sum_{k=1}^{n} C_{n-1}^{k-1} p^{k-1} q^{(n-1)-(k-1)} \\ &= np(p+q)^{n-1} = np \end{aligned}$$

例3 設隨機變量 $X \sim \pi(\lambda)$,求 $E(X)$.

解 X 的分佈律為:

$$p_k = P\{X=k\} = \frac{\lambda^k}{k!} e^{-\lambda}, \quad k=0,1,2\cdots$$

X 的數學期望為:

$$E(X) = \sum_{k=0}^{\infty} kp_k = \sum_{k=1}^{\infty} k \cdot \frac{\lambda^k}{k!} e^{-\lambda} = \lambda \cdot e^{-\lambda} \sum_{k=0}^{\infty} \frac{\lambda^{k-1}}{(k-1)!} = \lambda$$

例4 設隨機變量 $X \sim U(a,b)$,求 $E(X)$.

解 X 的概率密度為:

$$f(x) = \begin{cases} \dfrac{1}{b-a}, & a<x<b \\ 0, & \text{其他} \end{cases}$$

X 的數學期望為:

$$E(X) = \int_{-\infty}^{+\infty} xf(x)\,\mathrm{d}x = \int_a^b \frac{x}{b-a}\mathrm{d}x = \frac{a+b}{2}$$

即服從均勻分佈的隨機變量的數學期望位於區間 (a,b) 的中點.

例5 指數分佈的密度函數是:

$$f(x) = \begin{cases} \frac{1}{\lambda}\mathrm{e}^{-\frac{x}{\lambda}}, & x > 0 \\ 0, & x \leq 0 \end{cases} \quad (\lambda > 0)$$

於是,它的數學期望為:

$$\begin{aligned} E(X) &= \int_{-\infty}^{+\infty} x \cdot f(x)\,\mathrm{d}x \\ &= \int_0^{+\infty} x \cdot \frac{1}{\lambda}\mathrm{e}^{-\frac{x}{\lambda}}\mathrm{d}x \\ &= -\int_0^{+\infty} x\,\mathrm{d}(\mathrm{e}^{-\frac{x}{\lambda}}) \\ &= -x\mathrm{e}^{-\frac{x}{\lambda}}\Big|_0^{+\infty} + \int_0^{+\infty} \mathrm{e}^{-\frac{x}{\lambda}}\mathrm{d}x \\ &= -\lambda\mathrm{e}^{-\frac{x}{\lambda}}\Big|_0^{+\infty} = \lambda \end{aligned}$$

例6 設隨機變量 $X \sim N(\mu,\sigma^2)$,求 $E(X)$.

解 $E(X) = \int_{-\infty}^{+\infty} xf(x)\,\mathrm{d}x = \frac{1}{\sqrt{2\pi}\sigma}\int_{-\infty}^{+\infty} x\mathrm{e}^{-\frac{(x-\mu)^2}{2\sigma^2}}\mathrm{d}x$ （令 $\frac{x-\mu}{\sigma} = t$）

$$\begin{aligned} &= \frac{1}{\sqrt{2\pi}}\int_{-\infty}^{+\infty} (\sigma t + \mu)\mathrm{e}^{-\frac{t^2}{2}}\mathrm{d}t \\ &= \frac{1}{\sqrt{2\pi}}\Big(\int_{-\infty}^{+\infty} \sigma t\mathrm{e}^{-\frac{t^2}{2}}\mathrm{d}t + \int_{-\infty}^{+\infty} \mu\mathrm{e}^{-\frac{t^2}{2}}\mathrm{d}t\Big) \\ &= \mu\int_{-\infty}^{+\infty} \frac{1}{\sqrt{2\pi}}\mathrm{e}^{-\frac{t^2}{2}}\mathrm{d}t = \mu \end{aligned}$$

這說明正態分佈的參數 μ 正是它的數學期望.

例7 設連續型隨機變量 X 的密度函數是:

$$f(x) = \begin{cases} \frac{3}{2}x^2, & -1 \leq x \leq 1 \\ 0, & \text{其他} \end{cases}$$

求 $E(X)$.

解 由公式:

$$\begin{aligned} E(X) &= \int_{-\infty}^{+\infty} xf(x)\,\mathrm{d}x \\ &= \int_{-1}^1 x\frac{3}{2}x^2\,\mathrm{d}x = 0 \end{aligned}$$

例8 某商店對某種家用電器的銷售採用先使用後付款的方式,記使用壽命為 X(以年計),規定:

$$X \leq 1, \quad 每臺付款 1,500 元;$$
$$1 < X \leq 2, \quad 每臺付款 2,000 元;$$
$$2 < X \leq 3, \quad 每臺付款 2,500 元;$$
$$X > 3, \quad 每臺付款 3,000 元.$$

設壽命 X 服從指數分佈,其概率密度為:

$$f(x) = \begin{cases} \frac{1}{10}e^{-\frac{x}{10}}, & x > 0 \\ 0, & x \leq 0 \end{cases}$$

試求該商店對該種家用電器每臺收費 Y 的數學期望.

解 先求出壽命 X 落在各個時間區間內的概率,即有:

$$P\{X \leq 1\} = \int_0^1 \frac{1}{10}e^{-\frac{x}{10}}dx = 1 - e^{-0.1} = 0.095,2$$

$$P\{1 < X \leq 2\} = \int_1^2 \frac{1}{10}e^{-\frac{x}{10}}dx = e^{-0.1} - e^{-0.2} = 0.086,1$$

$$P\{2 < X \leq 3\} = \int_2^3 \frac{1}{10}e^{-\frac{x}{10}}dx = e^{-0.2} - e^{-0.3} = 0.077,9$$

$$P\{X > 3\} = \int_3^{+\infty} \frac{1}{10}e^{-\frac{x}{10}}dx = e^{-0.3} = 0.740,8$$

於是得到每臺收費 Y 的分佈律為:

Y	1,500	2,000	2,500	3,000
p_k	0.095,2	0.086,1	0.077,9	0.740,8

所以:

$$E(Y) = 1,500 \times 0.095,2 + 2,000 \times 0.086,1 + 2,500 \times 0.077,9 + 3,000 \times 0.740,8$$
$$= 2,732.15$$

即平均每臺收費 2,732.15 元.

我們已經熟悉了隨機變量的數學期望,由定義求數學期望時,應該先求出隨機變量的分佈律或概率密度,但在求隨機變量的函數 $Y = g(X)$ 的數學期望時,可以不必求 $g(X)$ 的分佈律而只要直接利用原隨機變量 X 的分佈律就可以了,這對簡化計算當然是有利的. 為此需要下面的定理.

定理 4.3 設 Y 是隨機變量 X 的函數,$Y = g(X)$(g 是連續函數),若

(1) X 是離散型隨機變量,它的分佈律為 $P\{X = x_k\} = p_k, k = 1,2\cdots$ 且 $\sum_{k=1}^{\infty} g(x_k)p_k$ 存在,則:

$$E(Y) = E[g(X)] = \sum_{k=1}^{\infty} g(x_k) p_k$$

（2）X 是連續型隨機變量，它的概率密度為 $f(x)$，且 $\int_{-\infty}^{+\infty} g(x)f(x)\,\mathrm{d}x$ 存在，則：

$$E(Y) = E[g(X)] = \int_{-\infty}^{+\infty} g(x)f(x)\,\mathrm{d}x$$

例 9 設離散型隨機變量 ζ 的概率分佈為：

ζ	-1	0	2	3
p	$\frac{1}{8}$	$\frac{1}{4}$	$\frac{3}{8}$	$\frac{1}{4}$

求：$E(\zeta^2), E(\zeta+1), E(3\zeta)$.

解

$$E(\zeta^2) = (-1)^2 \times \frac{1}{8} + 0^2 \times \frac{1}{4} + 2^2 \times \frac{3}{8} + 3^2 \times \frac{1}{4} = \frac{31}{8}$$

$$E(\zeta+1) = (-1+1) \times \frac{1}{8} + (0+1) \times \frac{1}{4} + (2+1) \times \frac{3}{8} + (3+1) \times \frac{1}{4} = \frac{19}{8}$$

$$E(3\zeta) = 3 \times (-1) \times \frac{1}{8} + 3 \times 0 \times \frac{1}{4} + 3 \times 2 \times \frac{3}{8} + 3 \times 3 \times \frac{1}{4} = \frac{33}{8}$$

例 10 X 的密度函數為 $f(x) = \begin{cases} 2(1-x), & 0 \leq x \leq 1 \\ 0, & 其他 \end{cases}$

求 X 的數學期望與 $Y = 2X - 3$ 和 $Z = X^2$ 的數學期望.

解 因為 X 的密度函數為：

$$f(x) = \begin{cases} 2(1-x), & 0 \leq x \leq 1 \\ 0, & 其他 \end{cases}$$

所以，由公式得：

$$E(X) = \int_{-\infty}^{+\infty} xf(x)\,\mathrm{d}x = \int_0^1 x \cdot 2(1-x)\,\mathrm{d}x$$

$$= 2\int_0^1 x\,\mathrm{d}x - 2\int_0^1 x^2\,\mathrm{d}x = x^2 \Big|_0^1 - \frac{2}{3}x^3 \Big|_0^1 = \frac{1}{3}$$

因為 $Y = 2X - 3$，$Z = X^2$ 是隨機變量 X 的函數，所以利用公式，有 Y 的期望：

$$E(Y) = \int_{-\infty}^{+\infty} yf(x)\,\mathrm{d}x$$

$$= \int_0^1 (2x-3) \cdot 2 \cdot (1-x)\,\mathrm{d}x$$

$$= 2\int_0^1 (5x - 2x^2 - 3)\,\mathrm{d}x$$

$$= 2\left(\frac{5}{2}x^2 - \frac{2}{3}x^3 - 3x\right) \Big|_0^1 = -\frac{7}{3}$$

Z 的期望:

$$E(Z) = 2\int_0^1 x^2 \cdot (1-x)\,dx$$
$$= 2\int_0^1 (x^2 - x^3)\,dx$$
$$= 2\left(\frac{x^3}{3} - \frac{x^4}{4}\right)\Big|_0^1 = \frac{1}{6}$$

根據數學期望的概念和函數的數學期望的定理,我們可以得到數學期望的基本性質:

設 b、c 為常數,X、Y 為兩個隨機變量,則有:

(1) $E(c) = c$

(2) $E(cX) = c \cdot E(X)$

(3) $E(X + c) = E(X) + c$

(4) $E(bX + c) = b \cdot E(X) + c$

(5) $E(X \pm Y) = E(X) \pm E(Y)$

(6) $E(X \cdot Y) = E(X) \cdot E(Y)$ (其中 X、Y 相互獨立)

練習 4.3

1. 已知隨機變量 X 的概率分佈為:

$$P(X = k) = \frac{1}{10} \quad (k = 2, 4, \cdots, 18, 20)$$

求 $E(X)$.

2. 某城市觀看足球比賽,出席觀看的球迷人數如下:

當天氣非常冷時,有 35,000 人;當天氣較冷時,有 40,000 人;當天氣較暖和時,有 48,000 人;當天氣暖和時,有 60,000 人. 若上述四種天氣的概率分別為 0.08, 0.42, 0.43, 0.07,問每場比賽觀看的球迷人數的期望為多少?

3. 在射擊比賽中,每人射擊 4 次(每次 1 發彈),約定:全都不命中得 0 分;只中 1 發得 15 分;中 2 發得 30 分;中 3 發得 55 分;中 4 發得 100 分. 某人每次射擊的命中率為 0.5,問他得分的期望是多少?

4. 設隨機變量 X 的密度函數為:

$$f(x) = \begin{cases} 2x, & 0 \leq x \leq 1 \\ 0, & \text{其他} \end{cases}$$

求 X 的期望值.

5. 設隨機變量 X 的密度為:

$$f(x) = \frac{1}{2}e^{-|x|} \quad (-\infty < x < +\infty)$$

求 $E(X)$.

6. 對圓的直徑進行測量,設測得直徑值均勻地分佈在區間 $[a,b]$ 上,求圓面積的期望值.

7. 設連續型隨機變量 X 的分佈函數為 $F(x) = \begin{cases} 0 & , \ x < -1 \\ a + b \cdot \arcsin x & , \ -1 \leq x < 1 \\ 1 & , \ x \geq 1 \end{cases}$,試確定常數 a, b,並求 $E(X)$.

8. 設輪船橫向搖擺的隨機振幅 X 的概率密度為 $f(x) = \begin{cases} \dfrac{1}{\sigma^2} e^{-\dfrac{x^2}{2\sigma^2}} & , \ x > 0 \\ 0 & , \ x \leq 0 \end{cases}$,求 $E(X)$.

9. 設 $X_1, X_2, \cdots, X_n$ 獨立同分佈,均值為 μ,且設 $Y = \dfrac{1}{n} \sum_{i=1}^{n} X_i$,求 $E(Y)$.

4.4 方差

數學期望反應了隨機變量取值的平均水平,在許多實際問題中,只要知道這個平均值就可以了. 但是數學期望畢竟只能反應平均值,有很大的局限性,在某些問題中,僅僅知道平均值是不夠的. 還是以手錶的日走時誤差為例:如果有甲乙兩種牌號的手錶,它們的日走時誤差分別為 X_1 和 X_2,其分佈律如下:

X_1	-1	0	1
p	0.1	0.8	0.1

X_2	-2	-1	0	1	2
p	0.1	0.2	0.4	0.2	0.1

容易驗證,$E(X_1) = E(X_2)$. 從數學期望(即日走時誤差的平均值)去比較這兩種牌號的手錶,是分不出它們的優劣的. 如果仔細觀察一下這兩個分佈律,就會得出結論:甲牌號的手錶要優於乙牌號,何以見得呢?

先討論甲牌號,已知 $E(X_1) = 0$,從分佈律可知,大部分手錶(占 80%)的日走時誤差為 0,小部分手錶(占 20%)日走時誤差分散在 $E(X_1)$ 的兩側(± 1 秒). 再看乙牌號,雖然也有 $E(X_2) = 0$,但是只有小部分(占 40%)的日走時誤差為 0,大部分(占 60%)的日走時誤差分散在 $E(X_2)$ 的兩側,而且分散的範圍也比甲牌號的大(達 ± 2 秒). 由此看來,兩種牌號的手錶中甲牌號的手錶日走時誤差比較穩定,所以甲牌號比乙牌號好. 對於這樣的討論,讀者可能會覺得有點囉唆. 那麼,是否可以用一個數字指標來度量一個隨機變量對它的期望值的偏離程度呢? 這正是本節所要討論的問題.

如果 X 是要討論的隨機變量,$E(X)$ 是它的數學期望,則 $|X - E(X)|$ 就可以度量隨機變量 X 和它的期望值 $E(X)$ 之間偏差的大小. 由於絕對值運算有許多不便之處,人們便用 $[X - E(X)]^2$ 去度量這個偏差,但是 $[X - E(X)]^2$ 是一個隨機變量,應該用它的平均

值,即用 $E[X-E(X)]^2$ 來度量 X 對它的期望 $E(X)$ 的偏離程度.

定義 4.10 設 X 是一個隨機變量,如果 $E[X-E(X)]^2$ 存在,則稱 $E[X-E(X)]^2$ 為 X 的方差,記為 $D(X)$ 或 $Var(X)$,即

$$D(X) = Var(X) = E[X-E(X)]^2$$

在應用上,還引入了與隨機變量 X 具有相同量綱的量 $\sqrt{D(X)}$,記為 $\sigma(X)$,稱為 X 的標準差或均方差.

由定義可知,方差實際上就是隨機變量 X 的函數 $g(X) = [X-E(X)]^2$ 的數學期望.於是,對於離散型隨機變量,有:

$$D(X) = \sum_{k=1}^{\infty} [x_k - E(X)]^2 \cdot p_k$$

其中 $P\{X=x_k\} = p_k (k=1,2\cdots)$ 是 X 的分佈律.

對於連續型隨機變量,則有:

$$D(X) = \int_{-\infty}^{+\infty} [x - E(X)]^2 \cdot f(x) \mathrm{d}x$$

其中 $f(x)$ 是 X 的概率密度.

隨機變量 X 的方差 $D(X)$ 也可按下式計算:

$$D(X) = E(X^2) - [E(X)]^2$$

這是因為:

$$\begin{aligned} D(X) &= E[X-E(X)]^2 = E[X^2 - 2X \cdot E(X) + (E(X))^2] \\ &= E(X^2) - 2E(X) \cdot E(X) + [E(X)]^2 \\ &= E(X^2) - [E(X)]^2 \end{aligned}$$

現在不妨來計算一下前述甲乙兩種牌號手錶的日走時誤差的方差,由於 $E(X_1) = E(X_2) = 0$,利用上式,有:

$$D(X_1) = E(X_1^2) = (-1)^2 \times 0.1 + 0^2 \times 0.8 + 1^2 \times 0.1 = 0.2$$

$$D(X_2) = E(X_2^2) = (-2)^2 \times 0.1 + (-1)^2 \times 0.2 + 0^2 \times 0.4 + 1^2 \times 0.2 + 2^2 \times 0.1 = 1.2$$

顯然有 $D(X_1) < D(X_2)$,故甲牌號優於乙牌號. 這樣的比較比起前面的大段討論當然要簡潔得多了.

例 1 設隨機變量 X 服從二點分佈,其分佈律為:

$$P\{X=0\} = 1-p, P\{X=1\} = p$$

求 $D(X)$.

解

$$E(X) = 0 \times (1-p) + 1 \times p = p$$

$$E(X^2) = 0^2 \times (1-p) + 1^2 \times p = p$$

於是:

$$D(X) = E(X^2) - [E(X)]^2 = p - p^2 = p(1-p)$$

例2 設隨機變量 $X \sim \pi(\lambda)$，求 $D(X)$.

解 X 的分佈律為：

$$P\{X=k\} = \frac{\lambda^k e^{-\lambda}}{k!} \quad (k=0,1,2\cdots;\lambda>0)$$

由前面知，$E(X) = \lambda$，而：

$$\begin{aligned}E(X^2) &= E[X(X-1)+X] = E[X(X-1)] + E(X) \\ &= \sum_{k=0}^{\infty} k(k-1)\frac{\lambda^k e^{-\lambda}}{k!} + \lambda = \lambda^2 e^{-\lambda}\sum_{k=2}^{\infty}\frac{\lambda^{k-2}}{(k-2)!} + \lambda \\ &= \lambda^2 e^{-\lambda} e^{\lambda} + \lambda = \lambda^2 + \lambda\end{aligned}$$

於是：

$$D(X) = E(X^2) - [E(X)]^2 = \lambda$$

由此可知，泊鬆分佈的數學期望與方差相等，都等於參數 λ. 由於泊鬆分佈只含一個參數 λ，因此只要知道它的數學期望或方差就能完全確定它的分佈了.

例3 設隨機變量 $X \sim U(a,b)$，求 $D(X)$.

解 X 的概率密度為：

$$f(x) = \begin{cases} \dfrac{1}{b-a}, & a<x<b \\ 0, & 其他 \end{cases}$$

由前面知，$E(X) = \dfrac{a+b}{2}$，於是：

$$\begin{aligned}D(X) &= E(X^2) - [E(X)]^2 = \int_a^b x^2 \cdot \frac{1}{b-a}\mathrm{d}x - \left(\frac{a+b}{2}\right)^2 \\ &= \frac{1}{b-a} \cdot \frac{b^3-a^3}{3} - \frac{(a+b)^2}{4} = \frac{(b-a)^2}{12}\end{aligned}$$

例4 設隨機變量 X 服從指數分佈，其概率密度為：

$$f(x) = \begin{cases} \dfrac{1}{\lambda}e^{-\frac{x}{\lambda}}, & x>0 \\ 0, & 其他 \end{cases}$$

其中 $\lambda>0$，求 $D(X)$.

解
$$\begin{aligned}E(X^2) &= \int_{-\infty}^{+\infty} x^2 f(x)\mathrm{d}x = \int_0^{+\infty} x^2 \cdot \frac{1}{\lambda}e^{-\frac{x}{\lambda}}\mathrm{d}x = -\int_0^{+\infty} x^2 \mathrm{d}(e^{-\frac{x}{\lambda}}) \\ &= -x^2 e^{-\frac{x}{\lambda}}\Big|_0^{+\infty} + \int_0^{+\infty} 2xe^{-\frac{x}{\lambda}}\mathrm{d}x = -2\lambda\int_0^{+\infty} x\mathrm{d}(e^{-\frac{x}{\lambda}}) \\ &= -2\lambda x \cdot e^{-\frac{x}{\lambda}}\Big|_0^{+\infty} + 2\lambda \cdot \int_0^{+\infty} e^{-\frac{x}{\lambda}}\mathrm{d}x = -2\lambda^2 e^{-\frac{x}{\lambda}}\Big|_0^{+\infty} = 2\lambda^2\end{aligned}$$

於是：

$$D(X) = E(X^2) - [E(X)]^2 = 2\lambda^2 - \lambda^2 = \lambda^2$$

例5 設隨機變量 $X \sim N(\mu, \sigma^2)$，求 $D(X)$。

解 $E(X) = \mu$，於是：

$$\begin{aligned}
D(X) &= \int_{-\infty}^{+\infty} [x - E(X)]^2 f(x) \, dx \\
&= \frac{1}{\sqrt{2\pi}\sigma} \int_{-\infty}^{+\infty} (x-\mu)^2 e^{-\frac{(x-\mu)^2}{2\sigma^2}} \, dx \quad (\diamondsuit \frac{x-\mu}{\sigma} = t) \\
&= \frac{1}{\sqrt{2\pi}} \int_{-\infty}^{+\infty} \sigma^2 t^2 e^{-\frac{t^2}{2}} \, dt \\
&= \frac{\sigma^2}{\sqrt{2\pi}} \int_{-\infty}^{+\infty} (-t) \, d(e^{-\frac{t^2}{2}}) \\
&= \frac{\sigma^2}{\sqrt{2\pi}} \left(-t e^{-\frac{t^2}{2}} \Big|_{-\infty}^{+\infty} + \int_{-\infty}^{+\infty} e^{-\frac{t^2}{2}} \, dt \right) \\
&= \frac{\sigma^2}{\sqrt{2\pi}} \cdot \sqrt{2\pi} = \sigma^2
\end{aligned}$$

由此可見，正態分佈的第二個參數 σ 即為隨機變量 X 的標準差，因而正態分佈由它的數學期望和標準差唯一確定。

方差的性質：

設 X、Y 為隨機變量，c 為常數，則有：

(1) $D(c) = 0$

(2) $D(cX) = c^2 D(X)$

(3) $D(X + c) = D(X)$

(4) $D(X \pm Y) = D(X) + D(Y)$（X、Y 相互獨立）

例6 設離散型隨機變量 ξ 的概率分佈為：

ξ	-2	-1	0	1	2
p	$\frac{1}{10}$	$\frac{2}{5}$	$\frac{1}{10}$	$\frac{1}{10}$	$\frac{3}{10}$

求：$D(\xi), D(-3\xi + 1)$。

解 $E(\xi) = (-2) \times \frac{1}{10} + (-1) \times \frac{2}{5} + 0 \times \frac{1}{10} + 1 \times \frac{1}{10} + 2 \times \frac{3}{10} = \frac{1}{10}$

$E(\xi^2) = (-2)^2 \times \frac{1}{10} + (-1)^2 \times \frac{2}{5} + 0^2 \times \frac{1}{10} + 1^2 \times \frac{1}{10} + 2^2 \times \frac{3}{10} = \frac{21}{10}$

故

$$D(\xi) = E(\xi^2) - [E(\xi)]^2 = 2.09$$

$$D(-3\xi + 1) = (-3)^2 D(\xi) = 9 \times 2.09 = 18.81$$

例7 設連續型隨機變量 ξ 的分佈密度為：

$$f(x) = \begin{cases} \dfrac{1}{2\sqrt{x}}, & 0 < x < 1 \\ 0, & \text{其他} \end{cases}$$

求：$D(\xi), D(2\xi-1)$.

解
$$E(\xi) = \int_{-\infty}^{+\infty} xf(x)\,dx = \int_0^1 x \cdot \frac{1}{2\sqrt{x}}\,dx = \frac{1}{3}$$

$$E(\xi^2) = \int_{-\infty}^{+\infty} x^2 f(x)\,dx = \int_0^1 \frac{x^2}{2\sqrt{x}}\,dx = \frac{1}{5}$$

故
$$D(\xi) = E(\xi^2) - [E(\xi)]^2 = \frac{4}{45}$$

$$D(2\xi - 1) = D(2\xi) = 2^2 \cdot D(\xi) = 4 \times \frac{4}{45} = \frac{16}{45}$$

幾種常見分佈的數學期望和方差見表 4-2.

表 4-2

分佈	參數	分佈律或概率密度	數學期望	方差
二點分佈	$0<p<1$	$P\{X=k\} = p^k(1-p)^{1-k}, k=0,1$	p	$p(1-p)$
二項分佈	$n \geqslant 1$ $0<p<1$	$P\{X=k\} = C_n^k p^k (1-p)^{n-k}$ $k = 0, 1, \cdots, n$	np	$np(1-p)$
泊鬆分佈	$\lambda > 0$	$P\{X=k\} = \dfrac{\lambda^k e^{-\lambda}}{k!}, k = 0, 1 \cdots$	λ	λ
均勻分佈	$a < b$	$f(x) = \begin{cases} \dfrac{1}{b-a}, & a<x<b \\ 0, & 其他 \end{cases}$	$\dfrac{a+b}{2}$	$\dfrac{(b-a)^2}{12}$
指數分佈	$\lambda > 0$	$f(x) = \begin{cases} \dfrac{1}{\lambda} e^{-\frac{x}{\lambda}}, & x > 0 \\ 0, & 其他 \end{cases}$	λ	λ^2
正態分佈	μ $\sigma > 0$	$f(x) = \dfrac{1}{\sqrt{2\pi}\sigma} e^{-\frac{(x-\mu)^2}{2\sigma^2}}, -\infty < x < +\infty$	μ	σ^2

例 8 設 $E(X) = -2, E(X^2) = 7$，求 $E(2-3X)$ 和 $D(2-3X)$.

解 $E(2-3X) = 2 - 3E(X) = 2 - 3 \times (-2) = 8$

$D(X) = E(X^2) - E^2(X) = 7 - (-2)^2 = 3$

$D(2-3X) = D(-3X) = 9D(X) = 27$

練習 4.4

1. 已知每次射擊的命中率為 0.6，如果進行 10 次射擊，用 X 表示命中的次數，求 $E(X), D(X)$.

2. 在相同的條件下，用兩種方法測量某零件的長度（單位：mm），由大量測量結果得到分佈列見表 4-3.

表 4-3

長度 X	4.8	4.9	5.0	5.1	5.2
p_1	0.1	0.1	0.6	0.1	0.1
p_2	0.2	0.2	0.2	0.2	0.2

其中, p_1、p_2 分別表示 1、2 種方法的概率, 試比較哪種方法的精確度較好.

3. 設隨機變量 X 的密度為:

$$p(x) = \begin{cases} 1+x, & -1 \leq x \leq 0 \\ 1-x, & 0 < x \leq 1 \\ 0, & 其他 \end{cases}$$

求 $D(X)$.

4. 設離散型隨機變量 X 的分佈律為:

X	-1	0	0.5	1	2
p	0.1	0.5	0.1	0.1	0.2

求 $E(X), E(X^2), D(X)$.

5. 盒中有 5 個球, 其中有 3 個白球, 2 個黑球, 從中任取兩個球, 求取出白球數 X 的期望和方差.

6. 設隨機變量 X、Y 相互獨立, 它們的概率密度分別為:

$$f_X(x) = \begin{cases} 2e^{-2x}, & x>0 \\ 0, & x \leq 0 \end{cases}, \quad f_Y(y) = \begin{cases} 4, & 0 \leq x \leq \frac{1}{4} \\ 0, & 其他 \end{cases}$$

求 $D(X+Y)$.

7. 設隨機變量 X 的概率密度為 $f_X(x) = \frac{1}{2}e^{-|x|}, -\infty < x < +\infty$, 求 $D(X)$.

8. 設隨機變量 X 與 Y 相互獨立, 且 $D(X)=1, D(Y)=2$, 求 $D(X-Y)$.

9. 若連續型隨機變量 X 的概率密度為 $f(x) = \begin{cases} ax^2+bx+c, & 0<x<1 \\ 0, & 其他 \end{cases}$, 且 $E(X)=0.5, D(X)=0.15$, 求常數 a, b, c.

4.5 二維隨機變量及其分佈

4.5.1 二維隨機變量

如果隨機試驗的結果需用兩個隨機變量 X 與 Y 的聯合 (X,Y) 來描述,則稱 (X,Y) 為一個二維隨機變(或向)量.

1. 二維隨機變量的分佈函數

定義 4.11 設 (X,Y) 是二維隨機變量,對於任意實數 x,y,二元函數:
$$F(x,y) = P\{(X \leq x) \cap (Y \leq y)\} = P\{X \leq x, Y \leq y\}$$
稱為二維隨機變量 (X,Y) 的分佈函數,或稱為隨機變量 X 和 Y 的聯合分佈函數.

如果將二維隨機變量 (X,Y) 看成平面上隨機點的坐標,那麼二維隨機變量 (X,Y) 的分佈函數 $F(x,y)$ 的幾何意義就是隨機點 (X,Y) 落在圖 4–8 所示無窮矩形域內的概率.

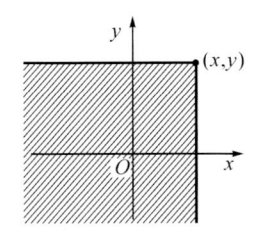

圖 4–8

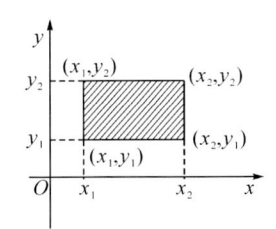

圖 4–9

$F(x,y)$ 是一個普通的二元函數,它的定義域是 R^2. $F(x,y)$ 具有以下性質:

性質 1 $0 \leq F(x,y) \leq 1$,且對於任意固定的 y, $F(-\infty, y) = 0$;對於任意固定的 x, $F(x, -\infty) = 0$; $F(-\infty, -\infty) = 0$; $F(+\infty, +\infty) = 1$.

性質 2 對於任意的 $x_1 < x_2$ 和固定的 y,都有 $F(x_2, y) \geq F(x_1, y)$;對於任意的 $y_1 < y_2$ 和固定的 x,都有 $F(x, y_1) \leq F(x, y_2)$.

性質 3 $F(x,y) = F(x^+, y)$; $F(x,y) = F(x, y^+)$,即 $F(x,y)$ 關於 x 右連續,關於 y 也右連續.

性質 4 對於任意 $(x_1, y_1), (x_2, y_2), x_1 < x_2, y_1 < y_2$ (見圖 4–9),下述不等式成立:
$$F(x_2, y_2) - F(x_2, y_1) + F(x_1, y_1) - F(x_1, y_2) \geq 0$$

2. 二維離散型隨機變量的分佈

若二維隨機變量 (X,Y) 只能取有限對或可列無窮對值,則稱 (X,Y) 為二維離散型隨機變量.

設二維離散型隨機變量 (X,Y) 的所有可能取值為 (x_i, y_j) $(i,j = 1,2\cdots)$ 且:

$$P\{X=x_i, Y=y_j\} = p_{ij} \quad (i,j=1,2\cdots)$$

則稱 $P\{X=x_i, Y=y_j\} = p_{ij}(i,j=1,2\cdots)$ 為二維離散型隨機變量 (X,Y) 的分佈律,或隨機變量 X 和 Y 的聯合分佈律.

由概率的定義知:

$$p_{ij} \geq 0, \sum_{i=1}^{\infty} \sum_{j=1}^{\infty} p_{ij} = 1$$

我們經常用表 4-4 表示 X 和 Y 的聯合分佈.

表 4-4

X \ Y	y_1	y_2	$\cdots$	y_j	$\cdots$
x_1	p_{11}	p_{12}	$\cdots$	p_{1j}	$\cdots$
x_2	p_{21}	p_{22}	$\cdots$	p_{2j}	$\cdots$
$\vdots$	$\vdots$	$\vdots$		$\vdots$	
x_i	p_{i1}	p_{i2}	$\cdots$	p_{ij}	$\cdots$
$\vdots$	$\vdots$	$\vdots$		$\vdots$	

例1 袋中裝有 4 個球,每個球上編號分別是 1,2,2,3,今隨機從中 1 次取 1 球,無放回地取 2 次,以 X、Y 分別記第 1 次和第 2 次所取球的編號,求 (X,Y) 的分佈律.

解 記 $x_i = i(i=1,2,3), y_j = j(j=1,2,3)$,依題意,有:

$p_{11} = P\{X=x_1, Y=y_1\} = P\{X=1, Y=1\} = 0$

$p_{12} = P\{X=x_1, Y=y_2\} = P\{X=1, Y=2\} = P\{X=1\} \cdot P\{Y=2|X=1\}$

$\quad = \dfrac{1}{4} \cdot \dfrac{2}{3} = \dfrac{1}{6}$

$\vdots$

類似地,求出:

$p_{31} = \dfrac{1}{4} \cdot \dfrac{1}{3} = \dfrac{1}{12}$

$p_{32} = P\{X=3, Y=2\} = P\{X=3\} \cdot P\{Y=2|X=3\}$

$\quad = \dfrac{1}{4} \cdot \dfrac{2}{3} = \dfrac{1}{6}$

於是,(X,Y) 的分佈律為:

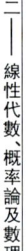

X \ Y	1	2	3
1	0	$\dfrac{1}{6}$	$\dfrac{1}{12}$
2	$\dfrac{1}{6}$	$\dfrac{1}{6}$	$\dfrac{1}{6}$
3	$\dfrac{1}{12}$	$\dfrac{1}{6}$	0

3. 二維連續型隨機變量的分佈

定義 4.12 對二維隨機變量(X,Y)的分佈函數$F(x,y)$，如果存在非負函數$f(x,y)$，使對任意的實數對(x,y)都有：

$$F(x,y) = \int_{-\infty}^{y}\int_{-\infty}^{x} f(u,v)\,\mathrm{d}u\mathrm{d}v$$

則稱(X,Y)為二維連續型隨機變量，非負函數$f(x,y)$稱為二維隨機變量(X,Y)的聯合概率密度，簡稱分佈密度.

由此定義的二維連續型隨機變量(X,Y)的聯合概率密度$f(x,y)$具有下列性質：

性質 1 $f(x,y) \geqslant 0$

性質 2 $\int_{-\infty}^{+\infty}\int_{-\infty}^{+\infty} f(x,y)\,\mathrm{d}x\mathrm{d}y = 1$

性質 3 若$f(x,y)$在點(x_0,y_0)處連續，$F(x,y)$在點(x_0,y_0)的某個鄰域內的二階混合偏導數$F''_{xy}(x,y)$存在，且在點(x_0,y_0)處連續，則有：

$$\frac{\partial^2 F(x,y)}{\partial x \partial y} = f(x_0,y_0)$$

性質 4 設G為xOy平面上的一個區域，則隨機點(X,Y)落在G內的概率為：

$$P\{(X,Y) \in G\} = \iint_{G} f(x,y)\,\mathrm{d}\sigma$$

例 2 已知(X,Y)的概率密度為：

$$f(x,y) = \begin{cases} A\mathrm{e}^{-(2x+3y)}, & x>0, y>0 \\ 0, & 其他 \end{cases}$$

試求：(1)常數A；(2)$P\{0 \leqslant X <1, 0 \leqslant Y <2\}$；(3)$(X,Y)$的分佈函數$F(x,y)$.

解 (1)因$f(x,y)$是概率密度，所以：

$$\begin{aligned} 1 &= \int_{-\infty}^{+\infty}\int_{-\infty}^{+\infty} f(x,y)\,\mathrm{d}x\mathrm{d}y = A\int_{0}^{+\infty}\mathrm{d}x\int_{0}^{+\infty} \mathrm{e}^{-(2x+3y)}\,\mathrm{d}y \\ &= A\int_{0}^{+\infty} \mathrm{e}^{-2x}\,\mathrm{d}x\int_{0}^{+\infty} \mathrm{e}^{-3y} = \frac{1}{6}A \end{aligned}$$

由此可得$A=6$.

(2)$P\{0 \leqslant X <1, 0 \leqslant Y <2\} = \int_{0}^{1}\mathrm{d}x\int_{0}^{2} 6\mathrm{e}^{-(2x+3y)}\,\mathrm{d}y = 6\int_{0}^{1} \mathrm{e}^{-2x}\,\mathrm{d}x\int_{0}^{1} \mathrm{e}^{-3y}\,\mathrm{d}y$

$$= 6\left(-\frac{1}{2}e^{-2x}\right)\Big|_0^1 \cdot \left(-\frac{1}{3}e^{-3y}\right)\Big|_0^2 = (1-e^{-2})(1-e^{-6})$$

(3) $F(x,y) = \int_{-\infty}^{x}\int_{-\infty}^{y} f(u,v)\,du\,dv$

$$= \begin{cases} \int_0^x\int_0^y 6e^{-(2x+3y)}\,du\,dv = (1-e^{-2x})(1-e^{-3y}), & x>0, y>0 \\ 0, & \text{其他} \end{cases}$$

4.5.2 邊緣分佈

(X,Y)為二維隨機變量的同時，X,Y又都是一維隨機變量，我們自然會想到(X,Y)的聯合分佈與X,Y的分佈有何關係？有時，也需要由已知的(X,Y)的聯合分佈去瞭解X,Y的分佈，這便產生了邊緣分佈．

定義4.13 設(X,Y)的分佈函數為$F(x,y)$，則：

$$F_X(x) = P\{X \leq x\} = P\{X \leq x, Y < +\infty\} = \lim_{y \to +\infty} F(x,y) = F(x,+\infty)$$

$$F_Y(y) = P\{Y \leq y\} = P\{X < +\infty, Y \leq y\} = \lim_{x \to +\infty} F(x,y) = F(+\infty,y)$$

分別稱為(X,Y)關於X和Y的邊緣分佈函數，或稱$F_X(x)$為X的邊緣分佈函數，$F_Y(y)$為Y的邊緣分佈函數．

1. 二維離散型隨機變量的邊緣分佈

對於離散型隨機變量(X,Y)，X和Y的分佈律分別稱為二維隨機變量(X,Y)關於X和關於Y的邊緣分佈律．

設(X,Y)的聯合分佈律為：

X \ Y	y_1	y_2	$\cdots$	y_j	$\cdots$
x_1	p_{11}	p_{12}	$\cdots$	p_{1j}	$\cdots$
x_2	p_{21}	p_{22}	$\cdots$	p_{2j}	$\cdots$
$\vdots$	$\vdots$	$\vdots$		$\vdots$	
x_i	p_{i1}	p_{i2}	$\cdots$	p_{ij}	$\cdots$
$\vdots$	$\vdots$	$\vdots$		$\vdots$	

或寫成：

$$P\{X=x_i, Y=y_j\} = p_{ij} \quad (i,j=1,2\cdots)$$

由於$\{Y=y_1\} \cup \{Y=y_2\} \cup \cdots \cup \{Y=y_n\} \cup \cdots = U$ 且 $\{Y=y_i\} \cap \{Y=y_j\} = \emptyset (i \neq j)$

$P\{X=x_i\} = P\{X=x_i, U\}$

$\quad\quad\quad\quad = P\{(X=x_i, Y=y_1) \cup P(X=x_i, Y=y_2) \cup \cdots \cup P(X=x_i, Y=y_n) \cup \cdots\}$

所以：

$$P\{X = x_i\} = \sum_{j=1}^{\infty} P\{X = x_i, Y = y_j\} = \sum_{j=1}^{\infty} p_{ij} = p_{i\cdot}$$

由此,得(X,Y)關於X的邊緣分佈律為:

$$p_{i\cdot} = \sum_{j=1}^{\infty} p_{ij} \quad (i = 1,2\cdots)$$

或寫成:

X	x_1	x_2	$\cdots$	x_i	$\cdots$
$p_{i\cdot}$	$p_{1\cdot}$	$p_{2\cdot}$	$\cdots$	$p_{i\cdot}$	$\cdots$

同理,可定義(X,Y)關於Y的邊緣分佈律為

$$p_{\cdot j} = \sum_{i=1}^{\infty} p_{ij} \quad (j = 1,2\cdots)$$

或寫成:

Y	y_1	y_2	$\cdots$	y_j	$\cdots$
$p_{\cdot j}$	$p_{\cdot 1}$	$p_{\cdot 2}$	$\cdots$	$p_{\cdot j}$	$\cdots$

事實上,將(X,Y)的聯合分佈律的表格中的第i行各數相加,即得$p_{i\cdot}$,將第j列各數相加即得$p_{\cdot j}$,見表4-5.

表4-5

$X \diagdown Y$	y_1	y_2	$\cdots$	y_j	$\cdots$	$p_{i\cdot}$
x_1	p_{11}	p_{12}	$\cdots$	p_{1j}	$\cdots$	$p_{1\cdot}$
x_2	p_{21}	p_{22}	$\cdots$	p_{2j}	$\cdots$	$p_{2\cdot}$
$\vdots$	$\vdots$	$\vdots$		$\vdots$		$\vdots$
x_i	p_{i1}	p_{i2}	$\cdots$	p_{ij}	$\cdots$	$p_{i\cdot}$
$\vdots$	$\vdots$	$\vdots$		$\vdots$		$\vdots$
$p_{\cdot j}$	$p_{\cdot 1}$	$p_{\cdot 2}$	$\cdots$	$p_{\cdot j}$	$\cdots$	1

例3 設袋中裝有3個球,分別標有號碼1、2、3,從中隨機取1球,不放回袋中,再隨機取1球,用X、Y分別表示第1次、第2次取得的球上的號碼,試求(X,Y)的聯合分佈律及邊緣分佈律.

解 (X,Y)可能取的值為數組:$(1,2),(1,3),(2,1),(2,3),(3,1),(3,2)$,由乘法分式,得:

$$p_{ij} = P\{X = x_i, Y = y_j\} = P\{X = x_i\} \cdot P\{Y = y_j | X = x_i\}$$

故:

X \ Y	1	2	3	$p_i.$
1	0	$\frac{1}{6}$	$\frac{1}{6}$	$\frac{1}{3}$
2	$\frac{1}{6}$	0	$\frac{1}{6}$	$\frac{1}{3}$
3	$\frac{1}{6}$	$\frac{1}{6}$	0	$\frac{1}{3}$
$p._j$	$\frac{1}{3}$	$\frac{1}{3}$	$\frac{1}{3}$	1

即關於 X,Y 的邊緣分佈律分別為：

X	1	2	3
$p_i.$	$\frac{1}{3}$	$\frac{1}{3}$	$\frac{1}{3}$

Y	1	2	3
$p._j$	$\frac{1}{3}$	$\frac{1}{3}$	$\frac{1}{3}$

2. 二維連續型隨機變量的邊緣分佈

設 (X,Y) 為二維連續型隨機變量，$F(x,y), f(x,y)$ 分別是 (X,Y) 的聯合分佈函數和聯合概率密度，則有：

$$F(x,y) = \int_{-\infty}^{x}\int_{-\infty}^{y} f(u,v)\,du\,dv$$

由 $F_X(x) = F(x, +\infty)$ 及 $F_Y(y) = F(+\infty, y)$，可得關於 X 和關於 Y 的邊緣分佈函數為：

$$F_X(x) = \int_{-\infty}^{x}\int_{-\infty}^{+\infty} f(u,v)\,du\,dv = \int_{-\infty}^{x}\left[\int_{-\infty}^{+\infty} f(u,v)\,dv\right]du$$

$$F_Y(y) = \int_{-\infty}^{+\infty}\int_{-\infty}^{y} f(u,v)\,du\,dv = \int_{-\infty}^{y}\left[\int_{-\infty}^{+\infty} f(u,v)\,du\right]dv$$

(X,Y) 關於 X,Y 的邊緣概率密度分別為：

$$f_X(x) = F'_X(x) = \int_{-\infty}^{+\infty} f(x,y)\,dy$$

$$f_Y(y) = F'_Y(y) = \int_{-\infty}^{+\infty} f(x,y)\,dx$$

例4 設隨機變量 (X,Y) 的概率密度為：

$$f(x,y) = \begin{cases} \dfrac{6-x-y}{8}, & 0<x<2, 2<y<4 \\ 0, & \text{其他} \end{cases}$$

求邊緣概率密度．

解

$$f_X(x) = \int_{-\infty}^{+\infty} f(x,y)\,dy = \begin{cases} \dfrac{1}{8}\int_2^4 (6-x-y)\,dy, & 0<x<2 \\ 0, & 其他 \end{cases}$$

$$= \begin{cases} \dfrac{3-x}{4}, & 0<x<2 \\ 0, & 其他 \end{cases}$$

同理,得:

$$f_Y(y) = \begin{cases} \dfrac{5-y}{4}, & 2<y<4 \\ 0, & 其他 \end{cases}$$

4.5.3 獨立性

在討論隨機事件的關係時,我們學習了隨機事件的相互獨立性,很自然會聯想到隨機變量之間的相互獨立性.

設 $F(x,y)$、$F_X(x)$、$F_Y(y)$ 分別是二維隨機變量 (X,Y) 的聯合分佈函數和邊緣分佈函數,如果對於任意實數 x,y 都有:

$$P\{X \leq x, Y \leq y\} = P\{X \leq x\} \cdot P\{Y \leq y\}$$

即:

$$F(x,y) = F_X(x) \cdot F_Y(y)$$

則稱隨機變量 X 與 Y 是相互獨立的.

關於隨機變量 X、Y 的相互獨立性,我們有以下性質:

性質1 設 (X,Y) 是離散型隨機變量,則 X 與 Y 相互獨立的充要條件是,對 (X,Y) 的所有可能取值 (x_i, y_j) $(i,j=1,2\cdots)$,均有:

$$P\{X=x_i, Y=y_j\} = P\{X \leq x_i\} \cdot P\{Y \leq y_j\}$$

即

$$p_{ij} = p_{i\cdot} \cdot p_{\cdot j} \quad (i,j=1,2\cdots)$$

性質2 設 $f(x,y)$ 和 $f_X(x)$、$f_Y(y)$ 分別是 X 與 Y 的聯合概率密度和邊緣概率密度,則 X 與 Y 相互獨立的充要條件是對於任意的 x、y 都有:

$$f(x,y) = f_X(x) \cdot f_Y(y)$$

例5 設 (X,Y) 的聯合分佈律為:

X \ Y	-1	1	2
0	$\dfrac{1}{12}$	0	$\dfrac{3}{12}$
$\dfrac{3}{2}$	$\dfrac{2}{12}$	$\dfrac{1}{12}$	$\dfrac{1}{12}$
$\dfrac{1}{2}$	$\dfrac{3}{12}$	$\dfrac{1}{12}$	0

試問隨機變量 X 與 Y 是否相互獨立？

解 判斷 X 與 Y 是否相互獨立，應驗證 (X,Y) 的一切可能取值 (x_i,y_j) $(i,j=1,2\cdots)$ 是否都滿足 $p_{ij}=p_{i\cdot}\cdot p_{\cdot j}$，只要存在某一對 i、j，使 $p_{ij}\neq p_{i\cdot}\cdot p_{\cdot j}$，則 Y 與 X 不相互獨立．
由於：

$$P\{X=0,Y=-1\}=\frac{1}{12}\neq P\{X=0\}\cdot P\{Y=-1\}=\frac{1}{3}\cdot\frac{1}{2}=\frac{1}{6}$$

所以，X 與 Y 不相互獨立．

例6 設 (X,Y) 具有聯合概率密度：

$$f(x,y)=\begin{cases}Ax^2y, & 0\leqslant x\leqslant 1,0\leqslant y\leqslant 2\\ 0, & 其他\end{cases}$$

(1) 求常數 A；(2) 討論 X 與 Y 的相互獨立性．

解 (1) $1=\int_{-\infty}^{+\infty}\int_{-\infty}^{+\infty}f(x,y)\mathrm{d}x\mathrm{d}y=A\int_0^1\mathrm{d}x\int_0^2 x^2y\mathrm{d}y=\frac{2A}{3}$

故：

$$A=\frac{3}{2}$$

即

$$f(x,y)=\begin{cases}\dfrac{3}{2}x^2y, & 0\leqslant x\leqslant 1,0\leqslant y\leqslant 2\\ 0, & 其他\end{cases}$$

(2) $f_X(x)=\int_{-\infty}^{+\infty}f(x,y)\mathrm{d}y=\begin{cases}\int_0^2\dfrac{3}{2}x^2y\mathrm{d}y=3x^2, & 0\leqslant x\leqslant 1\\ 0, & 其他\end{cases}$

$f_Y(y)=\int_{-\infty}^{+\infty}f(x,y)\mathrm{d}x=\begin{cases}\int_0^1\dfrac{3}{2}x^2y\mathrm{d}x=\dfrac{y}{2}, & 0\leqslant y\leqslant 2\\ 0, & 其他\end{cases}$

$f_X(x)\cdot f_Y(y)=\begin{cases}\dfrac{3}{2}x^2y, & 0\leqslant x\leqslant 1,0\leqslant y\leqslant 2\\ 0, & 其他\end{cases}$

顯然，對任意實數 x、y，均有：

$$f(x,y)=f_X(x)\cdot f_Y(y)$$

故隨機變量 X 與 Y 相互獨立．

*4.5.4 協方差和相關係數

對於二維隨機變量 (X,Y)，數學期望 $E(X)$、$E(Y)$ 只反應了 X 與 Y 各自的平均值，方差 $D(X)$、$D(Y)$ 只反應了 X 與 Y 各自對均值的偏離程度，它們對 X 與 Y 之間的相互聯繫不提供任何信息．前面已經指出，二維隨機變量 (X,Y) 的概率密度 $f(x,y)$ 或分佈律 p_{ij} 全面描述了 (X,Y) 的統計規律，其中包含有 X 與 Y 相互聯繫的內容．同數學期望和方差一

樣,當然也希望有一個數字特徵能夠在一定程度上反應二維隨機變量的這種關係.

由數學期望的性質可知,當 X 與 Y 相互獨立時：
$$E[(X-E(X))(Y-E(Y))]=0$$
即當 $E[(X-E(X))(Y-E(Y))]\neq 0$ 時,X 與 Y 肯定不相互獨立,這說明 $E[(X-E(X))\cdot(Y-E(Y))]$ 的數值在一定程度上反應了 X 與 Y 相互間的聯繫,因而我們引入定義 4.14.

定義 4.14 $E[(X-E(X))(Y-E(Y))]$ 稱為隨機變量 X 與 Y 的協方差,記為 $\text{cov}(X,Y)$,即：
$$\text{cov}(X,Y)=E[(X-E(X))(Y-E(Y))]$$

對於任意兩個隨機變量 X 與 Y,有：
$$\text{cov}(X,Y)=E(XY)-E(X)\cdot E(Y)$$
$$D(X\pm Y)=D(X)+D(Y)\pm 2\text{cov}(X,Y)$$

協方差具有下列性質：

性質 1 $\text{cov}(X,Y)=\text{cov}(Y,X)$.

性質 2 $\text{cov}(aX,bY)=ab\text{cov}(X,Y)$,其中 a,b 為任意常數.

性質 3 $\text{cov}(X_1+X_2,Y)=\text{cov}(X_1,Y)+\text{cov}(X_2,Y)$.

以上性質可由定義直接推出,請讀者自己完成證明.

例 7 設隨機變量 (X,Y) 服從二維正態分佈,概率密度為：
$$f(x,y)=\frac{1}{2\pi\sigma_1\sigma_2\sqrt{1-\rho^2}}e^{-\frac{1}{2(1-\rho^2)}\left[(\frac{x-\mu_1}{\sigma_1})^2-2\rho\frac{x-\mu_1}{\sigma_1}\cdot\frac{y-\mu_2}{\sigma_2}+(\frac{y-\mu_2}{\sigma_2})^2\right]}$$

求 $\text{cov}(X,Y)$.

解 由於 (X,Y) 的邊緣概率密度為：
$$f_X(x)=\frac{1}{2\sqrt{2\pi}\sigma_1}e^{-\frac{(x-\mu_1)^2}{2\sigma_1^2}},\quad -\infty<x<+\infty$$
$$f_Y(y)=\frac{1}{2\sqrt{2\pi}\sigma_2}e^{-\frac{(x-\mu_2)^2}{2\sigma_2^2}},\quad -\infty<x<+\infty$$

於是有：
$$E(X)=\mu_1,E(Y)=\mu_2$$
$$D(X)=\sigma_1^2,D(Y)=\sigma_2^2$$

而：
$$\text{cov}(X,Y)$$
$$=\int_{-\infty}^{+\infty}\int_{-\infty}^{+\infty}(x-\mu_1)(y-\mu_2)\frac{1}{2\pi\sigma_1\sigma_2\sqrt{1-\rho^2}}e^{-\frac{1}{2(1-\rho^2)}\left[(\frac{x-\mu_1}{\sigma_1})^2-2\rho\frac{x-\mu_1}{\sigma_1}\cdot\frac{y-\mu_2}{\sigma_2}+(\frac{y-\mu_2}{\sigma_2})^2\right]}\mathrm{d}x\mathrm{d}y$$
$$=\frac{1}{2\pi\sigma_1\sigma_2\sqrt{1-\rho^2}}\int_{-\infty}^{+\infty}\int_{-\infty}^{+\infty}(x-\mu_1)(y-\mu_2)e^{-\frac{1}{2(1-\rho^2)}\left[(\frac{x-\mu_1}{\sigma_1})^2-2\rho\frac{x-\mu_1}{\sigma_1}\cdot\frac{y-\mu_2}{\sigma_2}+(\frac{y-\mu_2}{\sigma_2})^2\right]}\mathrm{d}x\mathrm{d}y$$

令 $t = \dfrac{1}{\sqrt{1-\rho^2}}\left(\dfrac{x-\mu_1}{\sigma_1} - \rho\dfrac{y-\mu_2}{\sigma_2}\right), u = \dfrac{y-\mu_2}{\sigma_2}$，則有：

$$\begin{aligned}
\operatorname{cov}(X,Y) &= \frac{1}{2\pi}\int_{-\infty}^{+\infty}\int_{-\infty}^{+\infty}(\sigma_1\sigma_2\sqrt{1-\rho^2}\,tu + \rho\sigma_1\sigma_2 u^2)\mathrm{e}^{-\frac{t^2}{2}-\frac{u^2}{2}}\,\mathrm{d}t\mathrm{d}u \\
&= \frac{\sigma_1\sigma_2\sqrt{1-\rho^2}}{2\pi}\int_{-\infty}^{+\infty}t\mathrm{e}^{-\frac{t^2}{2}}\mathrm{d}t\int_{-\infty}^{+\infty}u\mathrm{e}^{-\frac{u^2}{2}}\mathrm{d}u + \frac{\rho\sigma_1\sigma_2}{2\pi}\int_{-\infty}^{+\infty}\mathrm{e}^{-\frac{t^2}{2}}\mathrm{d}t\int_{-\infty}^{+\infty}u^2\mathrm{e}^{-\frac{u^2}{2}}\mathrm{d}u \\
&= \frac{\rho\sigma_1\sigma_2}{2\pi}\sqrt{2\pi}\sqrt{2\pi} = \rho\sigma_1\sigma_2
\end{aligned}$$

由此結果還可以推出二維正態分佈的第 5 個參數 ρ 的概率意義：

$$\rho = \frac{\operatorname{cov}(X,Y)}{\sigma_1\sigma_2} = \frac{\operatorname{cov}(X,Y)}{\sqrt{D(X)}\sqrt{D(Y)}}$$

即 ρ 是 X,Y 的標準化隨機變量的協方差.

由以上敘述可知,如果協方差 $\operatorname{cov}(X,Y) \neq 0$,則 X 與 Y 不相互獨立而存在一定關係. 但需指出,協方差 $\operatorname{cov}(X,Y) = 0$ 只是 X 與 Y 獨立的必要條件而非充分條件. 但對 (X,Y) 服從二維正態分佈的情況,我們已知道 $\rho = 0$ 是 X 與 Y 相互獨立的充要條件,而由上式不難看出,$\rho = 0$ 和 $\operatorname{cov}(X,Y) = 0$ 是等價的,所以對於二維正態分佈而言,$\operatorname{cov}(X,Y) = 0$ 也是 X 與 Y 相互獨立的充要條件. 但要注意,對於一般情況的二維分佈,充分性是不成立的.

定義 4.15 設 X 與 Y 是兩個隨機變量,則：

$$\frac{\operatorname{cov}(X,Y)}{\sigma(X)\sigma(Y)}$$

稱為隨機變量 X 與 Y 的相關係數,記為 ρ_{XY} 或 ρ,即：

$$\rho_{XY} = \frac{\operatorname{cov}(X,Y)}{\sigma(X)\sigma(Y)}$$

例 8 設隨機變量 (X,Y) 的概率密度為：

$$f(x,y) = \begin{cases}\dfrac{1}{\pi}, & x^2+y^2 \leq 1 \\ 0, & 其他\end{cases}$$

試證 X 與 Y 不相關,且 X 與 Y 也不相互獨立.

證明 由於：

$$E(X) = \mu_1 = \int_{-\infty}^{+\infty}\int_{-\infty}^{+\infty}xf(x,y)\mathrm{d}x\mathrm{d}y = \frac{1}{\pi}\int_0^{2\pi}\int_0^1 r\cos\theta\cdot r\mathrm{d}r\mathrm{d}\theta = 0$$

$$E(Y) = \mu_2 = \int_{-\infty}^{+\infty}\int_{-\infty}^{+\infty}yf(x,y)\mathrm{d}x\mathrm{d}y = \frac{1}{\pi}\int_0^{2\pi}\int_0^1 r\sin\theta\cdot r\mathrm{d}r\mathrm{d}\theta = 0$$

於是：

$$\begin{aligned}
\operatorname{cov}(X,Y) &= \int_{-\infty}^{+\infty}\int_{-\infty}^{+\infty}(x-\mu_1)(y-\mu_2)f(x,y)\mathrm{d}x\mathrm{d}y \\
&= \frac{1}{\pi}\int_0^{2\pi}\int_0^1 r^2\sin\theta\cos\theta\cdot r\mathrm{d}r\mathrm{d}\theta = 0
\end{aligned}$$

即 X 與 Y 是不相關的.

又由於：

$$f_X(x) = \int_{-\infty}^{+\infty} f(x,y)\,dy$$

$$= \begin{cases} \dfrac{1}{\pi}\int_{-\sqrt{1-x^2}}^{\sqrt{1-x^2}} dy = \dfrac{2}{\pi}\sqrt{1-x^2}, & -1 \leq x \leq 1 \\ 0, & \text{其他} \end{cases}$$

$$f_Y(y) = \int_{-\infty}^{+\infty} f(x,y)\,dx$$

$$= \begin{cases} \dfrac{1}{\pi}\int_{-\sqrt{1-y^2}}^{\sqrt{1-y^2}} dx = \dfrac{2}{\pi}\sqrt{1-y^2}, & -1 \leq y \leq 1 \\ 0, & \text{其他} \end{cases}$$

於是：
$$f(x,y) \neq f_X(x) \cdot f_Y(y)$$

故 X 與 Y 不相互獨立.

性質 4 對隨機變量 X 與 Y，下列結論是等價的：

(1) $\mathrm{cov}(X,Y) = 0$；

(2) X 與 Y 不相關；

(3) $E(XY) = E(X) \cdot E(Y)$；

(4) $D(X \pm Y) = D(X) + D(Y)$.

練習 4.5

1. 已知 10 件產品中有 3 件一等品，5 件二等品，2 件三等品，從這批產品中任取 4 件產品，求其中一等品、二等品件數的二維概率分佈.

2. 函數 $f(x,y) = \begin{cases} ce^{-(x+y)}, & x>0, y>0 \\ 0, & \text{其他} \end{cases}$ 是否可為 (X,Y) 的概率密度.

3. 設隨機變量 (X,Y) 的概率密度為 $f(x,y) = \begin{cases} k(6-x-y), & 0<x<2, 2<y<4 \\ 0, & \text{其他} \end{cases}$

(1) 確定常數 k；(2) 求 $P\{X<1, Y\leq 3\}$；(3) 求 $P\{X<1.5\}$；(4) 求 $P\{X+Y\leq 4\}$.

4. 將一硬幣拋擲 3 次，以 X 表示 3 次中出現正面的次數，以 Y 表示 3 次中出現正面次數與出現反面次數之差的絕對值，試寫出 X 和 Y 的聯合分佈律以及 (X,Y) 的邊緣分佈律.

5. 設二維隨機變量 (X,Y) 的概率密度為：
$$f(x,y) = \begin{cases} ky(2-x), & 0\leq x\leq 1, 0\leq y\leq x \\ 0, & \text{其他} \end{cases}$$

試求常數 k 及邊緣概率密度函數 $f_X(x)$ 及 $f_Y(y)$，並判斷 X 與 Y 是否相互獨立.

6. 設隨機變量(X,Y)的聯合分佈律為：

X \ Y	-1	1	2
-1	$\frac{1}{8}$	$\frac{1}{8}$	$\frac{1}{8}$
0	$\frac{1}{8}$	0	$\frac{1}{8}$
1	$\frac{1}{8}$	$\frac{1}{8}$	$\frac{1}{8}$

試驗證X和Y不相關，且X與Y也不相互獨立．

7. 已知三個隨機變量X、Y、Z的$E(X)=E(Y)=1,E(Z)=-1,D(X)=D(Y)=D(Z)=1,\rho_{XY}=0,\rho_{XZ}=\frac{1}{2},\rho_{YZ}=-\frac{1}{2}$，求：$E(X+Y+Z),D(X+Y+Z)$．

8. 設隨機變量X、Y的方差分別為25、36，相關係數為0.4，求$D(X+Y)$及$D(X-Y)$．

習題四

一、選擇題

1. 設一批產品共有1,000件，其中有50件次品，從中隨機地、有放回地抽取500件產品，X表示抽到次品的件數，則$P\{X=3\}=(\quad)$．

   A. $\dfrac{C_{50}^{3}C_{950}^{497}}{C_{1,000}^{500}}$ B. $\dfrac{A_{50}^{3}A_{950}^{497}}{A_{1,000}^{500}}$

   C. $C_{500}^{3}(0.05)^{3}(0.95)^{497}$ D. $\dfrac{3}{500}$

2. 設隨機變量$X \sim B(4,0.2),P\{X>3\}=(\quad)$．
   A. 0.001,6 B. 0.027,2
   C. 0.409,6 D. 0.819,2

3. 設隨機變量X的分佈函數為$F(x)$，下列結論中不一定成立的是($\quad$)．
   A. $F(+\infty)=1$ B. $F(-\infty)=0$
   C. $0 \leq F(x) \leq 1$ D. $F(x)$為連續函數

4. 下列各函數中可以是隨機變量分佈函數的為($\quad$)．

   A. $F_{1}(x)=\dfrac{1}{1+x^{2}},\quad -\infty < x < +\infty$

B. $F_2(x) = \begin{cases} 0, & x \leq 0 \\ \dfrac{x}{1+x}, & x > 0 \end{cases}$

C. $F_3(x) = e^{-x}, \quad -\infty < x < +\infty$

D. $F_4(x) = \dfrac{3}{4} + \dfrac{1}{2\pi}\arctan x, \quad -\infty < x < +\infty$

5. 設隨機變量 X 的概率密度為 $f(x) = \begin{cases} \dfrac{a}{x^2}, & x > 10 \\ 0, & x \leq 10 \end{cases}$,則常數 $a = ($ $)$.

   A. -10
   B. $-\dfrac{1}{500}$
   C. $\dfrac{1}{500}$
   D. 10

6. 如果函數 $f(x) = \begin{cases} x, & a \leq x \leq b \\ 0, & 其他 \end{cases}$ 是某連續型隨機變量的概率密度,則區間 $[a,b]$ 可以是(   ).

   A. $[0,1]$
   B. $[0,2]$
   C. $[0,\sqrt{2}]$
   D. $[1,2]$

7. 設隨機變量 X 的取值範圍是 $[-1,1]$,以下函數可以作為 X 的概率密度的是(   ).

   A. $\begin{cases} \dfrac{1}{2}, & -1 < x < 1 \\ 0, & 其他 \end{cases}$
   B. $\begin{cases} 2, & -1 < x < 1 \\ 0, & 其他 \end{cases}$
   C. $\begin{cases} x, & -1 < x < 1 \\ 0, & 其他 \end{cases}$
   D. $\begin{cases} x^2, & -1 < x < 1 \\ 0, & 其他 \end{cases}$

8. 設連續型隨機變量 X 的概率密度為 $f(x) = \begin{cases} \dfrac{x}{2}, & 0 < x < 2 \\ 0, & 其他 \end{cases}$,則 $P\{-1 \leq x \leq 1\} = ($ $)$.

   A. 0
   B. 0.25
   C. 0.5
   D. 1

9. 設隨機變量 $X \sim U(2,4)$,則 $P\{3 < X < 4\} = ($ $)$.

   A. $P\{2.25 < X < 3.25\}$
   B. $P\{1.5 < X < 2.5\}$
   C. $P\{3.5 < X < 4.5\}$
   D. $P\{4.5 < X < 5.5\}$

10. 設隨機變量 X 的概率密度為 $f(x) = \dfrac{1}{2\sqrt{2\pi}} e^{-\frac{(x+1)^2}{8}}$,則 $X \sim ($ $)$.

    A. $N(-1,2)$
    B. $N(-1,4)$
    C. $N(-1,8)$
    D. $N(-1,16)$

11. 已知隨機變量 X 的概率密度為 $f_X(x)$，令 $Y = -2X$，則 Y 的概率密度 $f_Y(y)$ 為( )．

A. $2f_X(-2y)$
B. $f_X\left(-\dfrac{y}{2}\right)$

C. $-\dfrac{1}{2}f_X\left(-\dfrac{y}{2}\right)$
D. $\dfrac{1}{2}f_X\left(-\dfrac{y}{2}\right)$

12. 設隨機變量 X 服從參數為 0.5 的指數分佈，則下列各項中正確的是( )．

A. $E(X)=0.5, D(X)=0.25$
B. $E(X)=2, D(X)=4$

C. $E(X)=0.5, D(X)=4$
D. $E(X)=2, D(X)=0.25$

13. 設隨機變量 X, Y 相互獨立，且 $X \sim B(16, 0.5), Y$ 服從參數為 9 的泊鬆分佈，則 $D(X-2Y+1) = ($ $)$．

A. -14
B. 13

C. 40
D. 41

14. 已知 $D(X)=15, D(Y)=1, \rho_{XY}=0.4$，則 $D(X-Y)=($ $)$．

A. 6
B. 22

C. 30
D. 46

15. 設 (X, Y) 為二維連續型隨機變量，則 X 與 Y 不相關的充分必要條件是( )．

A. X 與 Y 相互獨立
B. $E(X+Y) = E(X) + E(Y)$

C. $E(XY) = E(X)E(Y)$
D. $(X,Y) \sim N(\mu_1, \mu_2, \sigma_1^2, \sigma_2^2, 0)$

16. 設二維隨機變量 $(X,Y) \sim N(1,1,4,9,\dfrac{1}{2})$，則 $\text{cov}(X,Y) = ($ $)$．

A. $\dfrac{1}{2}$
B. 3

C. 18
D. 36

17. 已知隨機變量 X 與 Y 相互獨立，且它們分別在區間 $[-1,3]$ 和 $[2,4]$ 上服從均勻分佈，則 $E(XY) = ($ $)$．

A. 3
B. 6

C. 10
D. 12

18. 設二維隨機變量 $(X,Y) \sim N(0,0,1,1,0)$，$\Phi(x)$ 為標準正態分佈函數，則下列結論中錯誤的是( )．

A. X 與 Y 都服從 $N(0,1)$ 正態分佈
B. X 與 Y 相互獨立

C. $\text{cov}(X,Y) = 1$
D. (X,Y) 的分佈函數是 $\Phi(x) \cdot \Phi(y)$

二、填空題

1. 已知隨機變量 X 的分佈律為：

X	1	2	3	4	5
p	$2a$	0.1	0.3	a	0.3

則常數 $a =$ ＿＿＿＿＿．

2. 設隨機變量 X 的分佈律為：

X	1	2	3
p	$\frac{1}{6}$	$\frac{2}{6}$	$\frac{3}{6}$

記 X 的分佈函數為 $F(x)$，則 $F(2) =$ ＿＿＿＿＿．

3. 拋硬幣 5 次，記其中正面向上的次數為 X，則 $P\{X \leq 4\} =$ ＿＿＿＿＿．

4. 設 X 服從參數為 λ（$\lambda > 0$）的泊鬆分佈，且 $P\{X=0\} = \frac{1}{2} P\{X=2\}$，則 $\lambda =$ ＿＿＿＿＿．

5. 設隨機變量 X 的分佈函數為：

$$F(x) = \begin{cases} 0, & x < a \\ 0.4, & a \leq x < b \\ 1, & x \geq b \end{cases}$$

其中 $0 < a < b$，則 $P\left\{\frac{a}{2} < X < \frac{a+b}{2}\right\} =$ ＿＿＿＿＿．

6. 設 X 為連續型隨機變量，c 是一個常數，則 $P\{X=c\} =$ ＿＿＿＿＿．

7. 設連續型隨機變量 X 的分佈函數為：

$$F(x) = \begin{cases} \frac{1}{3}e^x, & x < 0 \\ \frac{1}{3}(x+1), & 0 \leq x < 2 \\ 1, & x \geq 2 \end{cases}$$

記 X 的概率密度為 $f(x)$，則 $x < 0$ 時 $f(x) =$ ＿＿＿＿＿．

8. 設連續型隨機變量 X 的分佈函數為 $F(x) = \begin{cases} 1 - e^{-2x}, & x > 0 \\ 0, & x \leq 0 \end{cases}$，其概率密度為 $f(x)$，則 $f(1) =$ ＿＿＿＿＿．

9. 設隨機變量 X 的概率密度為 $f(x) = \begin{cases} \dfrac{1}{2a}, & -a < x < a \\ 0, & 其他 \end{cases}$，其中 $a > 0$，要使

$P\{X>1\} = \dfrac{1}{3}$,則常數 $a = \underline{\qquad}$.

10. 設隨機變量 $X \sim N(0,1)$,$\Phi(x)$ 為其分佈函數,則 $\Phi(x) + \Phi(-x) = \underline{\qquad}$.

11. 設 $X \sim N(\mu, \sigma^2)$,其分佈函數為 $F(x)$,$\Phi(x)$ 為標準正態分佈函數,則 $F(x)$ 與 $\Phi(x)$ 之間的關係是 $F(x) = \underline{\qquad}$.

12. 設 $X \sim N(2,4)$,則 $P\{X \leqslant 2\} = \underline{\qquad}$.

13. 設 $X \sim N(5,9)$,已知標準正態分佈函數值為 $\Phi(0.5) = 0.691\,5$,為使 $P\{X<a\} < 0.691\,5$,則常數 $a < \underline{\qquad}$.

14. 設 $X \sim N(0,1)$,則 $Y = 2X+1$ 的概率密度 $f_Y(y) = \underline{\qquad}$.

15. 若二維隨機變量 $(X,Y) \sim N(\mu_1, \mu_2, \sigma_1^2, \sigma_2^2, \rho)$,且 X 與 Y 相互獨立,則 $\rho = \underline{\qquad}$.

16. 設隨機變量 X 的分佈律為:

X	-1	0	1	2
p	0.1	0.2	0.3	0.4

令 $Y = 2X+1$,則 $E(Y) = \underline{\qquad}$.

17. 已知隨機變量 X 服從泊松分佈,且 $D(X) = 1$,則 $P\{X=1\} = \underline{\qquad}$.

18. 設隨機變量 X 與 Y 相互獨立,且 $D(X) = D(Y) = 1$,則 $D(X-Y) = \underline{\qquad}$.

19. 已知隨機變量 X 服從參數為 2 的泊松分佈,$E(X^2) = \underline{\qquad}$.

20. 設 X 為隨機變量,且 $E(X) = 2$,$D(X) = 4$,則 $E(X^2) = \underline{\qquad}$.

21. 已知隨機變量 X 的分佈函數為:

$$F(x) = \begin{cases} 0, & x < 0 \\ \dfrac{x}{4}, & 0 \leqslant x < 4 \\ 1, & x \geqslant 4 \end{cases}$$

則 $E(X) = \underline{\qquad}$.

22. 設隨機變量 X 與 Y 相互獨立,且 $D(X) = 2$,$D(Y) = 1$,則 $D(X-2Y+3) = \underline{\qquad}$.

三、解答題

1. 菜場根據以往零售某種蔬菜的經驗知道,進貨後,第 1 天售出的概率是 50%,每 10 千克的毛利是 10 元;第 2 天售出 30%,每 10 千克的毛利是 5 元;第 3 天能全部售出,其毛利只有每 10 千克 1 元. 求每 10 千克毛利 X 的概率分佈.

2. 設隨機變量 Y 的概率分佈為:

$$P(Y=k) = c\left(\dfrac{2}{3}\right)^k \quad (k=1,2)$$

試確定常數 c，並求 $E(Y),D(Y)$.

3. 按照規定，某種型號燈管的使用壽命超過 5,000 小時為一級品，現已知一大批此種燈管中的一級品率為 0.2，從中任意抽測 10 只，問這 10 只燈管中恰有 k 只為一級品的概率是多少?

4. 若書中的某一頁上出現印刷錯誤的個數服從參數為 0.5 的泊鬆分佈，求該頁上至少有 1 個印刷錯誤的概率.

5. 設連續型隨機變量 X 的密度函數為：
$$f(x)=\begin{cases}Ax^2, & 0<x<2\\ 0, & 其他\end{cases}$$

（1）試確定常數 A；

（2）求概率 $P(-2<x<0.5)$；

（3）求 $E(X),D(X)$.

6. 某市每天的用電量不超過百萬瓦，用 Z 表示每天的耗電率，耗電率等於用電量/百萬瓦，設 Z 具有密度函數：
$$f(z)=\begin{cases}12z(1-z)^2, & 0<z<1\\ 0, & 其他\end{cases}$$

若該市每天供應的電量只有 80 萬瓦，求每天供應的電量不夠的概率，若每天供電量為 90 萬瓦呢？

7. A,B 兩臺機床同時生產一種產品，生產 1,000 個這種產品所出的次品數分別用 X、Y 表示，根據以往經驗知道它們的概率分佈為：

次品個數	0	1	2	3
X 的分佈列	0.7	0.1	0.1	0.1
Y 的分佈列	0.5	0.3	0.2	0

試比較兩臺機床的優劣.

8. 設隨機變量 X 的密度函數為：
$$f(x)=\begin{cases}a+bx^2, & 0\leqslant x\leqslant 1\\ 0, & 其他\end{cases}$$

且 $E(X)=3/5$，試確定系數 a、b，並求 $D(X)$.

9. 設隨機變量 X 的密度函數為：
$$f(x)=\begin{cases}0, & x\leqslant a\\ \dfrac{3a^3}{x^4}, & x>a\end{cases}\quad(a>0)$$

求 $E(X),D(X),E\left(\dfrac{2}{3}X-a\right),D\left(\dfrac{2}{3}X-a\right)$.

10. 設 X 的概率密度為 $f(x) = \begin{cases} |x|, & -1 \leq x \leq 1 \\ 0, & 其他 \end{cases}$, 求:(1) X 的分佈函數 $F(x)$;
(2) $P\{X < 0.5\}$ 與 $P\{X > -0.5\}$.

11. 設隨機變量 X 的密度函數為:

$$f(x) = \begin{cases} x, & 0 \leq x \leq 1 \\ 2-x, & 1 \leq x < 2 \\ 0, & 其他 \end{cases}$$

求:(1) $E(X)$ 與 $D(X)$;(2) $E(X^n)$, 其中 n 為正整數.

12. 設隨機變量 X_1 與 X_2 相互獨立, 且 $X_1 \sim N(\mu, \sigma^2)$, $X_2 \sim N(\mu, \sigma^2)$, 令 $X = X_1 + X_2$, $Y = X_1 - X_2$, 求:(1) $D(X)$ 與 $D(Y)$;(2) X 與 Y 的相關係數 ρ_{XY}.

13. 設隨機變量 X 的概率密度函數為:

$$f(x) = \begin{cases} 2e^{-2x}, & x > 0 \\ 0, & x \leq 0 \end{cases}$$

(1) 求 $E(X)$ 與 $D(X)$;

(2) 令 $Y = \dfrac{X - E(X)}{\sqrt{D(X)}}$, 求 Y 的概率密度 $f_Y(y)$.

14. 設二維隨機變量 (X, Y) 的概率密度為:

$$f(x, y) = \begin{cases} 2, & 0 \leq x \leq 1, 0 \leq y \leq x \\ 0, & 其他 \end{cases}$$

求:(1) $E(X + Y)$;(2) $E(XY)$;(3) $P\{X + Y \leq 1\}$.

15. 設隨機變量 X 的分佈律為:

X	-1	0	1
p	$\dfrac{1}{3}$	$\dfrac{1}{3}$	$\dfrac{1}{3}$

記 $Y = X^2$, 求:(1) $D(X)$ 與 $D(Y)$;(2) ρ_{XY}.

16. 設隨機變量 X_1, X_2, X_3, X_4 相互獨立, 且有 $E(X_i) = i$, $D(X_i) = 5 - i$, $i = 1, 2, 3, 4$. $Y = 2X_1 - X_2 + 3X_3 - \dfrac{1}{2}X_4$, 求 $E(Y)$ 與 $D(Y)$.

第五章
數理統計初步

本章將介紹數理統計的初步知識. 數理統計是一個應用廣泛的數學分支, 它以概率論的理論為基礎, 研究如何通過試驗或觀察獲得數據資料, 如何利用所得的數據資料對所研究的隨機現象的一般概率特徵(概率分佈律、數學期望、方差等)做出推斷.

數理統計的內容相當豐富, 本章只介紹抽樣分佈、參數估計與假設檢驗.

5.1 數理統計的基本概念

5.1.1 總體與個體

在統計學中, 我們把研究對象的全體稱為總體, 而把總體中每個單位稱為個體. 例如, 我們要研究一家工廠某產品的次品率, 這時所有的產品就是總體, 而每件產品就是個體. 由此可見, 總體與個體的關係, 就像集合與元素的關係.

在試驗中抽取某個個體進行研究所得的值 x, 就是一個隨機變量, 因而可以用 x 的分佈去描述總體的分佈情況. 如果把總體與隨機變量 x 的所有可能取值的全體所構成的集合等同起來, 這樣隨機變量 x 的分佈就成了總體的分佈. 統計學的任務就是由對個體(隨機變量)的研究來推測總體的分佈規律. 但是作為統計研究對象的總體的分佈一般是未知的, 為了獲得對總體分佈的認識, 一般的方法是對總體進行抽樣觀察. 通常的做法是從它全部的對象中隨機地抽取一些樣品來研究, 這些樣品稱作樣本, 樣本中所含的個體的個數稱為樣本容量.

在抽取樣本進行分析時, 為了更好地反應總體的特徵, 要求樣本應具有以下特性:

(1) 代表性, 即每個 X_i ($i=1,2,\cdots,n$) 與 X 具有相同的分佈.

(2) 獨立性, 即 X_i ($i=1,2,\cdots,n$) 兩兩之間是相互獨立的.

我們以後討論的樣本, 都是指具有以上特性的樣本, 也稱為簡單隨機樣本. 從總體中抽取容量為 n 的樣本, 一般記為 $(X_1, X_2, \cdots, X_n)$, 而把一次具體測得的結果記為 $(x_1, x_2,$

$\cdots,x_n)$,它是$(X_1,X_2,\cdots,X_n)$的一次具體觀察值(樣本值).

5.1.2 常用的統計量

樣本是進行統計推斷的依據,當我們獲取樣本以後,往往不是直接利用樣本進行推斷,而是針對不同的問題,構造出不含未知參數的樣本函數. 如:

$$\bar{X} = \frac{1}{n}\sum_{i=1}^{n} X_i, \quad S^2 = \frac{1}{n-1}\sum_{i=1}^{n}(X_i - \bar{X})^2$$

等,再利用這些函數,對總體的特徵進行分析與推斷,這些函數就稱為統計量.

定義 5.1 設 $X_1, X_2, \cdots, X_n$ 是總體 X 的一個樣本,$g(X_1, X_2, \cdots, X_n)$ 是 $X_1, X_2, \cdots, X_n$ 的函數,若 $g(X_1, X_2, \cdots, X_n)$ 中不包含總體 X 的任何未知參數,則稱它為一個統計量.

當 $(x_1, x_2, \cdots, x_n)$ 是樣本 $(X_1, X_2, \cdots, X_n)$ 取定的一組觀察值時,則稱 $g(x_1, x_2, \cdots, x_n)$ 是統計量 $g(X_1, X_2, \cdots, X_n)$ 的一個觀察值. 從定義上看,由於樣本是隨機變量,所以它的函數(統計量)也應該是隨機變量. 另外應注意,統計量是不含未知參數的.

下面給出數理統計中幾個最常用的統計量.

設 $X_1, X_2, \cdots, X_n$ 是總體 X 的一個樣本,$x_1, x_2, \cdots, x_n$ 是這一樣本的觀察值.

(1) 樣本平均值(簡稱樣本均值)

$$\bar{X} = \frac{1}{n}\sum_{i=1}^{n} X_i$$

它的觀察值記作:

$$\bar{x} = \frac{1}{n}\sum_{i=1}^{n} x_i$$

(2) 樣本方差

$$S^2 = \frac{1}{n-1}\sum_{i=1}^{n}(X_i - \bar{X})^2$$

它的觀察值記作:

$$s^2 = \frac{1}{n-1}\sum_{i=1}^{n}(x_i - \bar{x})^2$$

樣本方差 S^2 的表達式可以簡化為

$$S^2 = \frac{1}{n-1}\left(\sum_{i=1}^{n} X_i^2 - n\bar{X}^2\right)$$

事實上,我們有

$$S^2 = \frac{1}{n-1}\sum_{i=1}^{n}(X_i^2 - 2X_i\bar{X} + \bar{X}^2)$$

$$= \frac{1}{n-1}\left(\sum_{i=1}^{n} X_i^2 - 2\bar{X}\sum_{i=1}^{n} X_i + n\bar{X}^2\right)$$

$$= \frac{1}{n-1}\left(\sum_{i=1}^{n} X_i^2 - 2\bar{X} \cdot n\bar{X} + n\bar{X}^2\right)$$

$$= \frac{1}{n-1}(\sum_{i=1}^{n} X_i^2 - n\bar{X}^2)$$

於是,樣本方差的觀察值 s^2 的表達式可以簡化為:

$$s^2 = \frac{1}{n-1}(\sum_{i=1}^{n} x_i^2 - n\bar{x}^2)$$

(3) 樣本標準差

$$S = \sqrt{S^2} = \sqrt{\frac{1}{n-1}\sum_{i=1}^{n}(X_i - \bar{X})^2}$$

它的觀察值記作:

$$s = \sqrt{s^2} = \sqrt{\frac{1}{n-1}\sum_{i=1}^{n}(x_i - \bar{x})^2}$$

(4) 樣本 k 階原點矩

$$V_k = \frac{1}{n}\sum_{i=1}^{n} X_i^k$$

它的觀察值記作:

$$v_k = \frac{1}{n}\sum_{i=1}^{n} x_i^k$$

顯然,樣本一階原點矩就是樣本均值,即:

$$V_1 = \bar{X}$$

(5) 樣本 k 階中心矩

$$U_k = \frac{1}{n}\sum_{i=1}^{n}(X_i - \bar{X})^k$$

它的觀察值記作:

$$u_k = \frac{1}{n}\sum_{i=1}^{n}(x_i - \bar{x})^k$$

顯然,樣本一階中心矩恒等於零,即:

$$U_1 \equiv 0$$

樣本二階中心矩 U_2 與樣本方差 S^2 之間有下面的關係式:

$$U_2 = \frac{1}{n}\sum_{i=1}^{n}(X_i - \bar{X})^2$$

$$= \frac{n-1}{n} \cdot \frac{1}{n-1}\sum_{i=1}^{n}(X_i - \bar{X})^2 = \frac{n-1}{n}S^2$$

為了方便起見,今後我們不妨把某統計量的觀察值簡稱為該統計量. 例如,樣本均值 $\bar{X}$ 的觀察值 $\bar{x}$ 簡稱為樣本均值,等等.

5.1.3 幾個重要統計量的分佈

當取得總體的樣本後,通常是借助樣本的統計量對未知的總體分佈進行推斷. 為了

實現推斷的目的,必須進一步確定相應的統計量所服從的分佈. 下面介紹幾個常用的統計量的分佈.

1. χ^2 分佈

定義 5.2　設總體 $X \sim N(0,1)$,$X_1,X_2,\cdots,X_n$ 是它的一個容量為 n 的樣本,則稱統計量:
$$\chi^2 = X_1^2 + X_2^2 + \cdots + X_n^2$$
為服從自由度為 n 的 χ^2 分佈,記為 $\chi^2 \sim \chi^2(n)$.

這裡,自由度是指定義式中包含的獨立變量的個數.

$\chi^2(n)$ 分佈的概率密度為:
$$f(x) = \begin{cases} \dfrac{1}{2^{\frac{n}{2}}\Gamma\left(\dfrac{n}{2}\right)} x^{\frac{n}{2}-1} e^{-\frac{x}{2}}, & x > 0 \\ 0, & \text{其他} \end{cases}$$

其中 $\Gamma(t) = \displaystyle\int_0^{+\infty} x^{t-1} e^{-x} dx \quad (t > 0)$.

$f(x)$ 的圖形見圖 5 – 1.

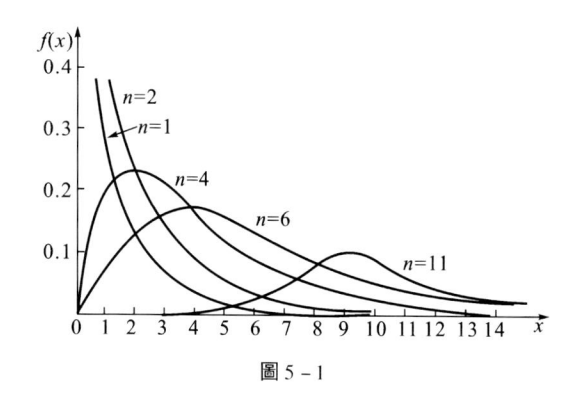

圖 5 – 1

χ^2 分佈具有下列性質:

性質 1　χ^2 分佈的可加性:

設 $\chi_1^2 \sim \chi^2(n_1)$,$\chi_2^2 \sim \chi^2(n_2)$,並且 χ_1^2 與 χ_2^2 相互獨立,則有:
$$\chi_1^2 + \chi_2^2 \sim \chi^2(n_1 + n_2)$$

性質 2　χ^2 分佈的數學期望和方差:

若 $\chi^2 \sim \chi^2(n)$,則:
$$E(\chi^2) = n, \ D(\chi^2) = 2n$$

事實上,因 $X_i \sim N(0,1)$ 故:
$$E(X_i^2) = D(X_i) = 1$$
$$D(X_i^2) = E(X_i^4) - [E(X_i^2)]^2 = 3 - 1 = 2 \quad (i = 1, 2, \cdots, n)$$

於是：

$$E(\chi^2) = E(\sum_{i=1}^{n} X_i^2) = \sum_{i=1}^{n} E(X_i^2) = n$$

$$D(\chi^2) = D(\sum_{i=1}^{n} X_i^2) = \sum_{i=1}^{n} D(X_i^2) = 2n$$

定義 5.3　(χ^2 分佈的分位點)對於給定的正數 $\alpha, 0 < \alpha < 1$，稱滿足條件：

$$P\{\chi^2 > \chi_\alpha^2(n)\} = \int_{\chi_\alpha^2(n)}^{+\infty} f(x) dx = \alpha$$

的點 $\chi_\alpha^2(n)$ 為 $\chi^2(n)$ 分佈的上 α 分位點，見圖 5-2.

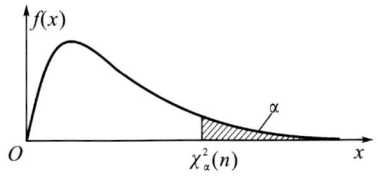

圖 5-2

對於不同的 α、n，上 α 分位點的值已制定成表格，可以查用(參見附表4). 例如，對於 $\alpha = 0.1, n = 25$，查得 $\chi_{0.1}^2(25) = 34.382$. 也就是說，若 $\chi^2 \sim \chi^2(25)$，則 $P\{\chi^2 > 34.382\} = 0.1$. 但該表只詳列到 $n = 45$ 為止，費歇(R. A. Fisher)曾證明，當 n 充分大時，近似的有：

$$\chi_\alpha^2(n) \approx \frac{1}{2}(z_\alpha + \sqrt{2n-1})^2$$

其中，z_α 是標準正態分佈的上 α 分位點. 利用上式可以求得當 $n > 45$ 時，$\chi^2(n)$ 分佈的上 α 分位點的近似值.

例如，我們可得 $\chi_{0.05}^2(50) \approx \frac{1}{2}(1.645 + \sqrt{99})^2 = 67.221$(由更詳細的表得 $\chi_{0.05}^2(50) = 67.505$).

2. t 分佈

定義 5.4　設 $X \sim N(0,1), Y \sim \chi^2(n)$，且 X、Y 相互獨立，則稱隨機變量：

$$t = \frac{X}{\sqrt{Y/n}}$$

為服從自由度為 n 的 t 分佈，記為 $t \sim t(n)$.

t 分佈又稱學生氏(Student)分佈.

$t(n)$ 分佈的概率密度為：

$$h(t) = \frac{\Gamma\left(\frac{n+1}{2}\right)}{\sqrt{\pi n}\Gamma\left(\frac{n}{2}\right)}\left(1 + \frac{t^2}{n}\right)^{-\frac{n+1}{2}}, \quad -\infty < t < +\infty$$

t 分佈的密度函數圖像(見圖 5-3)是關於 $t = 0$ 對稱的，形狀類似於正態曲線，當 n 較大時(一般 $n > 45$)，t 分佈近似於標準正態分佈 $N(0,1)$，但對於 n 較小時，t 分佈與

$N(0,1)$差異比較大.

圖 5-3

定義 5.5　(t 分佈的分位點)對於給定的 $\alpha(0<\alpha<1)$,稱滿足:
$$P\{t>t_\alpha(n)\}=\int_{t_\alpha(n)}^{+\infty}h(t)\mathrm{d}t=\alpha$$
的點 $t_\alpha(n)$ 為 $t(n)$ 分佈的上 α 分位點(見圖 5-4).

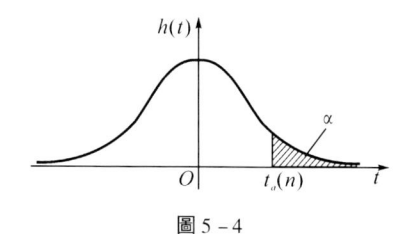

圖 5-4

當我們要求 t 分佈的上 α 分位點時,可查 t 分佈表(附表 3).

當 $\alpha>0.5$ 時,可用公式 $t_\alpha(n)=-t_{1-\alpha}(n)$ 來轉換.

3. F 分佈

定義 5.6　設 $X\sim\chi^2(n_1)$,$Y\sim\chi^2(n_2)$,且 X、Y 相互獨立,則稱隨機變量:
$$F=\frac{X/n_1}{Y/n_2}$$
為服從自由度為 (n_1,n_2) 的 F 分佈,記為 $F\sim F(n_1,n_2)$.

$F(n_1,n_2)$ 分佈的概率密度(見圖 5-5)為:
$$\psi(x)=\begin{cases}\dfrac{\Gamma\left(\dfrac{n_1+n_2}{2}\right)\left(\dfrac{n_1}{n_2}\right)^{\frac{n_1}{2}}\cdot x^{\frac{n_1}{2}-1}}{\Gamma\left(\dfrac{n_1}{2}\right)\Gamma\left(\dfrac{n_2}{2}\right)\left(1+\dfrac{n_1}{n_2}x\right)^{\frac{n_1+n_2}{2}}},&x>0\\0,&\text{其他}\end{cases}$$

圖 5-5

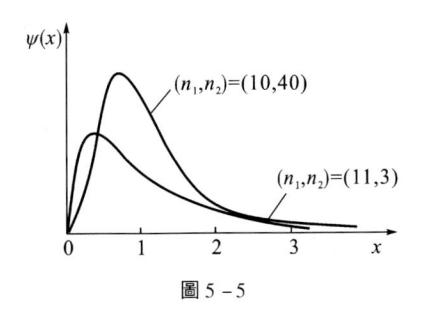

由定義可知,若 $F \sim F(n_1, n_2)$,則 $\frac{1}{F} \sim F(n_2, n_1)$.

定義 5.7 (F 分佈的分位點)對於給定的 $\alpha(0 < \alpha < 1)$,稱滿足條件:

$$P\{F > F_\alpha(n_1, n_2)\} = \int_{F_\alpha(n_1, n_2)}^{+\infty} \psi(x) \mathrm{d}x = \alpha$$

的點 $F_\alpha(n_1, n_2)$ 為 $F(n_1, n_2)$ 分佈的上 α 分位點(見圖 5-6).

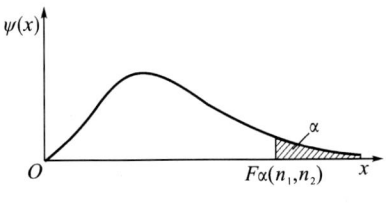

圖 5-6

F 分佈的上 α 分位點有表格可查(附表5).

F 分佈的上 α 分位點有一個重要性質:

$$F_{1-\alpha}(n_1, n_2) = \frac{1}{F_\alpha(n_2, n_1)}$$

此式常用來求 F 分佈表中未列出的常用的上 α 分位點,例如:

$$F_{0.95}(12, 9) = \frac{1}{F_{0.05}(9, 12)} = \frac{1}{2.80} = 0.357$$

練習 5.1

1. 已知總體 X 服從正態分佈 $N(\mu, \sigma^2)$,其中 μ, σ^2 均未知,設 $(X_1, X_2, \cdots, X_n)$ 是從總體中抽取的樣本,指出下面哪些是統計量:

(1) $(X_1 - \mu)^2 + (X_2 - \mu)^2 + \cdots + (X_n - \mu)^2$

(2) $(X_1^2 + X_2^2 + \cdots + X_n^2) \cdot \frac{1}{n}$

(3) $\max(X_1, X_2, \cdots, X_n) - \min(X_1, X_2, \cdots, X_n)$

(4) $\frac{1}{\sigma^2}[(X_1 - \mu)^2 + (X_2 - \mu)^2 + \cdots + (X_n - \mu)^2]$

2. 求下列一組樣本值 $9.1, 7.9, 8.2, 9.9, 7.6, 8.7, 10.0, 9.7, 8.9, 8.3$ 的樣本均值 $\bar{x}$ 及樣本方差 S^2.

3. 查表求值：

(1) $\chi^2_{0.95}(45)$, $\chi^2_{0.025}(24)$, $\chi^2_{0.95}(43)$, $\chi^2_{0.005}(32)$

(2) $t_{0.10}(12)$, $t_{0.01}(25)$, $t_{0.005}(40)$, $t_{0.95}(9)$

4. 設 $X \sim N(0,1)$，$X_1, X_2, \cdots, X_6$ 是簡單隨機樣本，$Y = aX_1^2 + b(X_2+X_3)^2 + c(X_4+X_5+X_6)^2$，試求常數 a、b、c，使 Y 服從 χ^2 分佈.

5.2 參數的點估計

一般地，設總體 X 的分佈函數的形式已知，但它的一個或多個參數未知，利用樣本所提供的信息來對這些參數進行估計，就是參數估計問題.

5.2.1 點估計的概念和方法

設總體 X 的分佈函數的形式為 $F(x;\theta)$，其中參數 θ（也可能有多個）未知，借助於總體 X 的一個樣本 $X_1, X_2, \cdots, X_n$ 來對參數 θ 進行估計的問題，稱為參數的點估計問題. 通常用 $\hat{\theta}$ 表示 θ 的估計量，即 $\hat{\theta} = T(X_1, X_2, \cdots, X_n)$，其中 $T(X_1, X_2, \cdots, X_n)$ 為由樣本 $X_1, X_2, \cdots, X_n$ 構造的統計量.

當樣本取觀測值 $X_1 = x_1, X_2 = x_2, \cdots, X_n = x_n$ 時，估計量 $T(X_1, X_2, \cdots, X_n)$ 對應得到估計值 $T(x_1, x_2, \cdots, x_n)$. 在不致混淆的情況下，統稱估計量和估計值為參數的估計，並用 $\hat{\theta}$ 表示.

常用的點估計方法有兩種：矩估計和極大似然估計.

1. 矩估計法

在概率論中，我們知道隨機變量的幾個重要的數字特徵：數學期望、方差，另外還有隨機變量的矩. 這裡為了表述問題的需要，我們回憶前面給出的樣本矩的概念.

稱 $V_k = \dfrac{1}{n}\sum_{i=1}^{n} X_i^k$ 為樣本的 k 階原點矩；

稱 $U_k = \dfrac{1}{n}\sum_{i=1}^{n} (X_i - \bar{X})^k$ 為樣本的 k 階中心矩.

矩估計法的思想就是用樣本的一階原點矩作為總體一階原點矩（即數學期望）的估計，用樣本的二階原點矩作為總體二階原點矩的估計……用樣本的 k 階原點矩作為總體 k 階原點矩的估計；用樣本的二階中心矩作為總體二階中心矩（即方差）的估計……用樣本的 k 階中心矩作為總體 k 階中心矩的估計.

例1 設總體 X 服從 $[0,\theta]$ 上的均勻分佈，求參數 θ 的矩估計量.

解 由於 X 服從 $[0,\theta]$ 上的均勻分佈,其概率密度為:

$$f(x) = \begin{cases} \dfrac{1}{\theta}, & 0 < x < \theta \\ 0, & \text{其他} \end{cases}$$

總體均值:

$$\mu = E(X) = \int_0^\theta x \cdot \frac{1}{\theta} dx = \frac{\theta}{2}$$

由矩估計,得 $\hat{\mu} = \bar{X}$,即 $\dfrac{\hat{\theta}}{2} = \bar{X}$,所以,參數 θ 的矩估計為 $\hat{\theta} = 2\bar{X}$.

例 2 某燈泡廠生產了一批燈泡,從中隨機抽取 10 只進行壽命測試,得到如下一組樣本值(單位:小時)

1,200,1,130,1,200,1,050,1,080,1,100,1,250,1,040,1,300,1,120

試估計這批燈泡的平均壽命 μ 和方差 σ^2.

解 由於樣本均值為:

$$\bar{x} = \frac{1}{10} \sum_{i=1}^{10} X_i = \frac{1}{10}(1,200 + 1,130 + 1,200 + 1,050 + 1,080 + 1,100 + 1,250 + 1,040$$

$$+ 1,300 + 1,120)$$

$$= 1,147$$

樣本的方差為 $S^2 = \dfrac{1}{10-1} \sum_{i=1}^{10} (X_i - \bar{X})^2$

$$= \frac{1}{9}[(1,200 - 1,147)^2 + (1,130 - 1,147)^2 + \cdots + (1,120 - 1,147)^2]$$

$$= 7,578.9$$

於是,平均使用壽命 μ 和方差 σ^2 的點估計值分別為 $\hat{\mu} = 1,147$ 和 $\hat{\sigma}^2 = 7,578.9$.

2. 極大似然估計法

極大似然估計法的指導思想很簡單,就是在得到的試驗結果的情況下,應該把結果出現可能性最大的那個 θ 作為真 θ 的估計值.

極大似然估計法的基本步驟如下:

(1)構造樣本的似然函數:設總體 X 的概率密度(或分佈律)為 $f(x,\theta)$,則構造似然函數 $L(\theta) = L(x_1, x_2, \cdots, x_n; \theta) = \prod_{i=1}^{n} f(x_i, \theta)$.

(2)求似然函數 $L(\theta)$ 的極大值點:按我們所學的知識,只需由一階導數 $\dfrac{dL}{d\theta} = 0$ 求得 θ;當似然函數中有多個未知參數 θ_i,則需要求似然函數的偏導數 $\dfrac{\partial L}{\partial \theta_i}$,然後令 $\dfrac{\partial L}{\partial \theta_i} = 0$ 解方程組,得到各 θ_i.

例 3 設總體 X 服從參數為 λ 的泊鬆分佈 $\pi(\lambda)$,求參數 λ 的極大似然估計量.

解 設 $x_1, x_2, \cdots, x_n$ 是取自總體 $\pi(\lambda)$ 的一個樣本 $X_1, X_2, \cdots, X_n$ 的觀測值,由總體

分佈：
$$P\{X=k\} = \frac{\lambda^k e^{-\lambda}}{k!} \quad (k=0,1,2\cdots)$$

得似然函數為：
$$L(\lambda) = \frac{\lambda^{x_1}}{x_1!}e^{-\lambda} \cdot \frac{\lambda^{x_2}}{x_2!}e^{-\lambda} \cdot \cdots \cdot \frac{\lambda^{x_n}}{x_n!}e^{-\lambda}$$
$$= \frac{\lambda^{\sum_{i=1}^{n} x_i}}{\prod_{i=1}^{n} x_i!} e^{-n\lambda}$$

對數似然函數為：
$$\ln L(\lambda) = \ln\left[\frac{\lambda^{\sum_{i=1}^{n} x_i}}{\prod_{i=1}^{n} x_i!} e^{-n\lambda}\right] = \left(\sum_{i=1}^{n} x_i\right)\ln\lambda - \ln\left(\prod_{i=1}^{n} x_i!\right) - n\lambda$$

令 $\dfrac{d\ln L(\lambda)}{d\lambda} = 0$，即 $\left(\sum_{i=1}^{n} x_i\right) \cdot \dfrac{1}{\lambda} - n = 0$，解得：
$$\lambda = \frac{1}{n}\sum_{i=1}^{n} x_i$$

則 λ 的極大似然估計值為樣本均值 $\bar{x} = \dfrac{1}{n}\sum_{i=1}^{n} x_i$，即 $\hat{\lambda} = \bar{X}$ 為參數 λ 的極大似然估計量.

在例 3 中，我們在求似然函數的極大值點時，發現用前面構造的方法不能直接求出，所以我們求對數似然函數(似然函數兩邊取對數)的極大值點，根據我們所學的微積分知識，知道函數的極大值點與其對數的極大值點是相同的.

例 4 設總體 X 服從參數為 μ、σ^2 的正態分佈 $N(\mu,\sigma^2)$，求參數 μ、σ^2 的極大似然估計量.

解 總體 X 的概率密度為：
$$\varphi(x;\mu,\sigma^2) = \frac{1}{\sqrt{2\pi}\sigma}e^{-\frac{(x-\mu)^2}{2\sigma^2}} \quad (-\infty < x < +\infty)$$

則似然函數為：
$$L(\mu,\sigma^2) = \prod_{i=1}^{n} \frac{1}{\sqrt{2\pi}\sigma}e^{-\frac{(x_i-\mu)^2}{2\sigma^2}}$$

對數似然函數為：
$$\ln L(\mu,\sigma^2) = -\frac{n}{2}\ln(2\pi) - \frac{n}{2}\ln\sigma^2 - \frac{1}{2\sigma^2}\sum_{i=1}^{n}(x_i-\mu)^2$$

對 μ、σ^2 的偏導數的方程組為：
$$\begin{cases} \dfrac{\partial \ln L}{\partial \mu} = \dfrac{1}{\sigma^2}\sum_{i=1}^{n}(x_i-\mu) = 0 \\ \dfrac{\partial \ln L}{\partial \sigma^2} = -\dfrac{n}{2\sigma^2} + \dfrac{1}{2\sigma^4}\sum_{i=1}^{n}(x_i-\mu)^2 = 0 \end{cases}$$

由此解出:

$$\mu = \frac{1}{n}\sum_{i=1}^{n} x_i = \bar{x}$$

與:

$$\sigma^2 = \frac{1}{n}\sum_{i=1}^{n}(x_i - \bar{x})^2$$

從而,$\hat{\mu} = \bar{X} = \frac{1}{n}\sum_{i=1}^{n} X_i$ 是參數 μ 的極大似然估計量;$\hat{\sigma}^2 = \frac{1}{n}\sum_{i=1}^{n}(X_i - \bar{X})^2$ 是參數 σ^2 的極大似然估計量.

5.2.2 點估計量的評價標準

用矩估計法和極大似然估計法所得的參數估計量不一定相同. 例如,在泊鬆分佈中,由於方差為 λ,因此,除了樣本均值 $\bar{X}$ 是參數 λ 的矩估計量外,樣本方差也是參數 λ 的矩估計量.

從參數估計本身來看,原則上任何統計量都可以作為未知參數的估計量. 那麼,究竟哪一個估計量好呢? 這就涉及用什麼樣的標準來評價估計量好壞的問題. 下面介紹三個基本標準.

1. 無偏性

由於對於不同的樣本值就會得到不同的估計量,所以估計量也是隨機變量. 我們在得到一個估計值時,當然希望它能在未知參數的真值附近,即希望它的數學期望等於未知參數的真值. 這就是無偏性這個標準產生的思想來源.

定義 5.8 設 $\hat{\theta}$ 為未知參數 θ 的估計量,如果滿足 $E(\hat{\theta}) = \theta$,則稱估計量 $\hat{\theta}$ 為未知參數 θ 的無偏估計量,否則稱 $\hat{\theta}$ 為 θ 的有偏估計.

例 5 $\bar{X}$ 是總體均值 μ 的無偏估計;樣本方差 $S^2 = \frac{1}{n-1}\sum_{i=1}^{n}(X_i - \bar{X})^2$ 是總體方差 σ^2 的無偏估計.

證 前一斷言顯然;現驗證後一斷言,易知:

$$\sum_{i=1}^{n}(X_i - \bar{X})^2 = \sum_{i=1}^{n}(X_i - \mu)^2 - n(\bar{X} - \mu)^2$$

從而 $E\left[\sum_{i=1}^{n}(X_i - \bar{X})^2\right] = \sum_{i=1}^{n} E(X_i - \mu)^2 - nE(\bar{X} - \mu)^2$

$$= n\sigma^2 - nD(\bar{X})$$
$$= n\sigma^2 - n \cdot \frac{\sigma^2}{n} = (n-1)\sigma^2$$

因此 $E(S^2) = \frac{n-1}{n-1}\sigma^2 = \sigma^2$,因而是無偏的. 由這個推導過程立即可知:若使用樣本 2 階中心矩:

$$U_2 = \frac{1}{n}\sum_{i=1}^{n}(X_i - \bar{X})^2$$

估計 σ^2，則 U_2 是 σ^2 的有偏估計. 無偏性的要求正是引進樣本方差 S^2 的原因.

但當均值 μ 已知時，我們使用另一個總體方差 σ^2 的無偏估計：

$$\sigma^2 = \frac{1}{n}\sum_{i=1}^{n}(X_i - \mu)^2$$

σ^2 的無偏性是顯而易見的.

例6 設從均值為 μ、方差為 $\sigma^2(\sigma>0)$ 的總體 X 中，分別抽取容量為 n_1, n_2 的兩個獨立樣本，$\bar{X}_1$ 與 $\bar{X}_2$ 分別是兩個樣本的均值. 試證明：對於任意常數 a, b，若 $a+b=1$，則 $Y = a\bar{X}_1 + b\bar{X}_2$ 都是 μ 的無偏估計.

證明 因為 $\bar{X}_1$ 與 $\bar{X}_2$ 分別是兩個樣本的均值，所以：

$$E(\bar{X}_1) = E(\bar{X}_2) = \mu$$

於是：

$$E(Y) = E(a\bar{X}_1 + b\bar{X}_2) = aE(\bar{X}_1) + bE(\bar{X}_2)$$
$$= a\mu + b\mu = \mu \quad (a+b=1)$$

從而，對於任意常數 a, b，若 $a+b=1$，則 $Y = a\bar{X}_1 + b\bar{X}_2$ 都是 μ 的無偏估計.

2. 有效性

定義 5.9 設 $\hat{\theta}_1$ 和 $\hat{\theta}_2$ 都是未知參數 θ 的無偏估計量，並且滿足：

$$D(\hat{\theta}_1) < D(\hat{\theta}_2)$$

則稱 $\hat{\theta}_1$ 較 $\hat{\theta}_2$ 有效，或稱估計量 $\hat{\theta}_1$ 為比 $\hat{\theta}_2$ 有效的估計量.

有效性是在無偏性已滿足的情況下對估計量的進一步評價. 在樣本容量 n 相同的情況下，參數 θ 的兩個無偏估計量為 $\hat{\theta}_1$ 和 $\hat{\theta}_2$，如果 $\hat{\theta}_1$ 的觀察值比 $\hat{\theta}_2$ 更靠近真值 θ，我們就認為 $\hat{\theta}_1$ 比 $\hat{\theta}_2$ 更好，更有效. 由於方差是隨機變量的取值與其數學期望的偏離程度的度量，所以無偏估計以方差小者為好.

例7 設 (X_1, X_2, X_3) 是來自正態總體 $N(\mu, 1)$ 的樣本容量為 3 的一個樣本，下列估計量中哪個最有效？

(1) $\hat{\mu}_1 = \frac{1}{3}X_1 + \frac{1}{3}X_2 + \frac{1}{3}X_3$

(2) $\hat{\mu}_2 = \frac{1}{4}X_1 + \frac{1}{4}X_2 + \frac{1}{2}X_3$

(3) $\hat{\mu}_3 = \frac{1}{6}X_1 + \frac{1}{3}X_2 + \frac{1}{2}X_3$

解 因為 $E(X_1) = E(X_2) = E(X_3) = E(X) = \mu$

$$E(\hat{\mu}_1) = \frac{1}{3}E(X_1) + \frac{1}{3}E(X_2) + \frac{1}{3}E(X_3) = \mu$$

$$E(\hat{\mu}_2) = \frac{1}{4}E(X_1) + \frac{1}{4}E(X_2) + \frac{1}{2}E(X_3) = \mu$$

$$E(\hat{\mu}_3) = \frac{1}{6}E(X_1) + \frac{1}{3}E(X_2) + \frac{1}{2}E(X_3) = \mu$$

所以 $\hat{\mu}_1$、$\hat{\mu}_2$、$\hat{\mu}_3$ 均是 μ 的無偏估計.

又因為 $D(X_1) = D(X_2) = D(X_3) = D(X) = 1$

$$D(\hat{\mu}_1) = \frac{1}{9}D(X_1) + \frac{1}{9}D(X_2) + \frac{1}{9}D(X_3) = \frac{1}{3}$$

$$D(\hat{\mu}_2) = \frac{1}{16}D(X_1) + \frac{1}{16}D(X_2) + \frac{1}{4}D(X_3) = \frac{3}{8}$$

$$D(\hat{\mu}_3) = \frac{1}{36}D(X_1) + \frac{1}{9}D(X_2) + \frac{1}{4}D(X_3) = \frac{7}{18}$$

即有 $D(\hat{\mu}_1) < D(\hat{\mu}_2) < D(\hat{\mu}_3)$.

所以三個估計量中,$\hat{\mu}_1$ 是最有效的估計量.

3. 一致性

定義 5.10 設 $\hat{\theta}_n = \hat{\theta}_n(X_1, X_2, \cdots, X_n)$ 是未知參數 θ 的估計量,如果對於任意的正數 ε,均有:

$$\lim_{n \to \infty} P\{|\hat{\theta}_n - \theta| < \varepsilon\} = 1$$

成立,則稱 $\hat{\theta}_n$ 為參數 θ 的一致估計量.

根據定義,估計量的一致性指當樣本容量越來越大時,估計量 $\hat{\theta}_n$ 依概率收斂於參數的真值 θ.

練習 5.2

1. 設 $X_1, \cdots, X_n$ 是取自總體 X 的一個樣本,在下列情形下,試求總體參數的矩估計與極大似然估計:

(1) $X \sim B(1, p)$,其中 p 未知,$0 < p < 1$;

(2) $X \sim E(\lambda)$,其中 λ 未知,$\lambda > 0$;

(3) $X \sim \pi(\lambda)$,其中 λ 未知,$\lambda > 0$.

2. 設 $X_1, \cdots, X_n$ 是取自總體 X 的一個樣本,X 的密度函數為:

$$f(x) = \begin{cases} (\theta+1)x^\theta, & 0 < x < 1 \\ 0, & 其他 \end{cases}$$

其中 θ 未知,$\theta > 0$,求 θ 的矩估計和極大似然估計.

3. 設總體 X 的概率密度為:

$$f(x, \theta) = \begin{cases} \dfrac{1}{\theta} e^{-\frac{x}{\theta}}, & x \geq 0, \theta > 0 \\ 0, & 其他 \end{cases}$$

求:(1) θ 的極大似然估計量 $\hat{\theta}$;(2) 判斷 $\hat{\theta}$ 是否為 θ 的無偏估計.

4. 設 X_1, X_2, X_3 為總體 X 的樣本,證明:

$$\hat{\mu}_1 = \frac{1}{6}X_1 + \frac{1}{3}X_2 + \frac{1}{2}X_3$$

$$\hat{\mu}_2 = \frac{2}{5}X_1 + \frac{1}{5}X_2 + \frac{2}{5}X_3$$

都是總體均值 μ 的無偏估計,並進一步判斷哪一個估計較有效.

5.3 區間估計

上一節我們介紹了參數的點估計. 點估計只是給出了待估參數或參數函數的值是多少,無法回答估計誤差是多少等問題.

區間估計就是將一個未知參數或參數函數值估計在一個區間範圍內. 例如一個人的年齡,我們可以估計為 30 歲,這就是點估計;也可估計在 29 歲到 31 歲之間,這種估計就是區間估計. 從直觀上講,後者給人的印象要比前者更為可信,因為後者已經把可能出現的誤差考慮在內.

定義 5.11 (置信區間、置信度)設總體 X 的分佈函數 $F(x;\theta)$ 含有一個未知參數 θ,由其一個樣本 $X_1, X_2, \cdots, X_n$ 所確定的兩個統計量為:

$$\underline{\theta} = \underline{\theta}(X_1, X_2, \cdots, X_n) \text{ 和 } \overline{\theta} = \overline{\theta}(X_1, X_2, \cdots, X_n)$$

對於給定值 $\alpha(0 < \alpha < 1)$,若滿足:

$$P\{\underline{\theta}(X_1, X_2, \cdots, X_n) < \theta < \overline{\theta}(X_1, X_2, \cdots, X_n)\} = 1 - \alpha,$$

則稱隨機區間 $(\underline{\theta}, \overline{\theta})$ 是參數 θ 的置信水平為 $1 - \alpha$ 的置信區間,$\underline{\theta}$ 及 $\overline{\theta}$ 分別稱為 θ 的置信下限和置信上限,稱 $1 - \alpha$ 為置信度,也叫置信水平,α 稱為顯著性水平.

一般地,α 取較小的值,如取 0.1, 0.05, 0.01.

$P\{\underline{\theta} < \theta < \overline{\theta}\} = 1 - \alpha$ 的意義是:若反覆抽樣多次(各次的樣本容量相等,都是 n),每個樣本值確定一個區間 $(\underline{\theta}, \overline{\theta})$,每個這樣的區間要麼包含 θ 的真值,要麼不包含 θ 的真值. 但在這些置信區間中,約有 $100(1-\alpha)\%$ 的區間包含 θ 的真值,僅有 $100\alpha\%$ 的區間不包含 θ 的真值.

下面我們主要介紹正態總體均值 μ 與方差 σ^2 的區間估計.

1. 均值 μ 的估計

分兩種情況:

(1) 設 $X_1, X_2, \cdots, X_n$ 為取自 $N(\mu, \sigma^2)$ 的樣本,若 σ^2 已知,求參數 μ 的 $1-\alpha$ 置信區間.

因:

$$\overline{X} = \frac{1}{n}\sum_{i=1}^{n} X_i \sim N(\mu, \frac{\sigma^2}{n})$$

則:

$$\frac{\bar{X}-\mu}{\sqrt{\frac{\sigma^2}{n}}} \sim N(0,1)$$

對於給定的置信度 $1-\alpha$,由於:

$$P\left\{\left|\frac{\bar{X}-\mu}{\sqrt{\frac{\sigma^2}{n}}}\right| \leq Z_{\frac{\alpha}{2}}\right\} = 1-\alpha$$

即:

$$P\left\{\bar{X} - Z_{\frac{\alpha}{2}} \cdot \frac{\sigma}{\sqrt{n}} \leq \mu \leq \bar{X} + Z_{\frac{\alpha}{2}} \cdot \frac{\sigma}{\sqrt{n}}\right\} = 1-\alpha$$

所以 μ 的 $1-\alpha$ 置信區間為 $\left[\bar{X} - Z_{\frac{\alpha}{2}} \cdot \frac{\sigma}{\sqrt{n}}, \bar{X} + Z_{\frac{\alpha}{2}} \cdot \frac{\sigma}{\sqrt{n}}\right]$。

(2) 設 $X_1, X_2, \cdots, X_n$ 為取自 $N(\mu, \sigma^2)$ 的樣本,若 σ^2 未知,求參數 μ 的 $1-\alpha$ 置信區間。

因:

$$T = \frac{\bar{X}-\mu}{S_n/\sqrt{n-1}} \sim t(n-1)$$

對於給定的置信度 $1-\alpha$,由於:

$$P\left\{\left|\frac{\bar{X}-\mu}{S_n/\sqrt{n-1}}\right| \leq t_{\frac{\alpha}{2}}(n-1)\right\} = 1-\alpha$$

即:

$$P\left\{\bar{X} - t_{\frac{\alpha}{2}}(n-1) \cdot \frac{S_n}{\sqrt{n-1}} \leq \mu \leq \bar{X} + t_{\frac{\alpha}{2}}(n-1) \cdot \frac{S_n}{\sqrt{n-1}}\right\} = 1-\alpha$$

所以 μ 的置信度為 $1-\alpha$ 的置信區間為:

$$\left[\bar{X} - t_{\frac{\alpha}{2}}(n-1) \cdot \frac{S_n}{\sqrt{n-1}}, \bar{X} + t_{\frac{\alpha}{2}}(n-1) \cdot \frac{S_n}{\sqrt{n-1}}\right]$$

由於修正的樣本方差 $S^2 = \frac{n}{n-1}S_n^2$,代入上式可得:

$$\left[\bar{X} - t_{\frac{\alpha}{2}}(n-1) \cdot \frac{S}{\sqrt{n}}, \bar{X} + t_{\frac{\alpha}{2}}(n-1) \cdot \frac{S}{\sqrt{n}}\right]$$

例1 某廠生產滾珠,在長期的實踐中知道,滾珠的直徑 X 可以認為服從正態分佈,且其方差 $\sigma^2 = 0.05$。現從某天生產的產品中隨機抽取 6 個,測得直徑分別如下(單位:mm):14.6, 15.1, 14.9, 14.8, 15.2, 15.1,對 $\alpha = 0.05$,求平均直徑的置信區間。

解 由 $\alpha = 0.05$,查表可知 $z_{\frac{\alpha}{2}} = z_{0.025} = 1.96$。又 $\sigma^2 = 0.05, n = 6$。

由 $P\left\{\bar{X} - z_{\frac{\alpha}{2}}\frac{\sigma}{\sqrt{n}} \leq \mu \leq \bar{X} + z_{\frac{\alpha}{2}}\frac{\sigma}{\sqrt{n}}\right\} = 1-\alpha$ 可得:

$$\bar{x} = 14.95, \quad z_{\frac{\alpha}{2}}\frac{\sigma}{\sqrt{n}} = 0.179$$

將其代入 $\left[\bar{X} - z_{\frac{\alpha}{2}}\frac{\sigma}{\sqrt{n}}, \bar{X} + z_{\frac{\alpha}{2}}\frac{\sigma}{\sqrt{n}}\right]$ 中,即得滾珠平均直徑 μ 的置信度為 95% 的一個置信區間為 $[14.771, 15.129]$。

例 2 為估計一批鋼索所能承受的平均張力(單位:千克/平方厘米),從中隨機抽取 10 個樣品做試驗,由試驗數據算出 $\bar{x} = 6,720, s = 220$,假定張力服從正態分佈,求平均張力的置信水平為 95% 的置信區間。

解 注意此處 σ 未知,依公式平均張力 μ 的 95% 的置信區間為:

$$\left[\bar{X} - \frac{S}{\sqrt{n}}t_{0.025}(n-1), \bar{X} + \frac{S}{\sqrt{n}}t_{0.025}(n-1)\right]$$

代入數據 $\bar{x} = 6,720, s = 220, n = 10$,查表 $t_{0.025}(9) = 2.262,2$,可得平均張力 95% 的置信區間為 $[6,562.618,5, 6,877.381,5]$。

2. 方差 σ^2 的估計

設 $X_1, X_2, \cdots, X_n$ 為取自 $N(\mu, \sigma^2)$ 的樣本,欲求 σ^2 的 $1-\alpha$ 置信區間。

(1) 當 μ 已知時,$\hat{\sigma}^2 = \frac{1}{n}\sum_{i=1}^{n}(X_i - \mu)^2$ 是 σ^2 的點估計,且:

$$\chi^2 = \frac{n\hat{\sigma}^2}{\sigma^2} \sim \chi^2(n)$$

$$P\left\{\chi^2_{1-\frac{\alpha}{2}}(n) \leq \chi^2 \leq \chi^2_{\frac{\alpha}{2}}(n)\right\} = 1 - \alpha$$

所以:

$$\chi^2_{1-\frac{\alpha}{2}}(n) \leq \frac{n\hat{\sigma}^2}{\sigma^2} \leq \chi^2_{\frac{\alpha}{2}}(n)$$

所以對應 σ^2 的 $1-\alpha$ 置信區間為 $\left[\frac{n\hat{\sigma}^2}{\chi^2_{\frac{\alpha}{2}}(n)}, \frac{n\hat{\sigma}^2}{\chi^2_{1-\frac{\alpha}{2}}(n)}\right]$。

(2) 當 μ 未知時,因:

$$\chi^2 = \frac{nS^2}{\sigma^2} \sim \chi^2(n-1)$$

同理可得:

σ^2 的 $1-\alpha$ 置信區間為 $\left[\frac{nS^2}{\chi^2_{\frac{\alpha}{2}}(n-1)}, \frac{nS^2}{\chi^2_{1-\frac{\alpha}{2}}(n-1)}\right]$。

習題 5.3

1. 土木結構實驗室對一批建築材料進行抗斷強度測試,已知這批材料的抗斷強度 $X \sim N(\mu, 0.2^2)$,現在從中抽取容量為 6 的樣本觀測值並算得 $\bar{x} = 8.54$,求 μ 的置信度為 0.9 的置信區間。

2. 設輪胎的壽命 X 服從正態分佈,為估計某輪胎的平均壽命,隨機抽取 12 只輪胎試用,測得它們的壽命(單位:萬千米)如下:

$$4.68,4.85,4.32,4.85,4.61,5.02,5.20,4.60,4.58,4.72,4.38,4.70$$
試求平均壽命 μ 的 0.95 置信區間.

3. 某工廠生產滾珠,從某日生產的產品中隨機抽取 9 個,測得直徑(單位:毫米)如下:
$$14.6,14.7,15.1,14.9,14.8,15.0,15.1,15.2,14.8$$
設滾珠直徑服從正態分佈,若:

(1)已知滾珠直徑的標準差 $\sigma = 0.15$ 毫米;

(2)不知標準差 σ.

求直徑的均值 μ 的置信度為 0.95 的置信區間.

4. 設燈泡廠生產的一大批燈泡的壽命 X 服從正態分佈 $N(\mu,\sigma^2)$,其中 μ、σ^2 未知,現隨機地抽取 16 只燈泡進行壽命試驗,測得壽命數據如下(單位:小時):
$$1,502,\ 1,480,\ 1,485,\ 1,511,\ 1,514,\ 1,527,\ 1,603,\ 1,480,$$
$$1,532,\ 1,508,\ 1,490,\ 1,470,\ 1,520,\ 1,505,\ 1,485,\ 1,540$$
求該批燈泡的平均壽命 μ 的置信度為 0.95 的置信區間.

5. 求上題燈泡壽命方差 σ^2 的置信度為 0.95 的置信區間.

6. 某廠生產一批金屬材料,其抗彎強度服從正態分佈,現從這批金屬材料中隨機抽取 11 個做試件,測得它們的抗彎強度為(單位:千克):
$$42.5,42.7,43.0,42.3,43.4,44.5,44.0,43.8,44.1,43.9,43.7$$
求:(1)平均抗彎強度 μ 的置信度為 0.95 的置信區間;

(2)抗彎強度標準差 σ 的置信度為 0.90 的置信區間.

5.4 假設檢驗

前面介紹了對總體中未知參數的估計方法. 本節將介紹統計推斷中另一類重要的問題,就是先對總體的未知參數提出一種假設,然後根據樣本所提供的信息,利用統計分析的方法來檢驗這一假設是否正確,從而做出接受還是拒絕這種假設的決策. 這種問題稱為假設檢驗問題.

5.4.1 假設檢驗的基本思想和概念

通過一個具體例子,引入假設檢驗的基本思想、概念等內容.

例 1 某電瓷廠生產一種絕緣子,它的抗彎破壞負荷服從正態分佈,其均值 $\mu = 740$ 千克,標準差 $\sigma = 180$ 千克. 現採用新工藝生產此種絕緣子,實測 10 個新型絕緣子,得樣本均值 $\bar{x} = 860$ 千克,問新絕緣子與原絕緣子的抗彎破壞負荷是否相同.

從數值上看新型絕緣子的均值 $\bar{X}$ 要比原絕緣子的均值 μ 大些,但這個差異是新工藝

造成的還是純粹由於隨機因素引起的呢,要判斷就需要用到假設檢驗來完成.

因為絕緣子的抗彎破壞負荷 X 是一個正態總體,且 $\sigma = 180$ 千克,於是對新絕緣子提出假設:$H_0 : \mu = 740$,現在要通過樣本去檢驗假設是否成立. 這個假設的對立面是:$H_1 : \mu \neq 740$.

在數理統計中,把「$H_0 : \mu = 740$」稱為原假設(或零假設);而把「$H_1 : \mu \neq 740$」稱為對立假設(或備擇假設).

大家知道,樣本均值 $\bar{X}$ 是總體 μ 的無偏估計,因此,如果 $\mu = 740$,也就是原假設成立,則有 $|\bar{X} - 740|$ 應該是很小的;反之,若原假設不成立,則會使得 $|\bar{X} - 740|$ 比較大,可見用 $|\bar{X} - 740|$ 的大小可以來檢驗原假設是否成立. 在直觀上,如果 $|\bar{X} - 740| < C$ 時,就可以接受原假設 H_0;而當 $|\bar{X} - 740| \geq C$ 時,就拒絕原假設 H_0. 這裡的問題是如何來確定常數 C?於是,可以引入統計量 $U = \dfrac{\bar{X} - \mu}{\sigma / \sqrt{n}}$,此統計量服從標準正態分佈,即 $U = \dfrac{\bar{X} - \mu}{\sigma / \sqrt{n}} \sim N(0,1)$. 現在有 $\sigma = 180, n = 10, \mu = 740$,於是當原假設成立時有 $U = \dfrac{\bar{X} - \mu}{\sigma / \sqrt{n}} = \dfrac{\bar{X} - 740}{180 / \sqrt{10}} \sim N(0,1)$,對給定的顯著性水平 $\alpha(0 < \alpha < 1)$,根據分位數的定義有 $P\left\{ \left| \dfrac{\bar{X} - 740}{180 / \sqrt{10}} \right| \geq Z_{\frac{\alpha}{2}} \right\} = \alpha$,即

$P\left\{ |\bar{X} - 740| \geq \dfrac{180}{\sqrt{10}} Z_{\frac{\alpha}{2}} \right\} = \alpha$,這時的 C 就得到了,即 $C = \dfrac{180}{\sqrt{10}} Z_{\frac{\alpha}{2}}$.

由此得到如下檢驗結果:

(1)若 $|\bar{X} - 740| \geq \dfrac{180}{\sqrt{10}} Z_{\frac{\alpha}{2}}$,則認為樣本均值 $\bar{X}$ 與總體均值 μ 差距較大,應拒絕原假設;

(2)若 $|\bar{X} - 740| < \dfrac{180}{\sqrt{10}} Z_{\frac{\alpha}{2}}$,則認為樣本均值 $\bar{X}$ 與總體均值 μ 差距較小,應接受原假設.

在統計中,把形如「$C = \dfrac{180}{\sqrt{10}} Z_{\frac{\alpha}{2}}$」的量稱為檢驗統計量(或檢驗臨界值),而把滿足式子 $|\bar{X} - 740| \geq \dfrac{180}{\sqrt{10}} Z_{\frac{\alpha}{2}}$ 的區域稱為該檢驗的拒絕域;把滿足式子 $|\bar{X} - 740| < \dfrac{180}{\sqrt{10}} Z_{\frac{\alpha}{2}}$ 的區域稱為該檢驗的接受域(見圖 5-7).

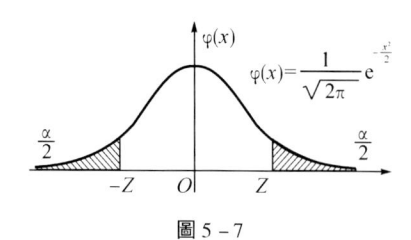

圖 5-7

此例中 $\bar{X} = 860$，若選取 $\alpha = 0.05$，則查表得 $Z_{\frac{\alpha}{2}} = 1.96$，於是：

$$C = \frac{180}{\sqrt{10}} \cdot Z_{\frac{\alpha}{2}} = \frac{180}{\sqrt{10}} \times 1.96 = 111.565$$

而：

$$|\bar{X} - 740| = 860 - 740 = 120 > 111.565$$

所以應拒絕原假設 H_0，即認為新絕緣子與原絕緣子的抗彎破壞負荷的不同不是由隨機抽樣引起的，而是新工藝引起的.

5.4.2 假設檢驗的步驟

根據以上的討論與分析，歸納出假設檢驗的基本步驟如下：

（1）提出原假設 H_0 與備擇假設 H_1 的具體內容；

（2）在假設 H_0 成立的條件下，選取適當統計量，並確定該統計量的分佈類型；

（3）選定適當的顯著性水平 α，借助相應分佈表，計算出檢驗統計量 C，進而確定接受域和拒絕域；

（4）由樣本觀測值得出統計量的值，然後與檢驗統計量進行比較，從而判定是接受還是拒絕原假設.

5.4.3 兩類錯誤

當我們檢驗原假設 H_0 時，有可能犯以下兩類錯誤：

（1）H_0 是正確的，但我們拒絕了，這就犯了「棄真」的錯誤；

（2）H_0 是不正確的，但被我們接受了，這就犯了「採偽」的錯誤.

由於統計量是隨機的，所以人們總會以一定的概率犯上述錯誤．我們把犯第一類錯誤的概率稱為假設檢驗的顯著性水平，簡稱水平．在應用上，一般是採用率先把顯著性水平固定下來（也就是盡量減少犯第一類錯誤的概率），然後再考慮如何減少犯第二類錯誤概率的方法.

習 題 五

1. 填空題

（1）設 $X \sim N(\mu, \sigma^2)$，$(X_1, X_2, \cdots, X_n)$ 為樣本，$\bar{X}$ 是樣本均值，則 $U = n(\frac{\bar{X} - \mu}{\sigma})^2$ 服從 _____ 分佈.

（2）設 $X \sim F(n_1, n_2)$，$P\{X > F_\alpha(n_1, n_2)\} = 0.1$，$Y = \frac{1}{4}$，則 $P\{X < F_{1-\alpha}(n_2, n_1)\}$ = _____ .

(3) $X \sim N(0,4)$, (X_1, X_2, X_3) 為樣本,若使 $[aX_1^2 + b(X_2 - X_3)^2] \sim \chi^2(2)$,則 (a,b) = _____.

(4) 設 $X \sim N(\mu, \sigma^2)$, $\bar{X}, S^2$ 分別是容量為 n 的樣本的樣本均值與樣本方差,則 $\sum_{i=1}^{n} (\frac{X_i - \bar{X}}{\sigma})^2 \sim$ _____.

(5) 設 X_1, X_2, X_3 是來自正態總體的容量為 3 的樣本,$\hat{\mu}_1 = \frac{1}{5}X_1 + \frac{3}{10}X_2 + \frac{1}{2}X_3$, $\hat{\mu}_2 = \frac{1}{3}X_1 + \frac{1}{4}X_2 + \frac{5}{12}X_3$, $\hat{\mu}_3 = \frac{1}{3}X_1 + \frac{1}{3}X_2 + \frac{1}{3}X_3$,則 $\hat{\mu}_1, \hat{\mu}_2, \hat{\mu}_3$ 皆為 μ 的_____估計,其中_____在 μ 的估計中最有效.

(6) 設總體 X 服從 $[0, \theta]$ 上的均勻分佈,其中 $\theta > 0$ 為未知參數,$X_1, X_2, \cdots, X_n$ 為來自總體的樣本,則 θ 的矩估計量是_____,θ 的極大似然估計量是_____.

(7) 設總體 X 的概率密度是 $f(x) = \begin{cases} \theta x^{-(\theta+1)}, & x > 1 \\ 0, & \text{其他} \end{cases}$ ($\theta > 1$, θ 是未知參數),$(X_1, X_2, \cdots, X_n)$ 為來自總體 X 的樣本,則極大似然函數是_____,θ 的極大似然估計量是_____.

(8) 設總體 X 服從分佈 $B(n, p)$,其中 p 為未知參數,n 為固定的整數,則 p 的極大似然估計量是_____.

(9) 設總體 $X \sim N(\mu, \sigma^2)$, $X_1, X_2, \cdots, X_n$ 是來自 X 的樣本,記 $\bar{X} = \frac{1}{n} \sum_{i=1}^{n} X_i$, $Q^2 = \sum_{i=1}^{n} (X_i - \bar{X})^2$,當 μ 和 σ^2 未知時,則:

① 檢驗假設 $H_0: \mu = \mu_0$ 所使用的統計量是_____.

② 檢驗假設 $H_0: \sigma^2 = \sigma_0^2$ 所使用的統計量是_____.

③ 某種產品以往的廢品率為 5%,採取某種技術革新措施後,對產品的樣本進行檢驗:這種產品的廢品率是否有所降低. 取顯著性水平 $\alpha = 5\%$,則此問題的原假設 H_0:_____;備擇假設 H_1:_____;犯第一類錯誤的概率為_____.

④ 設總體 X 服從正態分佈 $N(\mu, \sigma^2)$,方差 σ^2 未知,對假設 $H_0: \mu = \mu_0$, $H_1: \mu \neq \mu_0$ 進行假設檢驗時,通常採取的統計量是_____,服從_____分佈,自由度是_____.

⑤ 設總體 X 和 Y 獨立,且 $X \sim N(\mu_1, \sigma_1^2)$, $Y \sim N(\mu_2, \sigma_2^2)$, $\mu_1, \mu_2, \sigma_1^2, \sigma_2^2$ 均未知,分別從 X 和 Y 得容量為 n_1, n_2 的樣本,其樣本均值分別是 $\bar{X}$ 和 $\bar{Y}$,樣本方差分別是 S_1^2 和 S_2^2,對假設 $H_0: \sigma_1^2 = \sigma_2^2$; $H_1: \sigma_1^2 \neq \sigma_2^2$ 進行假設檢驗時,通常採用的統計量是_____,其自由度是_____.

2. 設 $X_1, \cdots, X_n$ 是來自正態總體 $N(0, \sigma^2)$ 的樣本,試證:

(1) $\frac{1}{\sigma^2} \sum_{i=1}^{n} X_i^2 \sim \chi^2(n)$; (2) $\frac{1}{n\sigma^2} (\sum_{i=1}^{n} X_i)^2 \sim \chi^2(1)$.

3. 設 $X_1,\cdots,X_5$ 是獨立且服從相同分佈的隨機變量，且每一個 $X_i(i=1,2,\cdots,5)$ 都服從 $N(0,1)$，

(1) 試給出常數 c，使得 $c(X_1^2+X_2^2)$ 服從 χ^2 分佈，並指出它的自由度；

(2) 試給出常數 d，使得 $d\cdot\dfrac{X_1+X_2}{\sqrt{X_3^2+X_4^2+X_5^2}}$ 服從 t 分佈，並指出它的自由度。

4. 設 $X_1,\cdots,X_n$ 是取自總體 X 的一個樣本，X 的密度函數為 $f(x)=\begin{cases}\dfrac{2x}{\theta^2}, & 0<x<\theta \\ 0, & \text{其他}\end{cases}$，其中 θ 未知，$\theta>0$，求 θ 的矩估計。

5. 設 $X_1,\cdots,X_n$ 是取總體 X 的一個樣本，總體 X 服從參數為 p 的幾何分佈，即 $P(X=x)=p(1-p)^{x-1}(x=1,2,3\cdots)$，其中 p 未知，$0<p<1$，求 p 的極大似然估計。

6. 已知某煉鐵廠的鐵水含碳量(％)正常情況下服從正態分佈 $N(\mu,\sigma^2)$，且標準差 $\sigma=0.108$。現測量五爐鐵水，其含碳量分別是：

$$4.28,4.40,4.42,4.35,4.37(\%)$$

試求未知參數 μ 的單側置信水平為 0.95 的置信下限和置信上限。

7. 隨機地取某種子彈 9 發作試驗，測得子彈速度 $s^*=11$。設子彈速度服從正態分佈 $N(\mu,\sigma^2)$，求這種子彈速度的標準差 σ 和方差 σ^2 的雙側 0.95 置信區間。

附錄一
概率分佈表

附表1 泊鬆分佈概率值表

$$P\{X=m\} = \frac{\lambda^m}{m!}e^{-\lambda}$$

m \ λ	0.1	0.2	0.3	0.4	0.5	0.6	0.7	0.8
0	0.904,837	0.818,731	0.740,818	0.676,320	0.606,531	0.548,812	0.496,585	0.449,329
1	0.090,484	0.163,746	0.222,245	0.268,128	0.303,256	0.329,287	0.347,610	0.359,463
2	0.004,524	0.016,375	0.033,337	0.053,626	0.075,816	0.098,786	0.121,663	0.143,785
3	0.000,151	0.001,092	0.003,334	0.007,150	0.012,636	0.019,757	0.028,388	0.038,343
4	0.000,004	0.000,055	0.000,250	0.000,715	0.001,580	0.002,964	0.004,986	0.007,669
5		0.000,002	0.000,015	0.000,057	0.000,158	0.000,356	0.000,696	0.001,227
6			0.000,001	0.000,004	0.000,013	0.000,036	0.000,081	0.000,164
7					0.000,001	0.000,03	0.000,008	0.000,019
8							0.000,001	0.000,002
9								
10								
11								
12								
13								
14								
15								
16								
17								

附表1(續)

m \ λ	0.9	1.0	1.5	2.0	2.5	3.0	3.5	4.0
0	0.406,570	0.367,879	0.223,130	0.135,335	0.082,085	0.049,787	0.030,197	0.018,316
1	0.359,13	0.367,879	0.334,695	0.270,671	0.205,212	0.149,361	0.105,691	0.073,263
2	0.164,661	0.183,940	0.251,021	0.270,671	0.256,516	0.224,042	0.184,959	0.146,525
3	0.049,398	0.061,313	0.125,510	0.180,447	0.213,763	0.224,042	0.215,785	0.195,367
4	0.011,115	0.015,328	0.047,067	0.090,224	0.133,602	0.168,031	0.188,812	0.195,367
5	0.002,001	0.003,066	0.014,120	0.036,098	0.066,801	0.100,819	0.132,169	0.156,293
6	0.000,300	0.000,511	0.003,530	0.012,030	0.027,834	0.050,409	0.077,098	0.104,196
7	0.000,039	0.000,073	0.000,756	0.003,437	0.009,941	0.021,604	0.038,549	0.059,540
8	0.000,004	0.000,009	0.000,142	0.000,859	0.003,106	0.008,102	0.016,865	0.029,770
9		0.000,001	0.000,024	0.000,191	0.000,863	0.002,701	0.006,559	0.013,231
10			0.000,04	0.000,038	0.000,216	0.000,810	0.002,296	0.005,292
11				0.000,007	0.000,049	0.000,221	0.000,730	0.001,925
12				0.000,001	0.000,010	0.000,055	0.000,213	0.000,642
13					0.000,002	0.000,013	0.000,057	0.000,197
14						0.000,002	0.000,014	0.000,056
15						0.000,001	0.000,003	0.000,015
16							0.000,001	0.000,004
17								0.000,001

m \ λ	4.5	5.0	5.5	6.0	6.5	7.0	7.5	8.0
0	0.011,109	0.006,738	0.004,087	0.002,479	0.001,503	0.000,091,2	0.000,553	0.000,335
1	0.049,990	0.033,690	0.022,477	0.014,873	0.009,773	0.006,383	0.004,148	0.002,684
2	0.112,479	0.084,224	0.061,812	0.044,618	0.031,760	0.022,341	0.015,556	0.010,735
3	0.168,718	0.140,374	0.003,323	0.089,235	0.068,814	0.052,129	0.038,888	0.028,626
4	0.189,808	0.175,467	0.155,819	0.133,853	0.000,822	0.091,226	0.072,917	0.057,252
5	0.170,827	0.175,467	0.171,001	0.160,623	0.145,369	0.127,717	0.109,374	0.091,604
6	0.128,120	0.146,223	0.157,117	0.160,623	0.157,483	0.149,003	0.136,719	0.122,138
7	0.082,363	0.104,445	0.123,449	0.137,677	0.146,234	0.149,003	0.146,484	0.139,587
8	0.046,329	0.065,278	0.084,872	0.103,258	0.118,815	0.130,377	0.137,328	0.139,587
9	0.023,165	0.036,266	0.051,866	0.068,838	0.085,811	0.101,405	0.114,441	0.124,077
10	0.010,424	0.018,133	0.028,526	0.041,303	0.055,777	0.070,983	0.085,830	0.099,262
11	0.004,264	0.008,242	0.014,263	0.022,529	0.032,959	0.045,171	0.058,521	0.072,190
12	0.001,599	0.003,434	0.006,537	0.011,263	0.017,853	0.026,350	0.036,575	0.048,127
13	0.000,554	0.001,321	0.002,766	0.005,199	0.008,927	0.014,188	0.021,01	0.029,616
14	0.000,178	0.000,427	0.001,086	0.002,228	0.004,144	0.007,094	0.011,305	0.016,924
15	0.000,053	0.000,157	0.000,399	0.000,891	0.001,796	0.003,311	0.005,652	0.009,026
16	0.000,015	0.000,049	0.000,137	0.000,334	0.000,730	0.001,448	0.002,649	0.004,513
17	0.000,004	0.000,014	0.000,044	0.000,118	0.000,279	0.000,596	0.001,169	0.002,124
18	0.000,001	0.000,004	0.000,014	0.000,039	0.000,100	0.000,232	0.000,487	0.000,944
19		0.000,01	0.000,004	0.000,012	0.000,035	0.000,085	0.000,192	0.000,397
20			0.000,01	0.000,004	0.000,011	0.000,030	0.000,072	0.000,159
21				0.000,001	0.000,004	0.000,010	0.000,026	0.000,061
22					0.000,001	0.000,003	0.000,009	0.000,022
23						0.000,001	0.000,003	0.000,008
24							0.000,001	0.000,003
25								0.000,001

附表2　標準正態分佈表

$$\Phi(z) = \int_{-\infty}^{z} \frac{1}{\sqrt{2\pi}} e^{-u^2/2} du = P\{Z \leq z\}$$

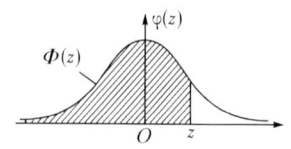

z	0	1	2	3	4	5	6	7	8	9
0.0	0.500,0	0.504,0	0.508,0	0.512,0	0.516,0	0.519,9	0.523,9	0.527,9	0.531,9	0.535,9
0.1	0.539,8	0.543,8	0.547,8	0.551,7	0.555,7	0.559,6	0.563,6	0.567,5	0.571,4	0.575,3
0.2	0.579,3	0.583,2	0.587,1	0.591,0	0.594,8	0.598,7	0.602,6	0.606,4	0.610,3	0.614,1
0.3	0.617,9	0.621,7	0.625,5	0.629,3	0.633,1	0.636,8	0.640,6	0.644,3	0.648,0	0.651,7
0.4	0.655,4	0.659,1	0.662,8	0.666,4	0.670,0	0.673,6	0.677,2	0.680,8	0.684,4	0.687,9
0.5	0.691,5	0.695,0	0.695,8	0.701,9	0.705,4	0.708,8	0.712,3	0.715,7	0.719,0	0.722,4
0.6	0.725,7	0.729,1	0.732,4	0.735,7	0.738,9	0.742,2	0.745,4	0.748,6	0.751,7	0.754,9
0.7	0.758,0	0.761,1	0.764,2	0.767,3	0.770,3	0.773,4	0.776,4	0.779,4	0.782,3	0.785,2
0.8	0.788,1	0.791,0	0.793,9	0.796,7	0.799,5	0.802,3	0.805,1	0.807,8	0.810,6	0.813,3
0.9	0.815,9	0.818,6	0.821,2	0.823,8	0.826,4	0.828,9	0.831,5	0.834,0	0.836,5	0.838,9
1.0	0.841,3	0.843,8	0.846,1	0.848,5	0.850,8	0.853,1	0.855,4	0.857,7	0.859,9	0.862,1
1.1	0.864,3	0.866,5	0.868,6	0.870,8	0.872,9	0.874,9	0.877,0	0.879,0	0.881,0	0.883,0
1.2	0.884,9	0.886,9	0.888,8	0.890,7	0.892,5	0.894,4	0.896,2	0.898,0	0.899,7	0.901,5
1.3	0.903,2	0.904,9	0.906,6	0.908,2	0.909,9	0.911,5	0.913,1	0.914,7	0.916,2	0.617,7
1.4	0.919,2	0.920,7	0.922,2	0.923,6	0.925,1	0.926,5	0.927,8	0.929,2	0.930,6	0.931,9
1.5	0.933,2	0.934,5	0.935,7	0.937,0	0.938,2	0.939,4	0.940,6	0.941,8	0.943,0	0.944,1
1.6	0.945,2	0.946,3	0.947,4	0.948,4	0.949,5	0.950,5	0.951,5	0.952,5	0.953,5	0.954,5
1.7	0.955,4	0.956,4	0.957,3	0.958,2	0.959,1	0.959,9	0.960,8	0.961,6	0.962,5	0.963,3
1.8	0.964,1	0.964,8	0.965,6	0.966,4	0.967,1	0.967,8	0.968,6	0.969,3	0.970,0	0.970,6
1.9	0.971,3	0.971,9	0.972,6	0.973,2	0.973,8	0.974,4	0.975,0	0.975,6	0.976,2	0.976,7
2.0	0.977,2	0.977,8	0.978,3	0.978,8	0.979,3	0.979,8	0.980,3	0.980,8	0.981,2	0.981,7
2.1	0.982,1	0.982,6	0.983,0	0.983,4	0.983,8	0.984,2	0.984,6	0.985,0	0.985,4	0.985,7
2.2	0.986,1	0.986,4	0.986,8	0.987,1	0.987,4	0.987,8	0.998,1	0.988,4	0.988,7	0.989,0
2.3	0.989,3	0.989,6	0.989,8	0.990,1	0.990,4	0.990,6	0.990,9	0.991,1	0.991,3	0.991,6
2.4	0.991,8	0.992,0	0.992,2	0.992,5	0.992,7	0.992,9	0.993,1	0.993,2	0.993,4	0.993,6
2.5	0.993,8	0.994,0	0.994,1	0.994,3	0.994,5	0.994,6	0.994,8	0.994,9	0.995,1	0.995,2
2.6	0.995,3	0.995,5	0.995,6	0.995,7	0.995,9	0.996,0	0.996,1	0.996,2	0.996,3	0.996,4
2.7	0.996,5	0.996,6	0.996,7	0.996,8	0.996,9	0.997,0	0.997,1	0.997,2	0.997,3	0.997,4
2.8	0.997,4	0.997,5	0.997,6	0.997,7	0.997,7	0.987,8	0.997,9	0.997,9	0.998,0	0.998,1
2.9	0.998,1	0.998,2	0.998,2	0.998,3	0.998,4	0.998,4	0.998,5	0.998,5	0.998,6	0.998,6
3.0	0.998,7	0.999,0	0.999,3	0.999,5	0.999,7	0.999,8	0.999,8	0.999,9	0.999,9	1.000,0

註：表中末行系函数值 $\Phi(3.0), \Phi(3.1), \cdots, (3.9)$.

附表3　t 分佈表

$P\{t(n) > t_\alpha(n)\} = \alpha$

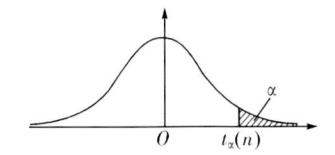

n	$\alpha = 0.25$	0.10	0.05	0.025	0.01	0.005
1	1.000,0	3.077,7	6.313,8	12.706,2	31.820,7	63.657,4
2	0.816,5	1.885,6	2.920,0	4.302,7	6.964,6	9.924,8
3	0.764,9	1.637,7	2.353,4	3.182,4	4.540,7	5.840,9
4	0.740,7	1.533,2	2.131,8	2.776,4	3.746,9	4.604,1
5	0.726,7	1.475,9	2.015,0	2.570,6	3.364,9	4.032,2
6	0.717,6	1.439,8	1.943,2	2.446,9	3.142,7	3.707,4
7	0.711,1	1.414,9	1.894,6	2.364,6	2.998,0	3.499,5
8	0.706,4	1.396,8	1.859,5	2.306,0	2.896,5	3.355,4
9	0.702,7	1.383,0	1.833,1	2.262,2	2.821,4	3.249,8
10	0.699,8	1.372,2	1.812,5	2.228,1	2.763,8	3.169,3
11	0.697,4	1.363,4	1.795,9	2.201,0	2.718,1	3.105,8
12	0.695,5	1.356,2	1.782,3	2.178,8	2.681,0	3.054,5
13	0.693,8	1.350,2	1.770,9	2.160,4	2.650,3	3.012,3
14	0.692,4	1.345,0	1.761,3	2.144,8	2.624,5	2.976,8
15	0.691,2	1.340,6	1.753,1	2.131,5	2.602,5	2.946,7
16	0.690,1	1.336,8	1.745,9	2.119,9	2.583,5	2.920,8
17	0.689,2	1.333,4	1.739,6	2.109,8	2.566,9	2.898,2
18	0.688,4	1.330,4	1.734,1	2.100,9	2.552,4	2.878,4
19	0.687,6	1.327,7	1.729,1	2.093,0	2.539,5	2.860,9
20	0.687,0	1.325,3	1.724,7	2.086,0	2.528,0	2.845,3
21	0.686,4	1.323,2	1.720,7	2.079,6	2.517,7	2.831,4
22	0.685,8	1.321,2	1.717,1	2.073,9	2.508,3	2.818,8
23	0.685,3	1.319,5	1.713,9	2.068,7	2.499,9	2.807,3
24	0.684,8	1.317,8	1.710,9	2.063,9	2.492,2	2.796,9
25	0.684,4	1.316,3	1.708,1	2.059,5	2.485,1	2.787,4
26	0.684,0	1.315,0	1.705,8	2.055,5	2.478,6	2.778,7
27	0.683,7	1.313,7	1.703,3	2.051,8	2.472,7	2.770,7
28	0.683,4	1.312,5	1.701,1	2.048,4	2.467,1	2.763,3
29	0.683,0	1.311,4	1.699,1	2.045,2	2.462,0	2.756,4
30	0.682,8	1.310,4	1.697,3	2.042,3	2.457,3	2.750,0
31	0.682,5	1.309,5	1.695,5	2.039,5	2.452,8	2.744,0
32	0.682,2	1.308,6	1.693,9	2.036,9	2.448,7	2.738,5
33	0.682,0	1.307,7	1.692,4	2.034,5	2.444,8	2.733,3
34	0.681,8	1.307,0	1.690,9	2.032,2	2.441,1	2.728,4
35	0.681,6	1.306,2	1.689,6	2.030,1	2.437,7	2.723,8
36	0.681,4	1.305,5	1.688,3	2.028,1	2.434,5	2.719,5
37	0.681,2	1.304,9	1.687,1	2.026,2	2.431,4	2.715,4
38	0.681,0	1.304,2	1.686,0	2.024,4	2.428,6	2.711,6
39	0.680,8	1.303,6	1.684,9	2.022,7	2.425,8	2.707,9
40	0.680,7	1.303,1	1.683,9	2.021,1	2.423,3	2.704,5
41	0.680,5	1.302,5	1.682,9	2.019,5	2.420,8	2.701,2
42	0.680,4	1.302,0	1.682,0	2.018,1	2.418,5	2.698,1
43	0.680,2	1.301,6	1.681,1	2.016,7	2.416,3	2.695,1
44	0.680,1	1.301,1	1.680,2	2.015,4	2.414,1	2.692,3
45	0.680,0	1.300,6	1.679,4	2.014,1	2.412,1	2.689,6

附表4 χ^2 分佈表

$P\{\chi^2(n) > \chi_\alpha^2(n)\} = \alpha$

n	α = 0.995	0.99	0.975	0.95	0.90	0.75
1	—	—	0.001	0.004	0.016	0.102
2	0.010	0.020	0.051	0.103	0.211	0.575
3	0.072	0.115	0.216	0.352	0.584	1.213
4	0.207	0.297	0.484	0.711	1.064	1.923
5	0.412	0.554	0.831	1.145	1.061	2.675
6	0.676	0.872	1.237	1.635	2.204	3.455
7	0.989	1.239	1.690	2.167	2.833	4.255
8	1.344	0.646	2.180	2.733	3.490	5.071
9	1.735	2.088	2.700	3.325	4.168	5.899
10	2.156	2.558	3.247	3.940	4.865	6.737
11	2.603	3.053	3.816	4.575	5.578	7.584
12	3.074	3.571	4.404	5.226	6.304	8.438
13	3.565	4.107	5.009	5.892	7.042	9.299
14	4.075	4.660	5.629	6.571	7.790	10.165
15	4.601	5.229	6.262	7.261	8.547	11.037
16	5.142	5.812	6.908	7.962	9.312	11.912
17	5.697	6.408	7.564	8.672	10.085	12.792
18	6.265	7.015	8.231	9.390	10.865	13.675
19	6.844	7.633	8.907	10.117	11.651	14.562
20	7.434	8.260	9.591	10.851	12.443	15.452
21	8.034	8.897	10.283	11.591	13.240	16.344
22	8.643	9.542	10.982	12.338	14.042	17.240
23	9.260	10.196	11.689	13.091	14.848	18.137
24	9.886	10.856	12.401	13.848	15.659	19.037
25	10.520	11.524	13.120	14.611	16.473	19.939
26	11.160	12.198	13.844	15.379	17.292	20.843
27	11.808	12.879	14.573	16.151	18.114	21.749
28	12.461	13.565	15.308	16.928	18.939	22.657
29	13.121	14.257	16.047	17.708	19.768	23.567
30	13.787	14.954	16.791	18.493	20.599	24.478
31	14.458	15.655	17.539	19.281	21.434	25.390
32	15.134	16.362	18.291	20.072	22.271	26.304
33	15.815	17.074	19.047	20.807	23.110	27.219
34	16.501	17.789	19.806	21.664	23.952	28.136
35	17.192	18.509	20.569	22.465	24.797	29.054
36	17.887	19.233	21.336	23.269	25.163	29.973
37	18.586	19.960	22.106	24.075	26.492	30.893
38	19.289	20.691	22.878	24.884	27.343	31.815
39	19.996	21.426	23.654	25.695	28.196	32.737
40	20.707	22.164	24.433	26.509	29.051	33.660
41	21.421	22.906	25.215	27.326	29.907	34.585
42	22.138	23.650	25.999	28.144	30.765	35.510
43	22.859	24.398	26.785	28.965	31.625	36.430
44	23.584	25.143	27.575	29.787	32.487	37.363
45	24.311	25.901	28.366	30.612	33.350	38.291

附表 4(續)

n	α = 0.25	0.10	0.05	0.025	0.01	0.005
1	1.323	2.706	3.841	5.024	6.635	7.879
2	2.773	4.605	5.991	7.378	9.210	10.597
3	4.108	6.251	7.815	9.348	11.345	12.838
4	5.385	7.779	9.488	11.143	13.277	14.860
5	6.626	9.236	11.071	12.833	15.086	16.750
6	7.841	10.645	12.592	14.499	16.812	18.548
7	9.037	12.017	14.067	16.013	18.475	20.278
8	10.219	13.362	15.507	17.535	20.090	21.955
9	11.289	14.684	16.919	19.023	21.666	23.598
10	12.549	15.987	18.307	20.483	23.209	25.188
11	13.701	17.275	19.675	21.920	24.725	26.757
12	14.845	18.549	21.026	23.337	26.217	28.299
13	15.984	19.812	22.362	24.736	27.688	29.819
14	17.117	21.064	23.685	26.119	29.141	31.319
15	18.245	22.307	24.996	27.488	30.578	32.801
16	19.369	23.542	26.286	28.845	32.000	34.267
17	20.489	24.769	27.587	30.191	33.409	35.718
18	21.605	25.989	28.869	31.526	34.805	37.156
19	22.718	27.204	30.144	32.853	36.191	38.582
20	23.828	28.412	31.410	34.170	37.566	39.997
21	24.935	29.615	32.671	35.479	38.932	41.401
22	26.039	30.813	33.924	36.781	40.298	42.796
23	27.141	32.007	35.172	38.076	41.638	44.181
24	28.241	33.196	36.415	39.364	42.980	45.559
25	29.339	34.382	37.652	40.646	44.314	46.928
26	30.435	35.563	38.885	41.923	45.642	48.290
27	31.528	36.741	40.113	43.194	46.963	49.654
28	32.620	37.916	41.337	44.461	48.278	50.993
29	33.711	39.087	42.557	45.722	49.588	52.336
30	34.800	40.256	43.773	46.979	50.892	53.672
31	35.887	41.422	44.985	48.232	52.191	55.003
32	36.973	42.585	46.194	49.480	53.486	56.328
33	38.053	43.745	47.400	50.725	54.776	57.648
34	39.141	44.903	48.602	51.966	56.061	58.964
35	40.223	46.095	49.802	53.203	57.342	60.275
36	41.304	47.212	50.998	54.437	58.619	61.581
37	42.383	48.363	52.192	55.668	59.892	62.883
38	43.462	49.513	53.384	56.896	61.162	64.181
39	44.539	50.660	54.572	58.120	62.428	65.476
40	45.616	51.805	55.758	59.342	63.691	66.766
41	46.692	52.949	53.942	60.561	64.950	68.053
42	47.766	54.090	58.124	61.777	66.206	69.336
43	48.840	55.230	59.304	62.990	67.459	70.606
44	49.913	56.369	90.481	64.201	68.710	71.893
45	50.985	57.505	61.656	65.410	69.957	73.166

附表 5　F 分佈表

$P\{F(n_1, n_2) > F_\alpha(n_1, n_2)\} = \alpha$

$\alpha = 0.10$

n_1 \ n_2	1	2	3	4	5	6	7	8	9	10	12	15	20	24	30	40	60	120	∞
1	39.86	49.50	53.59	55.83	57.24	58.20	58.91	59.44	59.86	60.19	60.71	61.22	61.74	62.00	62.26	62.53	62.79	63.06	63.33
2	8.53	9.00	9.16	9.24	9.29	9.33	9.35	9.37	9.38	9.39	9.41	9.42	9.44	9.45	9.46	9.47	9.47	9.48	9.49
3	5.54	5.46	5.39	5.34	5.31	5.28	5.27	5.25	5.24	5.23	5.22	5.20	5.18	5.18	5.17	5.16	5.15	5.14	5.13
4	4.54	4.32	4.19	4.11	4.05	4.01	3.98	3.95	3.94	3.92	3.90	3.87	3.84	3.83	3.82	3.80	3.79	3.78	3.76
5	4.06	3.78	3.62	3.52	3.45	3.40	3.37	3.34	3.32	3.30	3.27	3.24	3.21	3.19	3.17	3.16	3.14	3.12	3.10
6	3.78	3.46	3.29	3.18	3.11	3.05	3.01	2.98	2.96	2.94	2.90	2.87	2.84	2.82	2.80	2.78	2.76	2.74	2.72
7	3.59	3.26	3.07	2.96	2.88	2.83	2.78	2.75	2.72	2.70	2.67	2.63	2.59	2.58	2.56	2.54	2.51	2.49	2.47
8	3.46	3.11	2.92	2.81	2.73	2.67	2.62	2.59	2.56	2.54	2.50	2.46	2.42	2.40	2.38	2.36	2.34	2.32	2.29
9	3.36	3.01	2.81	2.69	2.61	2.55	2.51	2.47	2.44	2.42	2.38	2.34	2.30	2.28	2.25	2.23	2.21	2.18	2.16
10	3.29	2.92	2.73	2.61	2.52	2.46	2.41	2.38	2.35	2.32	2.28	2.24	2.20	2.18	2.16	2.13	2.11	2.08	2.06
11	3.23	2.86	2.66	2.54	2.45	2.39	2.34	2.30	2.27	2.25	2.21	2.17	2.12	2.10	2.08	2.05	2.03	2.00	1.97
12	3.18	2.81	2.61	2.48	2.39	2.33	2.28	2.24	2.21	2.19	2.15	2.10	2.06	2.04	2.01	1.99	1.96	1.93	1.90
13	3.14	2.76	2.56	2.43	2.35	2.28	2.23	2.20	2.16	2.14	2.10	2.05	2.01	1.98	1.96	1.93	1.90	1.88	1.85
14	3.10	2.73	2.52	2.39	2.31	2.24	2.19	2.15	2.12	2.10	2.05	2.01	1.96	1.94	1.91	1.89	1.86	1.83	1.80
15	3.07	2.70	2.49	2.36	2.27	2.21	2.16	2.12	2.09	2.06	2.02	1.97	1.92	1.90	1.87	1.85	1.82	1.79	1.76
16	3.05	2.67	2.46	2.33	2.24	2.18	2.13	2.09	2.06	2.03	1.99	1.94	1.89	1.87	1.84	1.81	1.78	1.75	1.72
17	3.03	2.64	2.44	2.31	2.22	2.15	2.10	2.06	2.03	2.00	1.96	1.91	1.86	1.84	1.81	1.78	1.75	1.72	1.69
18	3.01	2.62	2.42	2.29	2.20	2.13	2.08	2.04	2.00	1.98	1.93	1.89	1.84	1.81	1.78	1.75	1.72	1.69	1.66
19	2.99	2.61	2.40	2.27	2.18	2.11	2.06	2.02	1.98	1.96	1.91	1.86	1.81	1.79	1.76	1.73	1.70	1.67	1.63
20	2.97	2.59	2.38	2.25	2.16	2.09	2.04	2.00	1.96	1.94	1.89	1.84	1.79	1.77	1.74	1.71	1.68	1.64	1.61
21	2.96	2.57	2.36	2.23	2.14	2.08	2.02	1.98	1.95	1.92	1.87	1.83	1.78	1.75	1.72	1.69	1.66	1.62	1.59
22	2.95	2.56	2.35	2.22	2.13	2.06	2.01	1.97	1.93	1.90	1.86	1.81	1.76	1.73	1.70	1.67	1.64	1.60	1.57
23	2.94	2.55	2.34	2.21	2.11	2.05	1.99	1.95	1.92	1.89	1.84	1.80	1.74	1.72	1.69	1.66	1.62	1.59	1.55
24	2.93	2.54	2.33	2.19	2.10	2.04	1.98	1.94	1.91	1.88	1.83	1.78	1.73	1.70	1.67	1.64	1.61	1.57	1.53
25	2.92	2.53	2.32	2.18	2.09	2.02	1.97	1.93	1.89	1.87	1.82	1.77	1.72	1.69	1.66	1.63	1.59	1.56	1.52
26	2.91	2.52	2.31	2.17	2.08	2.01	1.96	1.92	1.88	1.86	1.81	1.76	1.71	1.68	1.65	1.61	1.58	1.54	1.50
27	2.90	2.51	2.30	2.17	2.07	2.00	1.95	1.91	1.87	1.85	1.80	1.75	1.70	1.67	1.64	1.60	1.57	1.53	1.49
28	2.89	2.50	2.29	2.16	2.06	2.00	1.94	1.90	1.87	1.84	1.79	1.74	1.69	1.66	1.63	1.59	1.56	1.52	1.48
29	2.89	2.50	2.28	2.15	2.06	1.99	1.93	1.89	1.86	1.83	1.78	1.73	1.68	1.65	1.62	1.58	1.55	1.51	1.47
30	2.88	2.49	2.28	2.14	2.05	1.98	1.93	1.88	1.85	1.82	1.77	1.72	1.67	1.64	1.61	1.57	1.54	1.50	1.46
40	2.84	2.44	2.23	2.09	2.00	1.93	1.87	1.83	1.79	1.76	1.71	1.66	1.61	1.57	1.54	1.51	1.47	1.42	1.38
60	2.79	2.39	2.18	2.04	1.95	1.87	1.82	1.77	1.74	1.71	1.66	1.60	1.54	1.51	1.48	1.44	1.40	1.35	1.29
120	2.75	2.35	2.13	1.99	1.90	1.82	1.77	1.72	1.68	1.65	1.60	1.55	1.48	1.45	1.41	1.37	1.32	1.26	1.19
∞	2.71	2.30	2.08	1.94	1.85	1.77	1.72	1.67	1.63	1.60	1.55	1.49	1.42	1.38	1.34	1.30	1.24	1.17	1.00

$\alpha = 0.05$

附表 5(續 1)

n_2 \ n_1	1	2	3	4	5	6	7	8	9	10	12	15	20	24	30	40	60	120	∞
1	161.4	199.5	215.7	224.6	230.2	234.0	236.8	238.9	240.5	241.9	243.9	245.9	248.0	249.1	250.1	251.1	252.2	253.3	254.3
2	18.51	19.00	19.16	19.25	19.30	19.33	19.35	19.37	19.38	19.40	19.41	19.43	19.45	19.45	19.46	19.47	19.48	19.49	19.50
3	10.13	9.55	9.28	9.12	9.01	8.94	8.89	8.85	8.81	8.79	8.74	8.70	8.66	8.64	8.62	8.59	8.57	8.55	8.53
4	7.71	6.94	6.59	6.39	6.26	6.16	6.09	6.04	6.00	5.96	5.91	5.86	5.80	5.77	5.75	5.72	5.69	5.66	5.63
5	6.61	5.79	5.41	5.19	5.05	4.95	4.88	4.82	4.77	4.74	4.68	4.62	4.56	4.53	4.50	4.46	4.43	4.40	4.36
6	5.99	5.14	4.76	4.53	4.39	4.28	4.21	4.15	4.10	4.06	4.00	3.94	3.87	3.84	3.81	3.77	3.74	3.70	3.67
7	5.59	4.74	4.35	4.12	3.97	3.87	3.79	3.73	3.68	3.64	3.57	3.51	3.44	3.41	3.38	3.34	3.30	3.27	3.23
8	5.32	4.46	4.07	3.84	3.69	3.58	3.50	3.44	3.39	3.35	3.28	3.22	3.15	3.12	3.08	3.04	3.01	2.97	2.93
9	5.12	4.26	3.86	3.63	3.48	3.37	3.29	3.23	3.18	3.14	3.07	3.01	2.94	2.90	2.86	2.83	2.79	2.75	2.71
10	4.96	4.10	3.71	3.48	3.33	3.22	3.14	3.07	3.02	2.98	2.91	2.85	2.77	2.74	2.70	2.66	2.62	2.58	2.54
11	4.84	3.98	3.59	3.36	3.20	3.09	3.01	2.95	2.90	2.85	2.79	2.72	2.65	2.61	2.57	2.53	2.49	2.45	2.40
12	4.75	3.89	3.49	3.26	3.11	3.00	2.91	2.85	2.80	2.75	2.69	2.62	2.54	2.51	2.47	2.43	2.38	2.34	2.30
13	4.67	3.81	3.41	3.18	3.03	2.92	2.83	2.77	2.71	2.67	2.60	2.53	2.46	2.42	2.38	2.34	2.30	2.25	2.21
14	4.60	3.74	3.34	3.11	2.96	2.85	2.76	2.70	2.65	2.60	2.53	2.46	2.39	2.35	2.31	2.27	2.22	2.18	2.13
15	4.54	3.68	3.29	3.06	2.90	2.79	2.71	2.64	2.59	2.54	2.48	2.40	2.33	2.29	2.25	2.20	2.16	2.11	2.07
16	4.49	3.63	3.24	3.01	2.85	2.74	2.66	2.59	2.54	2.49	2.42	2.35	2.28	2.24	2.19	2.15	2.11	2.06	2.01
17	4.45	3.59	3.20	2.96	2.81	2.70	2.61	2.55	2.49	2.45	2.38	2.31	2.23	2.19	2.15	2.10	2.06	2.01	1.96
18	4.41	3.55	3.16	2.93	2.77	2.66	2.58	2.51	2.46	2.41	2.34	2.27	2.19	2.15	2.11	2.06	2.02	1.97	1.92
19	4.38	3.52	3.13	2.90	2.74	2.63	2.54	2.48	2.42	2.38	2.31	2.23	2.16	2.11	2.07	2.03	1.98	1.93	1.88
20	4.35	3.49	3.10	2.87	2.71	2.60	2.51	2.45	2.39	2.35	2.28	2.20	2.12	2.08	2.04	1.99	1.95	1.90	1.84
21	4.32	3.47	3.07	2.84	2.68	2.57	2.49	2.42	2.37	2.32	2.25	2.18	2.10	2.05	2.01	1.96	1.92	1.87	1.81
22	4.30	3.44	3.05	2.82	2.66	2.55	2.46	2.40	2.34	2.30	2.23	2.15	2.07	2.03	1.98	1.94	1.89	1.84	1.78
23	4.28	3.42	3.03	2.80	2.64	2.53	2.44	2.37	2.32	2.27	2.20	2.13	2.05	2.01	1.96	1.91	1.86	1.81	1.76
24	4.26	3.40	3.01	2.78	2.62	2.51	2.42	2.36	2.30	2.25	218	2.11	2.03	1.98	1.94	1.89	1.84	1.79	1.73
25	4.24	3.39	2.99	2.76	2.60	2.49	2.40	2.34	2.28	2.24	2.16	2.09	2.01	1.96	1.92	1.87	1.82	1.77	1.71
26	4.23	3.37	2.98	2.74	2.59	2.47	2.39	2.32	2.27	2.22	2.15	2.07	1.99	1.95	1.90	1.85	1.80	1.75	1.69
27	4.21	3.35	2.96	2.73	2.57	2.46	2.37	2.31	2.25	2.20	2.13	2.06	1.97	1.93	1.88	1.84	1.79	1.73	1.67
28	4.20	3.34	2.95	2.71	2.56	2.45	2.36	2.29	2.24	2.19	2.12	2.04	1.96	1.91	1.87	1.82	1.77	1.71	1.65
29	4.18	3.33	2.93	2.70	2.55	2.43	2.35	2.28	2.22	2.18	2.10	2.03	1.94	1.90	1.85	1.81	1.75	1.70	1.64
30	4.17	3.32	2.92	2.69	2.53	2.42	2.33	2.27	2.21	2.16	2.09	2.01	1.93	1.89	1.84	1.79	1.74	1.68	1.62
40	4.08	3.23	2.84	2.61	2.45	2.34	2.25	2.18	2.12	2.08	2.00	1.92	1.84	1.79	1.74	1.69	1.64	1.58	1.51
60	4.00	3.15	2.76	2.53	2.37	2.25	2.17	2.10	2.04	1.99	1.92	1.84	1.75	1.70	1.65	1.59	1.53	1.47	1.39
120	3.92	3.07	2.68	2.45	2.29	2.17	2.09	2.02	1.96	1.91	1.83	1.75	1.66	1.61	1.55	1.50	1.43	1.35	1.25
∞	3.84	3.00	2.60	2.37	2.21	2.10	2.01	1.94	1.88	1.83	1.75	1.67	1.57	1.52	1.46	1.39	1.32	1.22	1.00

$\alpha = 0.025$

附表5(續2)

n_2 \ n_1	1	2	3	4	5	6	7	8	9	10	12	15	20	24	30	40	60	120	∞
1	647.8	799.5	864.2	899.6	921.8	937.1	948.2	956.7	963.3	368.6	976.7	984.9	993.1	997.2	1,001	1,006	1,010	1,014	1,018
2	38.51	39.00	39.17	36.25	39.30	39.33	39.36	39.37	39.39	39.40	39.41	39.43	39.45	39.46	39.46	39.47	39.48	39.49	39.50
3	17.44	16.04	15.44	15.10	14.88	14.73	14.62	14.54	14.47	14.42	14.34	14.25	14.17	14.12	14.08	14.04	13.99	13.95	13.90
4	12.22	10.65	9.98	9.60	9.36	9.20	9.07	9.98	8.90	8.84	8.75	8.66	8.56	8.51	8.46	8.41	8.36	8.31	8.26
5	10.01	8.43	7.76	7.39	7.15	6.98	6.85	6.76	6.68	6.62	6.52	6.43	6.33	6.28	6.23	6.18	6.12	6.07	6.02
6	8.81	7.26	6.60	6.23	5.99	5.82	5.70	5.60	5.52	5.46	5.37	5.27	5.17	5.12	5.07	5.01	4.96	4.90	4.85
7	8.07	6.54	5.89	5.52	5.29	5.12	4.99	4.90	4.82	4.76	4.67	4.57	4.47	4.42	4.36	4.31	4.25	4.20	4.14
8	7.57	6.06	5.42	5.05	4.82	4.65	4.53	4.43	4.36	4.30	4.20	4.10	4.00	3.95	3.89	3.84	3.78	3.73	3.67
9	7.21	5.71	5.08	4.72	4.48	4.23	4.20	4.10	4.03	3.96	3.87	3.77	3.67	3.61	3.56	3.51	3.45	3.39	3.33
10	6.94	5.46	4.83	4.47	4.24	4.07	3.95	3.85	3.78	3.72	3.62	3.52	3.42	3.37	3.31	3.26	3.20	3.14	3.08
11	6.72	5.26	4.63	4.28	4.04	3.88	3.76	3.66	3.59	3.53	3.43	3.33	3.23	3.17	3.12	3.06	3.00	2.94	2.88
12	6.55	5.10	4.47	4.12	3.89	3.73	3.61	3.51	3.44	3.37	3.28	3.18	3.07	3.02	2.96	2.91	2.85	2.79	2.72
13	6.41	4.97	4.35	4.00	3.77	3.60	3.48	3.39	3.31	3.25	3.15	3.05	2.95	2.89	2.84	2.78	2.72	2.66	2.60
14	6.30	4.86	4.24	3.89	3.66	3.50	3.38	3.29	3.21	3.15	3.05	2.95	2.84	2.79	2.73	2.67	2.61	2.55	2.49
15	6.20	4.77	4.15	3.80	3.58	3.41	3.29	3.20	3.12	3.06	2.96	2.86	2.76	2.70	2.64	2.59	2.52	2.46	2.40
16	6.12	4.69	4.08	3.73	3.50	3.34	3.22	3.12	3.05	2.99	2.89	2.79	2.68	2.63	2.57	2.51	2.45	2.38	2.32
17	6.04	4.62	4.01	3.66	3.44	3.28	3.16	3.06	2.98	2.92	2.82	2.72	2.62	2.56	2.50	2.44	2.38	2.32	2.25
18	5.98	4.56	3.95	3.61	3.38	3.22	3.10	3.01	2.93	2.87	2.77	2.67	2.56	2.50	2.44	2.38	2.32	2.26	2.19
19	5.92	4.51	3.90	3.56	3.33	3.17	3.05	2.96	2.88	2.82	2.62	2.62	2.51	2.45	2.39	2.33	2.27	2.20	2.13
20	5.87	4.46	3.86	3.51	3.29	3.13	3.01	2.91	2.84	2.77	2.68	2.57	2.46	2.41	2.35	2.29	2.22	2.16	2.09
21	5.83	4.42	3.82	3.48	3.25	3.09	2.97	2.87	2.80	2.73	2.64	2.53	2.42	2.37	2.31	2.25	2.18	2.11	2.04
22	5.79	4.38	3.78	3.44	3.22	3.05	2.93	2.84	2.76	2.70	2.60	2.50	2.39	2.33	2.27	2.21	2.14	2.08	2.00
23	5.75	4.35	3.75	3.41	3.18	3.02	2.90	2.81	2.73	2.67	2.57	2.47	2.36	2.30	2.24	2.18	2.11	2.04	1.97
24	5.72	4.32	3.72	3.38	3.15	2.99	2.87	2.78	2.70	2.64	2.54	2.44	2.33	2.27	2.21	2.15	2.08	2.01	1.94
25	5.69	4.29	3.69	3.35	3.13	2.97	2.85	2.75	2.68	2.61	2.51	2.41	2.30	2.24	2.18	2.12	2.05	1.98	1.91
26	5.66	4.27	3.67	3.33	3.10	2.94	2.82	2.73	2.65	2.59	2.49	2.39	2.28	2.22	2.16	2.09	2.03	1.95	1.88
27	5.63	4.24	3.65	3.31	3.08	2.92	2.80	2.71	2.63	2.57	2.47	2.36	2.25	2.19	2.13	2.07	2.00	1.93	1.85
28	5.61	4.22	3.63	3.29	3.06	2.90	2.78	2.69	2.61	2.55	2.45	2.34	2.23	2.17	2.11	2.05	1.98	1.91	1.83
29	5.59	4.20	3.61	3.27	3.04	2.88	2.76	2.67	2.59	2.53	2.43	2.32	2.21	2.15	2.09	2.03	1.96	1.89	1.81
30	5.57	4.18	3.59	3.25	3.03	2.87	2.75	2.65	2.57	2.51	2.41	2.31	2.20	2.14	2.07	2.01	1.94	1.87	1.79
40	5.42	4.05	3.46	3.13	2.90	2.74	2.62	2.53	2.45	2.39	2.29	2.18	2.07	2.01	1.94	1.88	1.80	1.72	1.64
60	5.29	3.93	3.34	3.01	2.79	2.63	2.51	2.41	2.33	2.27	2.17	2.06	1.94	1.88	1.82	1.74	1.67	1.58	1.48
120	5.15	3.80	3.23	2.89	2.67	2.52	2.39	2.30	2.22	2.16	2.05	1.94	1.82	1.76	1.69	1.61	1.53	1.43	1.31
∞	5.02	3.69	3.12	2.79	2.57	2.41	2.29	2.19	2.11	2.05	1.94	1.83	1.71	1.64	1.57	1.48	1.39	1.27	1.00

$\alpha = 0.01$ 附表5(續3)

n_2\n_1	1	2	3	4	5	6	7	8	9	10	12	15	20	24	30	40	60	120	∞
1	4,052	4,999.5	5,403	5,625	5,764	5,859	5,928	5,982	6,022	6,056	6,106	6,157	6,209	6,235	6,261	6,287	6,313	6,339	6,366
2	98.50	99.00	99.17	99.25	99.30	99.33	99.36	99.37	99.39	99.40	99.42	99.43	99.45	99.46	99.47	99.47	99.48	99.49	99.50
3	34.12	30.82	29.46	28.71	28.24	27.91	27.67	27.49	27.35	27.23	27.05	26.87	26.69	26.60	26.50	26.41	26.32	26.22	26.13
4	21.30	18.00	16.69	15.98	15.52	15.21	14.98	14.80	14.66	14.55	14.37	15.20	14.02	13.93	13.84	13.75	13.65	13.56	13.46
5	16.26	13.27	12.06	11.39	10.97	10.67	10.46	10.29	10.16	10.05	9.89	9.72	9.55	9.47	9.38	9.29	9.20	9.11	9.02
6	13.75	10.92	9.78	9.15	8.75	8.47	8.26	8.10	7.98	7.87	7.72	7.56	7.40	7.31	7.23	7.14	7.06	6.97	6.88
7	12.25	9.55	8.45	7.85	7.46	7.19	6.99	6.84	6.72	6.62	6.47	6.31	6.16	6.07	5.99	5.91	5.82	5.74	5.65
8	11.26	8.65	7.59	7.01	6.63	6.37	6.18	6.03	5.91	5.81	5.67	5.52	5.36	5.28	5.20	5.12	5.03	4.95	4.86
9	10.56	8.02	6.99	6.42	6.06	5.80	5.61	5.47	5.35	5.26	5.11	4.96	4.81	4.73	4.65	4.57	4.48	4.40	4.31
10	10.04	7.56	6.55	5.99	5.64	5.39	5.20	5.06	4.94	4.85	4.71	4.56	4.41	4.33	4.25	4.17	4.08	4.00	3.91
11	9.65	7.21	6.22	5.67	5.32	5.07	4.89	4.74	4.63	4.54	4.40	4.25	4.10	4.02	3.94	3.86	3.78	3.69	3.60
12	9.33	6.93	5.95	5.41	5.06	4.82	4.64	4.50	4.39	4.30	4.16	4.01	3.86	3.78	3.70	3.62	3.54	3.45	3.36
13	9.07	6.70	5.74	5.21	4.86	4.62	4.44	4.30	4.19	4.10	3.96	3.82	3.66	3.59	3.51	3.43	3.34	3.25	3.17
14	8.86	6.51	5.56	5.04	4.69	4.46	4.28	4.14	4.03	3.94	3.80	3.66	3.51	3.43	3.35	3.27	3.18	3.09	3.00
15	8.68	6.36	5.42	4.89	4.56	4.32	4.14	4.00	3.89	3.80	3.67	3.52	3.37	3.29	3.21	3.13	3.05	2.96	2.87
16	8.53	6.23	5.29	4.77	4.44	4.20	4.03	3.89	3.78	3.69	3.55	341	3.26	3.18	3.10	3.02	2.93	2.89	2.75
17	8.40	6.11	5.18	4.67	4.34	4.10	3.93	3.79	3.68	3.59	3.46	3.31	3.16	3.08	3.00	2.92	2.83	2.75	2.65
18	8.29	6.01	5.09	4.58	4.25	4.01	3.84	3.71	3.60	3.51	3.37	3.23	3.08	3.00	2.92	2.84	2.75	2.66	2.57
19	8.18	5.93	5.01	4.50	4.17	3.94	3.77	3.63	3.52	3.43	3.30	3.15	3.00	2.92	2.84	2.76	2.67	2.58	2.49
20	8.10	5.85	4.94	4.43	4.10	3.87	3.70	3.56	3.46	3.37	3.23	3.09	2.94	2.86	2.78	2.69	2.61	2.52	2.42
21	8.02	5.78	4.87	4.37	4.04	3.81	3.64	3.51	3.40	3.31	3.17	3.03	2.88	2.80	2.72	2.64	2.55	2.46	2.36
22	7.95	5.72	4.82	4.31	3.99	3.76	3.59	3.45	3.35	3.26	3.12	2.98	2.83	2.75	2.67	2.58	2.50	2.40	2.31
23	7.88	5.66	4.76	4.26	3.94	3.71	3.54	3.41	3.30	3.21	3.07	2.93	2.78	2.70	2.62	2.54	2.45	2.35	2.26
24	7.82	5.61	4.72	4.22	3.90	3.67	3.50	3.36	3.26	3.17	3.03	2.89	2.74	2.66	2.58	2.49	2.40	2.31	2.21
25	7.77	5.57	4.68	4.18	3.85	3.63	3.46	3.32	3.22	3.13	2.99	2.85	2.70	2.62	2.54	2.45	2.36	2.27	2.17
26	7.72	5.53	4.64	4.14	3.82	3.59	3.42	3.29	3.18	3.09	2.96	2.81	2.66	2.58	2.50	2.42	2.33	2.23	2.13
27	7.68	5.49	4.60	4.11	3.78	3.56	3.39	3.26	3.15	3.06	2.93	2.78	2.63	2.55	2.47	2.38	2.29	2.20	2.10
28	7.64	5.45	4.57	4.07	3.75	3.53	3.36	3.23	3.12	3.03	2.90	2.75	2.60	2.52	2.44	2.35	2.26	2.17	2.06
29	7.60	5.42	4.54	4.04	3.73	3.50	3.33	3.20	3.09	3.00	2.87	2.73	2.57	2.49	2.41	2.33	2.23	2.14	2.03
30	7.56	5.39	4.51	4.02	3.70	3.47	3.30	3.17	3.07	2.98	2.84	2.70	2.55	2.47	2.39	2.30	2.21	2.11	2.01
40	7.31	5.18	4.31	3.83	3.51	3.29	3.12	2.99	2.98	2.80	2.66	2.52	2.37	2.29	2.20	2.11	2.02	1.92	1.80
60	7.08	4.98	4.13	3.65	3.34	3.12	2.95	2.82	2.72	2.63	2.50	2.35	2.20	2.12	2.03	1.94	1.84	1.73	1.60
120	6.85	4.79	3.95	3.48	3.17	2.96	2.79	2.66	2.56	2.47	2.34	2.19	2.03	1.95	1.86	1.76	1.66	1.53	1.38
∞	6.63	4.61	3.78	3.32	3.02	2.80	2.64	2.51	2.41	2.32	2.18	2.04	1.88	1.79	1.70	1.59	1.47	1.32	1.00

$\alpha = 0.005$ 附表5(續4)

$n_2 \backslash n_1$	1	2	3	4	5	6	7	8	9	10	12	15	20	24	30	40	60	120	∞
1	16,211	20,000	21,615	22,500	23,056	23,437	23,715	23,925	24,091	24,224	24,426	24,630	24,836	24,940	25,044	25,148	25,253	25,359	25,465
2	198.5	199.0	199.2	199.2	199.3	199.3	199.4	199.4	199.4	199.4	199.4	199.4	199.4	199.5	199.5	199.5	199.5	199.5	199.5
3	55.55	49.80	47.47	46.19	45.39	44.84	44.43	44.13	43.88	43.69	43.39	43.08	42.78	42.62	42.47	42.31	42.15	41.99	41.83
4	31.33	26.28	24.26	23.15	22.46	21.97	21.62	21.35	21.14	20.97	20.70	20.44	20.17	20.03	19.89	19.75	19.61	19.47	19.32
5	22.78	18.31	16.53	15.56	14.94	14.51	14.20	13.96	13.77	13.62	13.38	13.15	12.90	12.78	12.66	12.53	12.40	12.27	12.14
6	18.63	14.54	12.92	12.03	11.46	11.07	10.79	10.57	10.39	10.25	10.03	9.81	9.59	9.47	9.36	9.24	9.12	9.00	8.88
7	16.24	12.40	10.88	10.05	9.52	9.16	8.89	8.68	8.51	8.38	8.18	7.97	7.75	7.65	7.53	7.42	7.31	7.19	7.08
8	14.69	11.04	9.60	8.81	8.30	7.95	7.69	7.50	7.34	7.21	7.01	6.81	6.61	6.50	6.40	6.29	6.18	6.06	5.95
9	13.61	10.11	8.72	7.96	4.47	7.13	6.88	6.69	6.54	6.42	6.23	6.03	5.83	5.73	5.62	5.52	5.41	5.30	5.19
10	12.83	9.43	8.08	7.34	6.87	6.54	6.30	6.12	5.97	5.85	5.66	5.47	5.27	5.17	5.07	4.97	4.86	4.75	4.64
11	12.23	8.91	7.60	6.88	6.42	6.10	5.86	5.68	5.54	5.42	5.24	5.05	4.86	4.76	4.65	4.55	4.44	4.34	4.23
12	11.75	8.51	7.23	6.52	6.07	5.76	5.52	5.35	5.20	5.09	4.91	4.72	4.53	4.43	4.33	4.23	4.12	4.01	3.90
13	11.37	8.19	6.93	6.32	5.79	5.48	5.25	5.08	4.94	4.82	4.64	4.46	4.27	4.17	4.07	3.97	3.87	3.76	3.65
14	11.06	7.92	6.68	6.00	5.56	5.26	5.03	4.86	4.72	4.60	4.43	4.25	4.06	3.96	3.86	3.76	3.66	3.55	3.44
15	10.80	7.70	6.48	5.80	5.37	5.07	4.85	4.67	4.54	4.42	4.25	4.07	3.88	3.79	3.69	3.58	3.48	3.37	3.26
16	10.58	7.51	6.30	5.64	5.21	4.91	4.69	4.52	4.38	4.27	4.10	3.92	3.73	3.64	3.54	3.44	3.33	3.22	3.11
17	10.38	7.35	6.16	5.50	5.07	4.78	4.56	4.39	4.25	4.14	3.97	3.79	3.61	3.51	3.41	3.31	3.21	3.10	2.98
18	10.22	7.21	6.03	5.37	4.96	4.66	4.44	4.28	4.14	4.03	3.86	3.68	3.50	3.40	3.30	3.20	3.10	2.99	2.87
19	10.07	7.09	5.92	5.27	4.85	4.56	4.34	4.18	4.04	3.93	3.76	3.59	3.40	3.31	3.21	3.11	3.00	2.89	2.78
20	9.94	6.99	5.82	5.17	4.76	4.47	4.26	4.09	3.96	3.85	3.68	3.50	3.32	3.22	3.12	3.02	2.92	2.81	2.69
21	9.83	6.89	5.73	5.09	4.68	4.39	4.18	4.01	3.88	3.77	3.60	3.43	3.24	3.15	3.05	2.95	2.84	2.73	2.61
22	9.73	6.81	5.65	5.02	4.61	4.32	4.11	3.94	3.81	3.70	3.54	3.36	3.18	3.08	2.98	2.88	2.77	2.66	2.55
23	9.63	6.73	5.58	4.95	4.54	4.26	4.05	3.88	3.75	3.64	3.47	3.30	3.12	3.02	2.92	2.82	2.71	2.60	2.48
24	9.55	6.66	5.52	4.89	4.49	4.20	3.99	3.83	3.69	3.59	3.42	3.25	3.06	2.97	2.87	2.77	2.66	2.55	2.43
25	9.48	6.60	5.46	4.84	4.43	4.15	3.94	3.78	3.64	3.54	3.37	3.20	3.01	2.92	2.82	2.72	2.61	2.50	2.38
26	9.41	6.54	5.41	4.79	4.38	4.10	3.89	3.73	3.60	3.49	3.33	3.15	2.97	2.87	2.77	2.67	2.56	2.45	2.33
27	9.34	6.49	5.36	4.74	4.34	4.06	3.85	3.69	3.56	3.45	3.28	3.11	2.93	2.83	2.73	2.63	2.52	2.41	2.29
28	9.28	6.44	5.32	4.70	4.30	4.02	3.81	3.65	3.52	3.41	3.25	3.07	2.89	2.79	2.69	2.59	2.48	2.37	2.25
29	9.23	6.40	5.28	4.66	4.26	3.98	3.77	3.61	3.48	3.38	3.21	3.04	2.86	2.76	2.66	2.56	2.45	2.33	2.21
30	9.18	6.35	5.24	4.62	4.23	3.95	3.74	3.58	3.45	3.34	3.18	3.01	2.82	2.73	2.63	2.52	2.42	2.30	2.18
40	8.83	6.07	4.98	4.37	3.99	3.71	3.51	3.35	3.22	3.12	2.95	2.78	2.60	2.50	2.40	2.30	2.18	2.06	1.93
60	8.49	5.79	4.73	4.14	3.76	3.49	3.29	3.13	3.01	2.90	2.74	2.57	2.39	2.29	2.19	2.08	1.96	1.83	1.69
120	8.18	5.54	4.50	3.92	3.55	3.28	3.09	2.93	2.81	2.71	2.54	2.37	2.19	2.09	1.98	1.87	1.75	1.61	1.43
∞	7.88	5.30	4.28	3.72	3.35	3.09	2.90	2.74	2.62	2.52	2.36	2.19	2.00	1.90	1.79	1.67	1.53	1.36	1.00

附錄二
排列與組合

一、兩個基本原理

1. 乘法原理

如果某件事需經 k 步才能完成,做第一步有 m_1 種方法,做第二部有 m_2 種方法……做第 k 步有 m_k 種方法,那麼完成這件事共有 $m_1 \times m_2 \times \cdots \times m_k$ 種方法.

例如,由甲城到乙城有 3 條旅遊路線,由乙城到丙城有 2 條旅遊路線,那麼從甲城經乙城到丙城共有 $3 \times 2 = 6$ 條旅遊路線.

2. 加法原理

如果某件事可以由 k 類不同途徑之一去完成,在第一類途徑中有 m_1 種完成方法,在第二類途徑中有 m_2 種完成方法……在第 k 類途徑中有 m_k 種完成方法,那麼完成這件事共有 $m_1 + m_2 + \cdots + m_k$ 種方法.

例如,由甲城到乙城去旅遊有三類交通工具:汽車、火車和飛機. 而汽車有 5 個班次,火車有 3 個班次,飛機有 2 個班次,那麼從甲城到乙城共有不同交通工具的 $5 + 3 + 2 = 10$ 個班次可供旅遊者選擇.

排列與組合的公式推導都基於以上兩個基本原理.

二、排列

1. (不重複)排列

從 n 個不同元素中任取 $r(r \leq n)$ 個元素排成一列(考慮元素次序)稱為一個排列,此種排列的總數記為 A_n^r.

按乘法原理,取出第一個元素有 n 種取法,取出第二個元素有 $n-1$ 種取法……取出第 r 個元素有 $n-r+1$ 種取法,則有:

$$A_n^r = n \times (n-1) \times \cdots \times (n-r+1) = \frac{n!}{(n-r)!}$$

當 $r = n$ 時,則稱為全排列,全排列總數為 $A_n^n = n!$.

2. 可重複排列

從 n 個不同元素中每次取出一個,放回後再取下一個,如此連續 r 次所得的排列稱為可重複排列,此種排列總數共有 n^r 個。注意,這裡的 r 允許大於 n.

例 1 用 $1,2,3,4,5$ 這 5 個數碼可以組成多少個沒有重複數字的三位數?

解 組成此種三位數時首位數有 5 種取法,由於不允許有重複數字,則十位數有 4 種取法,同理,個位數有 3 種取法,故可組成沒有重複數字的三位數個數為 $A_5^3 = 5 \times 4 \times 3 = 60$. 這是典型的排列問題.

例 2 用 $1,2,3,4,5$ 這 5 個數碼可以組成多少個三位數?

解 此例與例 1 的區別在於組成三位數的數字可重複,是可重複排列問題,可組成的三位數個數為 $5^3 = 125$.

三、組合

1. 概念

從 n 個不同的元素中任取 $r(r \leq n)$ 個元素並成一組(不考慮元素間的次序),稱為一個組合,此種組合的總數記為 C_n^r 或 $\binom{n}{r}$. 按乘法原理,此種組合的總數為:

$$C_n^r = \binom{n}{r} = \frac{A_n^r}{r!} = \frac{n(n-1)\cdots(n-r+1)}{r!} = \frac{n!}{r!(n-r)!}$$

在此規定 $0! = 1, C_n^0 = \binom{n}{0} = 1$.

排列與組合都是計算「從 n 個元素中任取 r 個元素」的取法總數公式,其主要區別在於:如果不考慮取出元素間的次序,則用組合公式,否則用排列公式. 而是否考慮元素間的次序,可以從實際問題中得以辨別.

例 3 有 10 個球隊進行單循環比賽,問需安排多少場比賽?

解 這是從 10 個球隊中任選 2 個進行組合的問題,故選法總數為:

$$C_{10}^2 = \frac{10 \times 9}{2!} = 45$$

即需安排 45 場比賽.

例 4 某批產品有合格品 100 件、次品 5 件,從中任取 3 件,其中恰有 1 件次品,問有多少種不同的取法?

解 取出的 3 件產品中恰有 1 件次品,這件次品必須從 5 件次品中抽取,有 C_5^1 種取法;而取出的 3 件產品中的另外 2 件是合格品,必須從 100 件合格品中抽取,有 C_{100}^2 種取法,因此總共有 $C_5^1 C_{100}^2 = 5 \times \frac{100 \times 99}{2!} = 24,750$ 種取法.

2. 性質

$$C_n^r = C_n^{n-r}$$

事實上：

$$C_n^r = \frac{n!}{r!\,(n-r)!} = \frac{n!}{(n-r)!\,[n-(n-r)]!} = C_n^{n-r}$$

特別地：

$$C_n^n = C_n^0 = 1$$

國家圖書館出版品預行編目(CIP)資料

經濟數學（二）線性代數、概率論及數理統計 / 陳傳明 主編. -- 第二版. -- 臺北市：財經錢線文化出版：崧博發行, 2018.11

面 ； 公分

ISBN 978-957-680-268-3(平裝)

1.經濟數學

550.191　　　　107018650

書　名：經濟數學（二）線性代數、概率論及數理統計
作　者：陳傳明 主編
發行人：黃振庭
出版者：財經錢線文化事業有限公司
發行者：崧博出版事業有限公司
E-mail：sonbookservice@gmail.com
粉絲頁　　　　　網　址：
地　址：台北市中正區延平南路六十一號五樓一室
8F.-815, No.61, Sec. 1, Chongqing S. Rd., Zhongzheng Dist., Taipei City 100, Taiwan (R.O.C.)
電　話：(02)2370-3310　傳　真：(02) 2370-3210
總經銷：紅螞蟻圖書有限公司
地　址：台北市內湖區舊宗路二段 121 巷 19 號
電　話：02-2795-3656　　傳真：02-2795-4100　網址：
印　刷：京峯彩色印刷有限公司（京峰數位）

　　本書版權為西南財經大學出版社所有授權崧博出版事業有限公司獨家發行電子書及繁體書繁體版。若有其他相關權利及授權需求請與本公司聯繫。

定價：400元

發行日期：2018 年 11 月第二版

◎ 本書以POD印製發行